中青年经济学家文库

政策引致性扭曲：开放效益的体制因素

王庭东 著

经济科学出版社

责任编辑：吕　萍　王　娟
责任校对：杨　海
版式设计：代小卫
技术编辑：邱　天

图书在版编目（CIP）数据

政策引致性扭曲：开放效益的体制因素/王庭东著.
北京：经济科学出版社，2008.9
ISBN 978-7-5058-7523-4

Ⅰ.政… Ⅱ.王… Ⅲ.区域发展-经济体制-研究-中国　Ⅳ.F127

中国版本图书馆 CIP 数据核字（2008）第 134745 号

政策引致性扭曲：开放效益的体制因素
王庭东　著
经济科学出版社出版、发行　新华书店经销
社址：北京市海淀区阜成路甲 28 号　邮编：100142
总编室电话：88191217　发行部电话：88191540
网址：www.esp.com.cn
电子邮件：esp@esp.com.cn
北京欣舒印务有限公司印刷
德利装订厂装订
850×1168　32 开　11.25 印张　280000 字
2008 年 9 月第 1 版　2008 年 9 月第 1 次印刷
ISBN 978-7-5058-7523-4/F·6774　定价：18.00 元
（图书出现印装问题，本社负责调换）
（版权所有　翻印必究）

序　言

　　中国的改革开放已经走过了辉煌的 30 年。在此之际，总结历史经验，探索新的战略无疑是理论研究的核心课题。

　　开放效益的探索是近年来开放战略与政策研究的一大主题，大量实证研究既证明了对外开放在当代中国发展中的巨大历史作用，也揭示了其中存在着的一些效益问题，为优化开放战略，提高开放水平提供了极为有益的启示。

　　值得注意的是，在这一研究中，关于发展中国家对外贸易的扭曲理论具有十分重要的价值。扭曲理论是发展中国家经济学家对国际经济学的重要贡献，具有显著的政策意义，因为它可以通过扭曲的存在与否及其严重性来判定开放经济是否达到了最佳状态和实现了最好的效益，相应地得出消除扭曲是提高开放效益的原则，为分析开放效益提供了一个有用的分析工具。同样值得注意的是，由于中国是一个从计划经济经过改革而来的市场经济国家，并处于经济全球化调整发展时期，同时政府在推动高速经济增长中具有极为重要的作用，因此，不仅扭曲现象有更宽的外延，而且如何对待扭曲也有更复杂的政策选择。扭曲理论不仅是有效的分析工具，而且也是政策选择的核心。

　　运用扭曲理论分析，改革开放的增长效益都可归结为扭曲的减少和消除。计划经济存在着普遍的扭曲，所有的要素按照计划要求配置，产品与要素的价格由计划价格决定，对外贸易与要素

政策引致性扭曲：开放效益的体制因素

流动严格控制，这些都导致了普遍的生产与要素扭曲，而封闭又决定了对外扭曲。改革开放的每一步都意味着对扭曲的减少与消除，要素价格决定要素配置，产品价格由市场决定，国内价格受国际影响。但是，由于改革开放是一个长期过程，在转型期的双重体制下，扭曲依然是普遍存在着的。更重要的还在于，由于对外开放是在政策激励下推进的，因而，在消除计划经济的体制性扭曲的同时，也不断创造着新的政策引致性扭曲，并成为当前中国开放型经济的重要特征。

政策激励是中国从计划经济走向市场经济的主要动力，也是从封闭型经济走向开放型经济的主要动力。各种特殊政策以不同方式推动了发展，同时也形成了新的政策引致性扭曲。

20世纪70年代发展起来的扭曲理论主要集中在对贸易扭曲的分析，并没有包括对国际资本流动的分析。事实上这是可以用统一的扭曲理论来回答的。资本在全球配置的优化消除了资本价格扭曲，从而产生更高的效益，而这种效益是要在全球范围中分配的。更重要的是，资本流入国对内外资本要素制造的政策引致性扭曲成为开放经济扭曲的新的重要形式。

中国各个方面的巨大发展证明了30年的改革开放是正确的，但对于开放中存在着的效益问题的揭示大部分也是有依据的。二者看起来是矛盾的，但关键在于，改革开放政策在消除旧体制扭曲从而创造发展成果的同时，也制造了新的政策引致性扭曲，影响了开放效益。这些扭曲广泛涉及外资激励政策下的各类要素扭曲。出口退税等政策和低汇率政策既实现了出口的高速增长，也导致了这种增长中的效益损失。汇率低估形成了汇率扭曲，从而形成了对外扭曲。生产性扭曲即企业个别成本大于社会成本，负外部性是导致效益损失的主要原因。对出口与外资企业负外部性补偿的不足直接导致了开放效益的下降。等等这些表明，中国现行的扭曲既来自于经济转型未完成的原因，也来自于开放与改革下的政策激励,从而有政策引致性与体制性双重原因。消除现有扭曲的根本道路在于建设开放型经济体制。

中国开放经济中的扭曲是与"区域发展导向型"的市场经济体制相联系的。在这个体制中,各级地方政府有强大的经济职能和发展动力,政策激励成为发展的主要手段,吸引外资是发展的主要途径。这一体制是中国在过去30年中实现高速发展的秘密所在,同时也是政策引致性扭曲的主要来源。寻租是导致扭曲的重要原因,因为寻租通过对直接非生产性利润的追求影响了资源配置。寻租活动不可避免的是社会福利和开放效益的损失。地方政府行使特殊政策必然导致资源的政策引导性流动,这种配置不必然是最优的。特别是在引进外资的竞争中,地方政府的设租与分配租的特殊权力直接导致了对外的竞争性过度让利和放松监管,从而导致开放福利的损失。当然也需要指出,与西方市场经济的重要不同点在于,中国转型期经济中的寻租具有二重性,在非生产性的同时有着其生产性。

从封闭经济向开放经济转型中扭曲的变化,是一个否定之否定之过程。政策引致性扭曲打破了旧体制,使经济走上了从封闭向开放,从计划向市场转型的轨道。但是,只有政策引导的资源配置不可能达到帕累托最优,市场在资源配置中的基础性作用仍然需要培育,而且只有在政策配置资源力量的真正退出以后才会更加有效。也可以说,政策引致性扭曲完成了它的历史使命,也到了需要退出的时候。

加入WTO,承诺市场经济体制与对外经济关系的国际规范,意味着中国从政策性开放转变为体制性开放。从特定意义上讲,开放型经济体制建设的核心就在于消除政策引致性扭曲,实现以市场配置资源的要求,开放成为体制的本质特征而不只是其政策取向,从而形成开放型的最优资源配置。开放型经济并不排斥特殊政策。从要素差别政策向发展差别政策的转变,以产业政策、

政策引致性扭曲：开放效益的体制因素

地区政策替代外资外贸政策，是开放型经济体制的政策特征。

对特殊政策历史作用的评价并不意味着彻底否定政策在发展中的地位与作用，而是要以发展政策取代要素政策。要素政策是特殊政策的本质所在，即政策在于激励要素的流入与集聚，在于根据要素所有者的差别激励稀缺要素所有者。对特殊政策的否定在于否定其作为要素政策，却不应当排斥其作为发展政策，即以发展目标为导向的政策。

在我国发展的新阶段上，对外开放归结为以深化国内改革来提高开放效益，而不是开放政策的强化。政策激励型的开放模式应当结束，开放政策的稳定，开放型体制的规范已经是当前阶段的关键问题。要依靠体制、政策与行政管理上的规范化来营造更好的投资环境，切实地从依靠政策优惠转变到依靠体制规范的轨道上来，从依靠激励措施转变到依靠投资发展环境建设上来，从依靠更多让利吸引外资转变到依靠产业集群和发展机遇上来，实现从封闭型体制转型到开放型体制建设的阶段性进步。一句话，提高开放效益的战略重点要从开放政策的自身优化拓宽到以改革深化来促进开放，实现从政策型开放到制度型开放的转变。

以上分析表明，无论是在认识改革开放已经走过的道路上，还是在探索中国未来发展的战略上，扭曲理论都具有特殊的理论与政策意义。

王庭东博士长期致力于国际经济理论研究。自2004年来到上海社会科学院世界经济研究所攻读经济学博士学位起，更加致力于中国对外开放战略与政策的研究。在撰写博士论文中，他果断地选择了以现代扭曲理论为基础，分析中国对外开放中存在着的体制、机制与政策问题。这一研究从一个更加符合现代经济学的规范分析方法上推进了几年来我国关于对外开放效益问题的讨论，使开放效益的评价有了一个更为客观可信的原理与准则，特别是使开放效益问题的研究与国内体制改革深化问题更紧密地结合到了一起。因此,其研究成果不仅使我们在开放取得的巨大成就的同时存在的问题能有一个更深刻的认识,而且也使我们看到了提高开放效益的政策原理。开放经济的扭曲理论在国际上有不少研究成果,但用来分析中国的特殊情况仍然需要从中国的实际出发,本书正是这一努力中的一个值得高度关注的理论成果。正因为从中国的实际出发,扭曲现象在本书中得到了更符合实际的揭示,扭曲理论本身也得到了新的发展。

  作为王庭东博士的导师,在他这本专著出版之际,我借此序言向他所获得的成果表示祝贺。相信这一成果对广大专业人员与实际工作者都将具有重要的启迪意义和参考价值。

张幼文
2008 年 8 月 10 日
于上海社会科学院世界经济研究所

摘　　要

　　本书的基本任务是运用西方扭曲理论研究我国区域发展导向型体制对开放效益的影响。尽管扭曲理论源于对一般市场经济的分析，但对于分析发展中国家在对外开放过程中由激励型外资与外贸政策所导致的各类扭曲同样具有适用性。所不同的是，像中国这样的转轨经济国家，除具有一般市场经济的各类扭曲之外，还存在着更广泛的从计划经济向市场经济转变过程中的体制性扭曲，并且体制性扭曲成为导致政策引致性扭曲的重要根源。因此，发展中国家不仅要在微观层次上消除经济中的各类扭曲，而且还要以西方扭曲理论所未有的角度（例如体制转轨的视角）探索中观与宏观领域的各类扭曲现象及其矫正问题。

　　首先需要明确的是，我国的区域发展导向型体制在激发地方政府发展经济的积极性、促进地区经济发展方面起到了积极推动作用，例如通过政策优惠积极开展对外贸易与大力引进外资从而消除了我国改革开放初期资金短缺的瓶颈，为我国经济高速增长做出了贡献。同时，政策引致性扭曲在破除传统的计划经济体制障碍、建立市场经济体制方面也发挥了巨大作用。地区竞争不仅刺激了经济增长，而且创造出多个充满活力的区域发展模式（如长三角模式、珠三角模式等），其制度创新机制在路径上与熊彼特式制度创新范式是一致的。就其实质而言，这是以一种较少扭曲的对外开放政策取代另一种较多扭曲的旧的计划经济政策，从而实现资源的优化配置与经济增长。

　　然而，必须看到，随着对外开放的深入发展与经济高速增

政策引致性扭曲：开放效益的体制因素

长，我国早已经跨越资金瓶颈，对外资、外贸的过度政策优惠导致的要素扭曲与生产扭曲，不仅带来国民利益的对外流失，而且令内资与外资处于不公平的竞争环境之下，从而产生外资对内资的"挤出效应"，并且导致内资在价值链分工中出现低端锁定倾向，以及内资企业技术创新能力的下降。因此，所谓的出口比较优势是建立在价格扭曲即低成本基础之上的虚假比较优势，是不可持续的。

从表面上看，地区恶性竞争是导致政策引致性扭曲的根源，但实际上，地区恶性竞争却源于区域发展导向型体制。因此，区域发展导向型体制"塑造"了政策引致性扭曲的如下特征。第一是区域发展导向型体制下的财政分权与政绩观，激发了地方政府对税收的追求与对以 GDP 增长为核心的政绩追求——包括对其他非经济目标的追求，如就业、城市建设等，从而导致政策引致性扭曲，使地方政府呈现出"公司化"倾向；第二是政府职能的越位、缺位、错位，如替代企业招商引资、对外资监管不力、对跨区域公共产品供给存在搭便车行为等，这使得政策引致性扭曲具有了政府职能"失灵"的特征；第三是改革过程中，部分领域改革滞后，例如要素市场与金融市场的改革滞后加剧了要素扭曲等，从而使政策引致性扭曲具有"非市场性"与转轨特征；第四是区域发展导向型体制下地方政府面对国际垄断势力在谈判中处于弱势地位而产生的政策引致性扭曲，从而使政策引致性扭曲具有了外部干预的"非自主性"特征。

从开放效益的角度看，政策引致性扭曲不仅造成国民利益的外流，还造成宏观上总体经济的内外失衡，例如地区差距不断扩大、"双顺差"等，这也在一定程度上降低了对外开放效益。

根据扭曲理论消除扭曲的对症规则，政策建议是明确的。首先是完善财政分权并转变政绩观，即完善区域发展导向型体制的激励机制。其次是转变政府职能，在现阶段主要是进一步完善政府的监督职能，提高其科学决策能力。再其次是通过调整对外资、外贸的优惠政策制约地方政府的恶性竞争，提高外资质量，并通过实行地区差异性优惠政策来达到协调地区经济发展之目的。最后是对竞争优势进行培育。在当今全球化时代，决定各国收益分配份额的是稀缺要素，谁拥有稀缺要素谁就能够获得竞争优势以及更为丰厚的利润。对于发展中国家而言，尽管对外开放是一条引进稀缺要素（如先进技术与管理）提高国际竞争力的捷径，然而其前提条件是发展中国家本身吸收能力的提高（如高的人力资本），而这是无法通过开放来满足的，必须要通过本国的精心培育才能得到。根据扭曲理论，通过择定扭曲能够实现培育本国稀缺要素的目标，从而最终建立本国的竞争优势。

主题词： 政策引致性扭曲　区域发展导向型体制　开放效益　竞争优势

Abstract

This thesis applies the western distortion theory to systematically analyze the effects on the benefit of opening up induced by the region-oriented development system in China.

Although the distortion theory derives from the analysis on the general market economy, it is also suitable to analyze the distortion caused by the incentive foreign capital and trade policy adopted in the process of opening up to the outside world. In transition economies like China, besides distortions in the general market economy, there is a system inherent distortion due to transition from planned economy to market economy, which is the main root of the above policy imposed distortion. Therefore, the developing countries need not only eliminate the distortions in the micro-area, but probe into and rectify those in the middle-and macro-area from new angles, say system transition, where the western distortion theory says nothing.

First, it needs to clarify that the region-oriented development system has played a positive role in stimulating the local authority's enthusiasm for developing the economy and promoting the local economic development. For example, the local authority facilitates foreign trade and foreign investment through preferential policy, which has eliminated the capital bottleneck in the early period of reform and opening-up and has contributed to the fast growth of the economy in China. In addition, the policy imposed distortion has played an important role in breaking the traditional planned economic system and setting up the market economic system. The inter-regional competition has not only accelerated the economic growth, but also created several energetic regional development patterns, e. g. the Changjiang River Delta pattern and the Pearl River Delta pattern. The institution innovation path is consistent with the Schumpeterian notion of "creative destruction". Essentially, the mechanism is to use an opening-up policy to replace the planned economy policy, where the former has less resulting distortions while the latter has more, so as to optimize the allocation of resources and stimulate economic growth.

Nevertheless, along with the development of opening up to the outside and the fast growth of the economy, China has already overcome the capital bottleneck. Therefore, the production and factors distortion, caused by extremely preferential policy of foreign trade and investment, not only leads to national wealth outflow, but also puts domestic capital in an environment inferior to that of foreign capital. It then leads to the "crowding out effect" on native capital by foreign capital, and causes the native capital to show a low end locking tendency in the value chain as well as a decline of innovative capacity. Therefore, the so-called export comparative advantage is based on low cost due to price distortion, which is unreal and unsustainable.

It seems that the root of the policy-imposed distortion is inter-regional malignant competition, but this competition actually derives from the region-oriented development system. Therefore, the region-oriented development system has produced the following characteristics of the policy-imposed distortion. First, the decentralized public finance system and the appraisal system of achievements under the region-oriented development system make local government personnel pursue high tax income and achievements in their post, with the core of high GDP growth rates and including other non-economic targets, for example, employment rates and city construction. The resulting policy-imposed distortion makes local government take on the tendency of "corporationalization". Second, the offside, vacancy and dislocation of local governments, of which examples include attraction of foreign capital in place of enterprises, inadequate supervision over foreign capital, and "free-ride" actions in supply of inter-regional public goods, has made the policy-imposed distortion take on the characteristic of "malfunction of local governments". Third, during the reforming process, reform in some fields like production factors market and financial market lags far behind, which has intensified some phenomena such as production factors distortion and has characterized the policy-imposed distortion with the feature of "non-market" and transition. Fourth, under the region-oriented development system, local governments are at a disadvantage in negotiations with foreign monopolistic powers, which has made the policy-imposed distortion possess the feature of "non-autonomy" owing to outside interference.

In the view of opening-up benefit, the policy-imposed distortion not only leads to wealth outflow, but to unbalance of the macro-economy, e. g. the expansion of inter-regional gaps and "double favorable balances", which has reduced the opening-up benefit to a certain degree.

According to the Specific Rule in the distortion theory, whose function is to eliminate distortions, the policy suggestions are straightforward. First, the central government should struggle to perfect the decentralized public finance system and change the appraisal system of achievements during one's post, that is to perfect the incentive mechanism of the region-oriented development system. Second, local governments' functions must be transformed. For the present period, they should be transformed into stricter supervision functions and to promote the scientifically decision-making capability. Third, the authorities should restrict local governments' malignant competition by adjusting the preferential policy towards foreign capital and foreign trade, so as to enhance the quality of foreign capital and make different regional economies develop harmoniously through the application of diversified preferential policies for different regions. Fourth, the competitive advantage should be fostered.

In the present globalization period, it is the rare factors in different countries that determine their shares of total profit in the world. Those countries who hold more rare factors will gain competitive advantage and more profit. For developing countries, although opening up to the outside is a short cut to attract rare factors, like advanced technology and management methods, the prerequisite is the increase of their absorption abilities, which can be realized not by opening up to the outside, but by studious accumulation in the home country. According to the distortion theory, the target of fostering home country's rare factors can be realized by selective distortion, and consequently the home country's competitive advantage can be established.

Key words: Policy imposed distortion   Region-oriented development system   Benefit of opening up   Competitive advantage

目 录

第1章 引言 ··· 1
  1.1 问题的提出 ·· 1
  1.2 本书的研究思路与结构 ······································ 7
  1.3 本书研究方法与基本概念 ··································· 12
  1.4 本书创新 ·· 15

第2章 开放经济扭曲理论的主要成果 ······························· 18
  2.1 开放经济扭曲的形成 ······································· 18
  2.2 价格扭曲下的国际贸易福利分析 ····························· 25
  2.3 国际资本流动对产品贸易的替代及其福利分析 ··············· 32
  2.4 扭曲理论与发展中国家经济增长 ····························· 38
  2.5 消除扭曲的"直接针对性"原理 ······························ 54
  本章小结 ·· 58

第3章 减少扭曲：发展导向型体制的增长之源 ······················ 59
  3.1 区域发展导向型体制的形成、特征及
      其动态演进 ··· 60
  3.2 政策引致性扭曲：区域发展导向型体制的制度
      创新效应 ··· 69
  3.3 政策引致性扭曲：区域发展导向型体制的

　　　　经济增长效应 ………………………………………… 83
　本章小结 …………………………………………………… 96

第4章　区域发展导向型体制中政策引致性扭曲的特征 …… 97
　4.1　政策引致性扭曲：财政分权与政绩观 ……………… 97
　4.2　政策引致性扭曲：转轨经济过程的非
　　　 均衡特性 ………………………………………………… 104
　4.3　区域发展导向型体制中的政府职能 ………………… 114
　4.4　政策引致性扭曲：国际竞争环境中的
　　　 垄断因素 ………………………………………………… 128
　本章小结 …………………………………………………… 139

第5章　区域发展导向型体制下开放效益的损失：
　　　　中观视角 ……………………………………………… 140
　5.1　过度外资、外贸激励政策下的利益流失 ………… 140
　5.2　非经济目标追求下的政策引致性扭曲 …………… 163
　本章小结 …………………………………………………… 174

第6章　区域发展导向型体制下开放效益的损失：
　　　　宏观视角 ……………………………………………… 175
　6.1　政策引致性扭曲：对外经济失衡与开放效益 …… 175
　6.2　政策引致性扭曲：内部经济失衡与开放效益 …… 191
　6.3　政策引致性扭曲对竞争优势的影响 ………………… 209
　本章小结 …………………………………………………… 232

第7章　区域发展导向型体制下的对外开放效益提高 …… 233
　7.1　继续消除体制性扭曲 …………………………………… 234
　7.2　不断消除政策引致性扭曲 …………………………… 251

7.3　消除内外失衡 …………………………………… 269
7.4　区域发展导向型体制下的竞争优势培育 ………… 288
本章小结 ……………………………………………………… 310

第8章　总结 …………………………………………………… 312
8.1　本书的基本结论 ……………………………………… 312
8.2　本书相关研究的不足与进一步研究的方向 ……… 314

参考文献 ……………………………………………………… 318
后　记 ………………………………………………………… 338

第1章

引　言

1.1
问题的提出

改革开放以来，中国的 GDP 保持了持续的高速增长，因而引起国际上对中国的持续关注。进入 21 世纪，国际上更是出现两种声音，一种是"中国崛起"论（Brown et al eds. 2000；Kwan, 2002；Sakai, 2004）[1]，另一种则是悲观的中国"崩溃"论。"崛起"论者认为，即使中国存在这样那样的问题，但其 20 多年的高速发展仍然称得上是一个"经济奇迹"。基于这种看法和信心，有些人推算，中国经济将在 2015 年超过日本，2040 年超过美国，从而成为世界最大的超级大国。甚至有人认为，按照购买力平价计算，中国的 GDP 目前已经超过了日本，成为仅次

---

[1] Brown, Michael E., Owen R. Cote, Jr., Sean M. Lynn-Jones and Steven E. Miller, eds., (2000). The Rise of China: An International Security Reader. Cambridge, MA: The MIT Press; Kwan, Chi Hung., (2002). "The Rise of China and Asian's Flying-Geese Pattern of Economic Development: A Empirical Analysis Based on US Import Statistics. NRI (Nomura Research Institute) Papers, No. 52, Aug; Sakai, Tanaka., (2004). "The Rise of China and the Question of Taiwan", Tanakanews, August 2, at http://tanakanews.com

于美国的世界第二大经济体①。

美国的中国"崩溃"论者认为,中国改革开放过程中积累了大量无法解决的问题,例如国企的运作杂乱无解,金融体系病入膏肓,国有银行的坏账"已经高到不能维持的地步",中国加入世界贸易组织之后必须按规则办事,大限迫近,中国的对外贸易和金融都无法支撑下去,因而中国既没有多少空间也没有时间完成挽救银行、挽救社会福利、解决严重失业等问题,因此,中国的崩溃是无法避免的②。而日本学界的悲观主义者认为,中国经济最终将因许多深刻的问题得不到解决而崩溃,其中包括贫富分化、国民经济的欺骗性增长、证券市场的黑暗、经济发展过度依赖外资、不断增长的人口压力、环境破坏、政治腐败等(张利军、郭敏,2005)③。

另一种不那么极端的看法认为,人们过分估计了中国的经济成就和潜力④。中国加入全球经济的前提是对外来技术和投资的过度依赖,这一点,大大限制了中国成为发达国家的潜力:首先,中国高科技领域的出口是由在华外资公司而不是中国国内企业主导的。第二,中国的企业极度依赖从美国和其他发达国家进口的设计、关键零部件和生产设备。第三,中国的企业只限于吸收和传播引进的技术,因此,中国不可能迅速崛起为强有力的全球性竞争对手。第四,中国还在进一步加大开放力度,为美国和其他国外公司的产品和服务不断打开新的市场,尤其是高附加值

---

① 路爱国:《中国改革发展的成败得失——国外的评价和看法》,载于《当代中国史研究》2005年第6期。
② Chang, Gordon G., (2001). The Coming Collapse of China, New York: Random House.
③ 张利军、郭敏:《日本学者评日本国内关于中国当前经济发展的几种代表性观点》,载于《国外理论动态》2005年第4期。
④ Gilboy, George J., (2004). "The Myth Behind China's Miracle", Foreign Affairs, July/August.

产品。因此，与其把中国看做一个"亚洲经济科技巨人"，不如把它当作一个正在崛起的"正常的"经济强国，就像巴西或印度一样。中国开发、发展和传播本土科技的能力有限，它的大多数企业将只能在全球产业链的最低端挣扎，依靠赚取微薄利润生存。有日本学者认为，尽管中国经济增长迅速，但这种增长的特点是严重依赖低端产品和外资企业产品出口，同时严重依赖购买外国专利和外国技术，而一旦这些通道出现问题，中国的经济增长就将难以为继（长谷川庆太郎，2004）。①

显然，崛起论者将评价标准定位在 GDP 数量变动上，而未能深入经济结构，从而过度乐观；而悲观论者将评价标准更多地定位在增长的质量与经济结构上，并认为中国已经受控于外资，或无法解决积累的问题，除了面临分崩离析之外别无出路，因而带有意识形态特征。这提醒我们需要对我国对外开放的效益进行更深入、全面研究，以回应上述极端看法。

国内有关中国对外开放效益讨论的升温始于 2005 年初。

2005 年 1 月 21 日，北京大学中国经济研究中心第二届"中国经济展望论坛"围绕"新世纪中国经济发展战略"展开讨论。会议在关于"中国是继续利用我国劳动力便宜的国际竞争优势推动经济发展呢，还是走战略转型路线？"这一问题上存在两种对立的观点。②

一种观点认为，我国是一个要素普遍便宜的国家，3.6 亿劳动力中有 1.7 亿是剩余的，而且不断有新增劳动力，每年会有几百万亩土地进入到工业化进程当中，要素的普遍便宜在未来还将持续。说到底，中国成为"世界工厂"，这是国际的大环境和中国的内因两者相结合决定的。至于说中国经济过度依赖对外贸易

---

① 长谷川庆太郎：《中国的未来取决于日本》，载于《参考资料》2004 年第 5 期。
② 童冬：《中国经济发展战略之辩》，载于《21 世纪经济报道》2005 年 1 月 29 日。

的问题,如果按人均计算,中国的贸易量是很少的;从整体上看,我们想占据产业链的高端还没有能力、没有品牌、没有技术和现代服务业,我国只能老老实实再走十年的加工贸易路,再为外国公司打工打上二十年。我国现在最关键的问题就是要解决就业问题,特别是农村劳动力转移的问题,搞加工贸易可以为他们提供就业机会,改善他们的生活。

另一种观点则认为,应当积极转变增长方式,走一条新型的工业化道路。进入新型工业化道路的重点在微笑曲线的两端,一方面是研发,另外一方面就是品牌和流通。现在的价格扭曲会造成产业结构的扭曲,使得技术进步的动力不足,需要政府通过政策加以解决。由于要素价格的扭曲,我们有一些出口其实是赔本的,可是表现为企业好像都赚钱了。这样一套鼓励出口的措施使得我们的企业没有提高附加值的压力,不能向微笑曲线的两头延伸。华为的表现就可以增强我们的信心:中国人在高端的产业上不是只能卖"硬苦力"。经济增长方式难以转变的原因是政府失灵、政府官员激励机制存在问题:第一是政府对重要经济资源的配置权力依然较大;第二是 GDP 增长仍是考核干部的主要标准;第三是现行财税体制仍以增值税作为主要税种,在中央和地方实现分权和要素价格扭曲的条件下,促使地方都搞产值大、收入多的产业。如果这些问题不能得到解决,必然导致各级政府官员走老式工业化道路。

显然,后一种观点已经将对外开放效益作为评价我国开放政策的一个基点,而不是仅仅从 GDP 增长与就业的观点出发,因而更为全面深刻;同时也提出了走新型工业化道路的路径。但是,这一观点忽视了我国区域发展导向型体制下通过地区竞争保持对外开放与经济发展活力这一体制优势,离开这一路径依赖谈新型工业化道路,其效果是令人质疑的。

与此同时,张幼文(2004,2005,2006)提出对外开放的

"新开放观"并作了系列阐述。所谓"新开放观"即是根据我国对外开放发展现实的需要,探索更高阶段和更高效益开放的战略新构想。作者认为,进入新世纪,面对经济全球化的迅猛推进和国内宏观经济取得辉煌成就的新的历史机遇,中国对外开放的意义与目标已经有了全新的内容。

第一,激励型开放政策已激化国内发展模式的矛盾。例如,在积极抓住国际产业转移时机的战略下,一批污染环境、严重消耗资源的产业进入了中国,产业结构就整体看提升了,但中国却仍然处于国际分工的低层次地位,甚至在某些方面更加严重,资源与环境的约束意味着,这样的开放道路是不可持续的;此外,政策激励型的开放模式中隐含着国民利益的损失。这是因为,政策激励总是意味着要素扭曲的形成,受到激励的经济主体和地区有更大空间降低个别成本吸收更多的资源,事实上这是在提高社会成本的基础上实现的。扭曲意味着国民利益的减少。粗放型开放方式同时也已引起与外部世界的摩擦。

第二,开放目的需从消除短缺转向提高效益。改革开放30年来数千亿美元的外资从根本上改变了中国资本短缺的状态。因此,引资已经不是为了解决资本短缺问题。中国国内有足够高的储蓄率,银行系统沉淀着大量资金。引进外资的核心不在于获得资金,而在于获得更有价值的项目,开发新技术产品。正是由于国内经济条件的根本性变化,对外开放的直接目的也应作出相应的调整。既然两个缺口的弥补已经不是开放的直接目的,那么就必须在新的经济发展水平上明确新的开放目的,而这首先需要完成基本理论与观念上的转变。

第三,开放的动力机制从特殊政策型向规范制度型提升。迄今为止,政策优惠已经成为各地一切发展与开放问题的最主要手段,通过各种形式的政府减税让利,使企业获得更有利的发展条件,给予企业市场准入方面的特别许可等等,这些特殊的政策安

政策引致性扭曲：开放效益的体制因素

排是促进开放的基本动力机制。无数事实证明，随着开放水平的提高，以这种特殊的政策安排作为动力机制的空间已经越来越小。特别是在加入WTO以后，中国实际上已经进入了全面建设开放型市场经济体系的阶段。中国正在发生的转变是特殊政策向统一政策的转变，从政策激励向制度规范的转变。实现这样的转变，需要根本的理念上的调整。

第四，20多年来经济全球化的发展要求与之相适应的新的开放战略。除了内部条件，经济全球化的大发展是需要开放观实现根本性转变的外部原因。例如，在经济全球化条件下，国际投资高度发展，出口可能只是跨国公司全球战略的一部分，特别是来料加工性质的出口更是只解决了部分就业问题，而几乎不具有产业链的作用。这就是说，出口的发展并不一定是工业化现代化正在推进的表现，而可能只是意味着本国被纳入跨国公司的全球生产体系之中。因此，以要素流动为基础的经济全球化要求我们探索同样以要素流动为基础的发展战略，这种战略必然有别于传统意义上的出口导向。①

显然，这一论述更加全面深刻地阐释了中国对外开放的内外现实环境，从而有力地证明了中国需要新的开放理论、政策乃至

---

① "新开放观"最初是在下列论文中提出：张幼文：《新开放观——开放观转变面临九大难题》，载于《解放日报》2004年11月20日；张幼文：《树立新开放观，维护国家经济安全》，载于《当代中国：发展、安全、价值》，上海人民出版社2004年版；张幼文：《论新开放观》，载于《文汇报》2004年12月20日；张幼文：《新开放观：实现对外开放的科学发展》，载于《解放日报》2005年8月14日；张幼文：《经济全球化与国家经济实力》，载于《国际经济评论》2005年第5期；张幼文：《正确评估国力，提高开放效益和对外谈判主动性》，载于《外交评论》2005年第5期；张幼文：《从廉价劳动力优势到稀缺要素优势探索——论"新开放观"的理论基础》，载于《南开学报》（哲学社会科学版）2005年第6期；张幼文：《对外开放效益评估的主题与思路——以科学发展观对"新开放观"的探索》，载于《世界经济研究》2005年第8期；张幼文：《以科学发展观指导提高对外开放效益》，载于《毛泽东邓小平理论研究》2005年第11期；张幼文：《开放经济发展目标的动态演进——答华民教授的商榷意见》，载于《国际经济评论》2006年第1~2期；张幼文：《中国开放型经济新阶段理论建设的主题》，载于《学术月刊》2006年第3期。

战略转变。

本书正是在以上相关研究的基础上,尝试运用西方扭曲理论,从政策引致性扭曲的角度对区域发展导向型体制下的对外开放效益进行探讨,并基于扭曲理论的对症规则提出提高对外开放效益的政策建议。

1.2 本书的研究思路与结构

扭曲理论首先是提供了一个衡量开放效益的研究工具。通过约翰逊(Johnson,1965)[①] 的贸易利益标准模型,我们可以就价格扭曲对福利的影响展开研究。价格扭曲会导致生产的过度转换或不足转换,从而导致福利水平的变化——表现为效用曲线的变化。第二次世界大战后跨国直接投资的快速发展成为推动全球化的重要力量,并产生对传统商品贸易的替代效应,巴格瓦蒂(Bhagwati)对东道国资本流入的无扭曲与有扭曲的两种情形下的福利变化情况进行了比较分析。这样,分析外资、外贸效益的基本工具已经具备。

其次,扭曲理论对发展中国家经济增长具有指导作用。巴格瓦蒂运用扭曲理论对发展中国的贫困化增长问题进行了研究,对于推动发展中国家经济发展战略由进口替代向出口导向转变起到了积极作用。然而,从发展中国家经济增长的角度审视,扭曲理论这一工具更多的是在静态或比较静态意义上衡量东道国的社会福利变化情况。那么发展中国家能否以扭曲理论为指导实现经济的快速增长与竞争优势?这实际是我们最终所关注的。

---

① Johnson,(1965). "Optimal Trade Intervention in the Presence of Domestic Distortions", in R. E. Kenen eds. Trade Growth and the Balance of Payments, Amsterdam, North-Holland Publishing Company, 1965.

政策引致性扭曲：开放效益的体制因素

扭曲理论对新经济增长理论的研究成果进行了吸收①。新经济增长理论强调对外贸易、技术外溢对发展中国家追赶发达国家的重要意义，然而，近年来的研究却发现，东道国的人力资本存量、市场体制、研发能力等决定了东道国对外部技术的"吸收能力"，对于东道国来讲，通过深化市场体制改革、稀缺要素培育来提高本国的技术"吸收能力"更为关键。在扭曲理论的发展中，"择定扭曲"理论提出，出于一定的政策目的，只要这个政策决策本身是正确的，"度"是适当的，那么其微观现期的损失就可以以未来的发展的利益所补偿或超额补偿②。这从扭曲理论上解决了通过政策引致性扭曲培育东道国"吸收能力"的途径。

最后，扭曲理论还提出了消除扭曲的"直接针对性"原理或"对症规则（Specific Rule）"，即在问题（扭曲）的根源上进行干预，所采用的政策工具，应能够尽可能直接地作用于那些私人与社会的收益或成本不相一致的扭曲的根源，这样才是更为有效的。具体而言，当扭曲为内生时，直接针对扭曲性质采用税收或补贴政策；对于自发性政策引致扭曲，消除扭曲在于取消政策；当由于某些经济变量的值必须予以约束时，经济必须引入工具性政策扭曲，最优或较低成本的方法是选择可形成直接影响受约束变量的扭曲的那种政策干预；当扭曲是由于经济体制引起的时候，消除扭曲在于进行经济体制改革；针对扭曲的性质采用税收或补贴政策可以局部消除扭曲。

综上所述，扭曲理论可以用来分析发展中国家特别是中国的开放效益、指导发展中国家的经济增长与竞争优势培育。这是本

---

① 亚蒂什·N·巴格瓦蒂、阿温德·潘纳加里亚、T. N. 施瑞尼瓦桑著，王根蓓译：《高级国际贸易学》，上海财经大学出版社2004年版，第429~437页。
② 张幼文：《双重体系的扭曲与外贸效益》，上海三联书店出版社1995年版，第240~241页。

书选择"扭曲理论"作为研究工具的基本理由。

当运用扭曲理论来探讨我国的对外开放效益时,我们必须注意到中国在由计划经济向市场经济转变的过程中,区域发展导向型体制发挥了极大的推动作用。这一体制的基本特征是下一级政府在所辖区内强力干预经济,推动经济高速发展,上一级政府进行全局平衡调控①。从扭曲理论视角看,如果政策干预有利于经济的增长发展和本国社会福利的提高,即政策引致性扭曲的正面作用抵消或超过了扭曲的负面代价,那么政策干预就是可行的。这一点的特别意义在于,对于像中国这样的从封闭经济走向开放的转轨经济国家,运用政策引致性扭曲不仅是要消除市场失灵引致的扭曲,更重要的是通过政策引致性扭曲达到向市场经济转轨、体制创新的目的——即消除体制性扭曲。巴格瓦蒂(Bhagwati, J., 1982)② 将寻租理论扩展到国际贸易领域,对直接非生产性寻租(DUP)活动进行了创造性的福利分析,而张幼文(1994)则通过对区域发展导向型体制下地方政府的寻租活动的研究,发现转轨期地方政府寻租的制度创新效应,以及转轨期经济租金的生产性属性③。同时,我们还观察到,区域发展导向型体制下的制度创新效应符合熊彼特式制度创新模式,这启示我们,运用政策引致性扭曲进行熊彼特式制度创新是中国由计划经济体制成功向市场经济体制转变的真正原因,并具有普适性。同样不容忽视的是区域发展导向型体制下的地区竞争,刺激了经济快速增长,就其机制而言,仍然是通过政策引致性扭曲而实现的——即,对外资、外贸的政策优惠刺激了各地区的对外开放,

---

① 张幼文:《区域发展导向——中国的市场经济模式》,载于《学术月刊》1994年第8期。

② Bhagwati, L., (1982) "Directly-unproductive profit-seeking (DUP) activities. Journal of Political Economy 90: 988 – 1002."

③ 张幼文:《向开放型市场体系转轨过程中的寻租》,载于《学术季刊》1994年第2期。

政策引致性扭曲：开放效益的体制因素

以往闲置的国内资源得以充分利用，通过资源优化配置实现经济增长。

在看到区域发展导向型体制下政策引致性扭曲对开放效益的正向作用的同时，我们更关注由于地区恶性竞争而导致国民福利水平下降、利益流失的状况，事实上，如何提高对外开放效益才是本书的归宿。因此，唯有把握中国经济转轨过程中政策引致性扭曲的基本特征，我们才可能根据扭曲理论所提供的对症规则减少或消除扭曲。

从表面上看，地区恶性竞争是导致政策引致性扭曲的根源，但实际上，地区恶性竞争却源于区域发展导向型体制。因此，是区域发展导向型体制"塑造"了政策引致性扭曲的基本特征。首先，区域发展导向型体制下的财政分权与政绩观，激发了地方政府对税收的追求与对以 GDP 增长为核心的政绩追求——包括对其他非经济目标的追求，如就业、城市建设等，从而导致政策引致性扭曲，使地方政府呈现出"公司化"倾向；第二，政府职能的越位、缺位、错位，如替代企业招商引资、对外资监管不力、对跨区域公共产品供给存在搭便车行为等，这使得政策引致性扭曲具有了政府职能"失灵"的特征；第三，改革过程中，部分领域改革滞后，例如要素市场与金融市场的改革滞后加剧了要素扭曲等，从而使政策引致性扭曲具有"非市场性"与转轨特征；第四，区域发展导向型体制下地方政府面对国际垄断势力在谈判中处于弱势地位而产生政策引致性扭曲，从而使政策引致性扭曲具有了外部干预的"非自主性"特征。

政策引致性扭曲的负面效应，首先表现为国民利益流失：超国民税收优惠待遇下的税收利益流失；要素价格扭曲下的利益流失，如廉价土地、廉价劳动力等——就其实质来讲，要素扭曲是对外资的变相生产补贴；政府监管缺位下的利益流失；等等。过度外资、外贸激励政策所建立的比较优势掩盖了真实生产成本，无论是税收优惠还是要素扭曲以及对外资监管缺位下的利益流失,其负面影响都指向生产扭曲,从贸易的角度讲,生产扭曲又体现为价格扭曲,因此,在实质上是一种"虚假的比较优势"。

此外,地方政府对非经济目标的追求如政绩观、就业目标等,也导致政策引致性扭曲——但其对福利的净效应并不确定,需要具体分析;当为实现某些政策目标而引进扭曲造成的损失可以为目标实现所带来的利益弥补或者超额补偿时,那么承受扭曲是值得的。

事实上,地区恶性竞争不仅造成微观地区利益的流失,而且从国家整体上看,其还成为宏观内外经济失衡的重要推动因素。从外部经济失衡来看,其基本动力机制是以要素自由流动为基本特征的经济全球化条件下,中国通过政策引致性扭曲增强了要素集聚能力,并且对外资、外贸的地区过度政策激励促使国际要素向中国过度集聚,进而产生扭曲,如生产扭曲与对外扭曲等。"双顺差"是中国要素集聚能力提高的表现,但过度集聚导致扭曲从而开放效益下降,则值得关注。内部经济失衡的表现是多方面的,如国内储蓄大于投资、过度失业、通货膨胀等。但在区域发展导向型体制下,地方政府只关心本地区经济增长的"公司主义化"倾向及其有限理性,意味着地方政府既不关心跨区域(或国家整体)经济结构是否均衡发展,同时却又采取过度激励政策引进外资促进本地区经济增长,因而必然导致内部经济失衡。例如,地区差距拉大、地方保护主义下的公共投资不足,以及产业结构失衡等,它们都在不同程度上以不同路径影响了对外开放效益。

进一步,从总体上看,对招商引资的过度地区竞争还导致内外资公平竞争市场环境的扭曲——这可以视为由外资、外贸过度优惠政策而引致的"体制性扭曲"。这种扭曲导致外资对内资的一定"挤出效应";同时,外资对国内骨干企业的兼并削弱了国内技术吸收能力与技术创新能力;因此,从总体上看是对国家竞争优势的扭曲。

这样，消除或减少扭曲的对策实际上就包含了两个层面：一个是从政策的层面根据对症规则运用税收与补贴手段消除或减少扭曲；另一个是从国内体制的角度考虑，要消除一系列体制性扭曲。

然而，仅仅消除或减少扭曲仍然不能建立起竞争优势，我们考虑的是通过政策引致性扭曲进行竞争优势培育。根据成本—收益分析，只要扭曲所带来的成本小于其最终收益，那么扭曲就是值得的。正如理论部分所提供的分析视角，经济增长理论与吸收能力理论为我们提供了一种建立竞争优势的可行路径，而我们恰恰可以通过政策引致性扭曲来贯彻这一战略目标。

根据以上研究思路，本书结构作如下安排：第1章，引言；第2章，开放经济扭曲理论的研究成果；第3章，减少扭曲：发展导向型体制的增长之源；第4章，区域发展导向型体制中政策引致性扭曲的特征；第5章，区域发展导向型体制下开放效益的损失：中观视角；第6章，区域发展导向型体制下开放效益的损失：宏观视角；第7章，区域发展导向型体制下的对外开放效益提高；最后，本书在第8章对全书进行总结，并对本书相关研究的不足以及进一步研究的方向进行分析。

1.3 本书研究方法与基本概念

1. 研究方法

本书以扭曲理论贯穿全文始末，运用扭曲理论的基本概念、基本原理对影响开放效益的政策、体制以及外部因素等展开分析，通过统计数据结合扭曲理论的几何模型来说明政策引致性扭曲对开放效益的影响。本书总体上从第2章到最后一章的推演属于演绎逻辑,而每一章的具体结论则多为运用归纳逻辑所得。同时,本书亦多处运用纵向(历史)与横向(跨区域、跨国)对比研究论证本书观点。

2. 基本概念

在本书的研究过程中效益、福利、利益、国民福利、对外开放效益、外贸效益、外资效益等概念反复出现,因此有必要首先作出说明。

效益、利益、福利与效用。所谓效益,是效果和利益的总称,与利益与收益有相似之处,也可以通用,因此,效益也可表述为相对于成本的收益的大小。效用是商品与劳务满足人的需要的能力。当从贸易角度论述效用时,是指整个社会对全部商品劳务的消费的效用及其变动,社会效用水平的变动也是福利水平的变动,但福利经济学意义上的福利还包括收入分配的公平程度等因素。当效益从绝对量而言,利益、收益都从整个国家而言时,它们与社会效用的变动在静态上是一致的:贸易所得是真实的,效用就应是正向变动。但效用是对商品和劳务的使用,所以动态的贸易利益又不是直接效用。我们将会看到,效用分析法得出的政策引致性扭曲导致了贸易效用的降低,但效益分析法却说明择定扭曲还会带来动态比较利益。同时,效益、利益、收益是从生产贸易角度而言,效用则是从消费角度而言。①

国民福利与 GDP。传统经济发展概念的产出原理与发展的国民福利标准并不相同。在发展经济学的基本理论和经典定义中,GDP 的增长和产业结构的提升是经济发展的本质内容与核心标志,即发展本身是以产出为首要标准的,虽然人均产出也被

---

① 张幼文:《双重体系的扭曲与外贸效益》,上海三联书店 1995 年版,第 31 ~ 32 页。

政策引致性扭曲：开放效益的体制因素

关注。长期以来，我们以 GDP 的增长作为发展标志，以对产出的结果统计来体现发展成果，是一种数量型的衡量指标；因而其缺陷是忽视了由生产要素所有权决定的产出所有权——这恰恰是衡量国民福利的基础，由此造成的后果是忽视了产出的国民福利效应和财富积累效应。必须指出的是，经济全球化条件下国际投资的大发展和国际分工的深化深刻地影响了增长与发展的国民福利意义和财富归属意义，而中国正是在经济全球化的发展中发展的。事实上，GDP 是以地理为基础的一个国家的产出，对于其中产权属于其他国家的生产要素创造的产出并不扣除。因此 GDP 数量指标扩大了增长对于本国国民真实福利增长的意义和财富积累的意义。[①]

对外开放效益。以要素分工为基本特征的全球化时代，基于要素所有权来计算一国参与经济全球化的所得，是衡量对外开放效益的基本出发点。因此，狭义的"对外开放效益"包括进出口活动中的国民所得、外商直接投资所带来的税收收入与国内要素所得；广义"对外开放效益"还应包括外资技术溢出效应、经济增长效应、就业效应、产业结构提升效应，甚至包括转轨经济市场化程度提高效应，国家经济安全以及国际竞争优势提升等效应。在新的开放历史时期，国民福利与竞争优势提高是对外开放的核心利益。对外开放效益也可分为短期对外开放效益与长期对外开放效益。如果短期内对外开放效益为正，但从长期来看，却造成可持续发展的巨大障碍，那么就需要对开放政策、开放战略进行适时调整，也就是说，需要将短期政策引致性扭曲与长期经济发展的利益结合起来。还可以从静态与动态的角度区分对外开放效益。静态开放效益侧重于国民福利的衡量，而动态开放效益则侧重于追求竞争优势的提升，因此，有利于结构转换和经济

---

① 张幼文等著：《新开放观——对外开放理论与战略再探讨》，人民出版社 2007 年版，第 25～26 页。

发展的政策引致性扭曲仍然是必要的。最后,对外开放效益还可以区分为中观的地区开放效益与宏观的总体开放效益。当地区竞争中政策引致性扭曲带来地区经济增长的同时,却导致宏观经济结构失衡甚至国家经济安全风险,那么就需要重新检讨地方政府的外资、外贸优惠政策。

对外开放效益,不仅受外贸、外资优惠政策的影响,还受整个经济体制的制约;不仅受国内因素的影响,还受到来自国际垄断因素的影响。当从扭曲角度讨论对外开放效益问题时,着重指各种因素(如过度政策优惠、体制性扭曲、国际垄断因素等)是否导致要素扭曲、生产扭曲、消费扭曲以及对外扭曲等,从而判断对外开放效益的高低。

1.4

本书创新

1. 研究视角的创新

本书从扭曲理论出发,分析了我国区域发展导向型体制的增长之源,政策引致性扭曲的基本形成特征,以及由各类扭曲导致的对外开放效益下降的各种表现;特别是从政策引致性扭曲的视角,将地方政府间恶性竞争与宏观经济的内外失衡联系起来进行考察,从而在中观层面拓展了分析宏观经济失衡的微观基础;最后,根据消除扭曲的对症规则提出了提高对外开放效益的政策建议。

2. 理论创新

考察了扭曲理论对新经济增长理论的吸收,并从扭曲理论的视角透视技术吸收能力理论,提出发展中国家通过运用政策引致性扭曲可以加速培育技术吸收能力,从而提高竞争优势,实现对外开放的长期动态效益。

3. 观点创新

首先,从政策引致性扭曲的视角考察了我国区域发展导向型体制的制度创新效应,并将其与熊彼特式制度创新路径进行了比较,发现我国的制度创新路径不仅符合熊彼特式制度创新,同时,通过政策引致性扭曲还可以弥补熊彼特式制度创新的不足,例如防止外资的市场垄断与培育竞争优势。

第二,通过对区域发展导向型体制下政策引致性扭曲的形成根源的分析发现,除国内体制性扭曲以外,跨国公司相对于东道国的强大谈判能力以及发达国家对发展中国家的"体制套利"行为改变了东道国对外资、外贸的优惠政策并影响其市场开放的层面与程度,从而引致国内"体制性扭曲",这也可以看作为外部垄断因素对东道国的干预从而产生政策引致性扭曲。

第三,通过运用扭曲理论分析政府追求非经济目标行为对开放效益的影响,发现当地方政府将出口数量、吸引外资数量、就业目标、GDP 增长,以及城市建设目标等非经济目标纳入一体考虑时,其交集就是低技术、劳动密集与资源密集型外资的引进,从而解释了无论是经济增长还是城市扩张都是粗放型的。

第四,根据扭曲理论,我国对外开放的动态演进可划分为三个阶段:第一个阶段大致是从 1978 年到 20 世纪末(或中国加入WTO),这一阶段的基本特征是,以一种较少扭曲的对外开放政策取代另一种较多扭曲的旧的计划经济政策,实现市场经济的初步建立;第二阶段始于世纪之交,为扭曲政策的调整阶段,即消除或减少因地区过度竞争而导致的政策引致性扭曲,提高对外开放效益,实现国际竞争力的整体性跃升;第三阶段,彻底消除政策引致性扭曲,实现向成熟市场经济的转变。目前,我国正处于转轨经济的第二阶段。

政策引致性扭曲形成与消除扭曲的结构见图1-1。

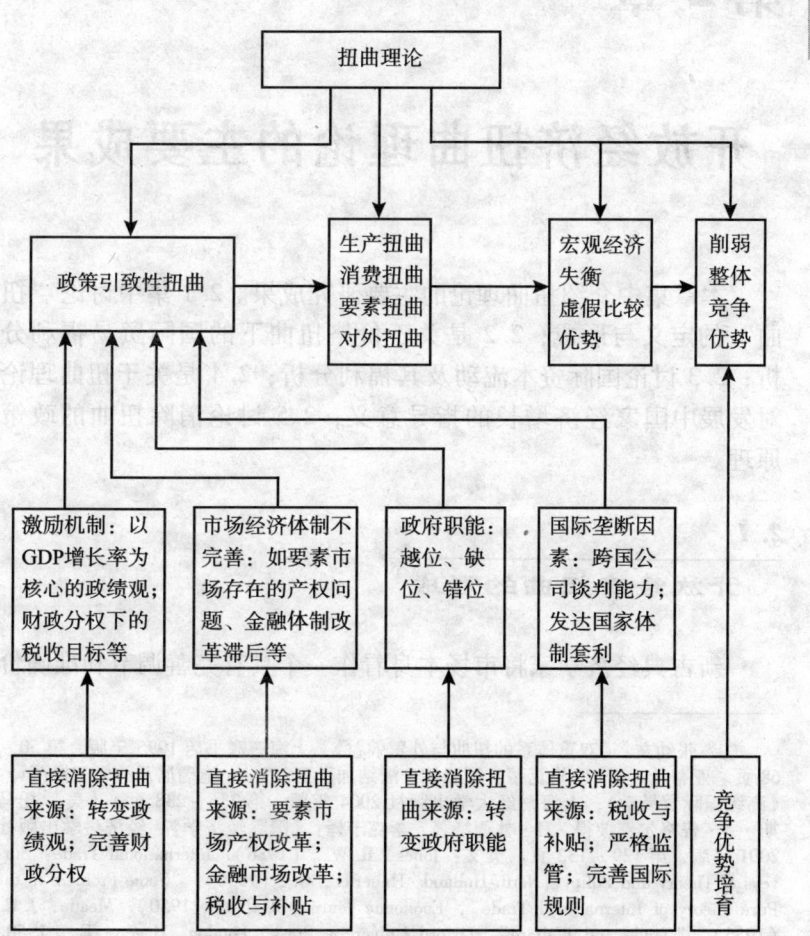

图1-1 政策引致性扭曲形成与消除扭曲的结构

第 2 章

开放经济扭曲理论的主要成果

本章集中介绍扭曲理论的主要研究成果。2.1 集中讨论"扭曲"的定义与形成;2.2 是关于价格扭曲下的国际贸易福利分析;2.3 讨论国际资本流动及其福利分析;2.4 是关于扭曲理论对发展中国家经济增长的指导意义;2.5 讨论消除扭曲的政策原理。

2.1 开放经济扭曲的形成[①]

新古典经济学家将市场本身看作一个具有完善调节和准确价

---

① 张幼文:《双重体系的扭曲与外贸效益》,上海三联书店 1995 年版,第 50~68 页。亚蒂什·N·巴格瓦蒂,阿温德·潘纳加里亚,T. N. 施瑞尼瓦桑,王根蓓译:《高级国际贸易学》,上海财经大学出版社 2004 年版,第 236~238 页。[美] 托马斯·A·普格尔,彼得·H·林德特著,李克宁译:《国际经济学》,经济科学出版社 2001 年版,第 129~132 页。英文:Jones, R. W., (1986). International Trade: Surveys of Theory and Policy, North-Holland. Haberler, G., (1950). "Some Problem in the Pure Theory of International Trade", Economic Journal 30 (June 1950). Meade, J. E. (1955). "Trade and Welfare", Oxford Univercity Press, London. Hagen, E., 1958. "An Economic Justification of Protectionism", Quarterly Journal of Economics, 72 (Nov. 1958). Bhagwati J. N., and V. K. Ramaswami, (1963). "Domestic distortions, Tariff and the Theory of Optimum Subsidy", Journal of Political Economy, 71, Feb. 1963. Johnson, (1965). "Optimal Trade Intervention in the Presence of Domestic Distortions", in R. E. Kenen eds. Trade Growth and the Balance of Payments, Amsterdam, North-Holland Publishing Company, 1965.

格信号的理想模型。而现实对这个理想模型的"背离"则被称之为"扭曲"。扭曲作为一种市场理论是在第二次世界大战后的国际贸易理论中发展起来的,并被认为是战后国际贸易理论的主要成果(Jones,1986)。在扭曲理论发展过程中,哈伯勒(Haberler,1950)、米德(Meade,1955)、哈根(Hagen,1958)、巴格瓦蒂和拉马斯瓦米(Bhagwati and Ramaswami,1963)以及约翰逊(Johnson,1965)等作出了重要贡献。1971年,巴格瓦蒂发表了"扭曲与福利的一般理论"一文,把战后国际贸易研究中的一些重大理论与政策问题从扭曲这一共性上作出了统一分析,对扭曲的类型及政策选择优劣作了系统解释,是扭曲理论中的重要文献。

2.1.1 扭曲的定义

扭曲被定义为市场不完善,不能引导资源在国民经济中达到最优配置;是市场价格与机会成本的背离(Chacholiades,1978)[①]。用公式来表达即对帕累托最优条件

$$DRS = DRT = FRT$$

的背离,其中 DRS 为国内消费边际替代率,DRT 为国内生产边际转换率,即以另一商品表示的一商品的机会成本,FRT 为国外边际转换率,即一国的边际贸易条件。同时,在不同产业中生产要素的边际替代率相等,即社会在契约曲线的某点上配置其资源,生产在生产可能性边界上进行。当考虑二要素(劳动与资本)二产业时,即

$$MRS_{LK}^1 = MRS_{LK}^2$$

---

① Chacholiades, M., (1978). International Trade Theory and Policy, New York, Mcgraw-Hill Book Co.

在产业 1 与 2 间劳动与资本的边际替代率相等。

当不存在国民经济扭曲时,国内商品价格比 P_d 与消费边际替代率 DRS 一致,边际成本比 $\frac{MC_2}{MC_1}$ 与国内边际转换率 DRT 一致,共同的要素价格比 $\frac{w}{r}$ (工资率/资本率) 与各产业中劳动对资本的边际替代率 MRS_{LK}^1、MRS_{LK}^2 一致。在无对外扭曲 (即国际贸易垄断) 下,国外价格比 P_w 与国外边际转换率 FRT 一致。即有

$$DRS = P_d = DRT = \frac{MC_1}{MC_2} = P_w = FRT$$

开放经济最优条件的证明:

设一国有两种商品 1 和 2,消费量分别是 C_1 和 C_2,边际效用为 U_1 和 U_2,社会效用函数为 $U(C_1, C_2)$,产量为 Q_1,Q_2,出口量为 E_2,进口量为 M_1,则有国内边际替代率 $DRS = \frac{U_1}{U_2}$。生产可能性边界线 $Q_2 = f(Q_1)$,国内生产边际转换率 DRT 为 $-f' = -\frac{dQ_2}{dQ_1}$,国外的提供曲线 $E_2 = g(M_1)$,从而有国外边际转换率 $FRT = g' = \frac{dE_2}{dM_1}$

现有目标函数 $Max\ U(C_1, C_2)$

约束条件 $C_1 = Q_1 + M_1$,$C_2 = Q_2 - E_2$

即 $C_1 + C_2 = Q_1 + Q_2 + M_1 - E_2$

令 $\frac{\partial U}{\partial Q_1} = 0$,即

$$\frac{\partial U}{\partial C_1} \cdot \frac{\partial C_1}{\partial Q_1} + \frac{\partial U}{\partial C_2} \cdot \frac{\partial C_2}{\partial Q_1} = 0$$

$$\frac{\partial U}{\partial C_1} + \frac{\partial U}{\partial C_2} \cdot \frac{df}{dQ_1} = 0$$

第 2 章 开放经济扭曲理论的主要成果

$$U_1 + U_2 f' = 0$$

$$\frac{U_1}{U_2} = -f'$$

即 $\qquad DRS = DRT$

再令 $\dfrac{\partial U}{\partial M} = 0$ 即

$$\frac{\partial U}{\partial C_1} \cdot \frac{\partial C_1}{\partial M_1} + \frac{\partial U}{\partial C_2} \cdot \frac{\partial C_2}{\partial M_2} = 0$$

$$\frac{\partial U}{\partial C_1} - \frac{\partial U}{\partial C_2} \cdot \frac{dg}{dM_1} = 0$$

$$U_1 - U_2 g' = 0$$

$$\frac{U_1}{U_2} = g'$$

即 $\qquad DRS = FRT$

$DRS = DRT$ 的条件是完全竞争和非递增型规模报酬。

2.1.2 扭曲的形成

在市场经济中,各类扭曲主要产生于下述情况:

(1) 当存在着消费外部性时,消费的价格比 P_d 虽然等于生产的边际成本比 $\dfrac{MC_1}{MC_2}$ 和生产的边际转换率,但与消费的边际替代率 DRS 不一致,即

$$DRS \neq P_d = DRT = \frac{MC_1}{MC_2} = FRT$$

这时产生消费扭曲。

(2) 当存在着生产垄断时,边际成本比虽然与边际转换率一致,但与国内价格比 P_d 不一致,即

$$DRS = P_d \neq \frac{MC_1}{MC_2} = DRT$$

则有生产扭曲;

当存在着生产外部性时,边际成本与国内价格比一致但与边际转换率不一致,即

$$DRS = P_d = \frac{MC_1}{MC_2} \neq DRT$$

也有生产扭曲;

当消费的外部性和生产垄断同时存在时,有

$$DRS \neq P_d \neq \frac{MC_1}{MC_2} = DRT$$

也有生产扭曲。

(3) 当一国在国际贸易中有垄断力量时,国外价格比不等于国内价格比,生产的边际转换率虽然等于生产成本比与国内价格比,但不等于国外边际转换率,即

$$DRT = \frac{MC_1}{MC_2} = P_d \neq P_w = FRT$$

这时有对外扭曲。

(4) 当生产要素在不同产品间存在着价格差异时,即 $\left(\frac{w}{r}\right)_1 \neq \left(\frac{w}{r}\right)_2$ 时,有

$$MRS_{LK}^1 \neq MRS_{LK}^2$$

这时,出现国内要素市场扭曲,即生产要素在不同产品的生产中替代率不相等。这时生产不在最有效的生产可能性边界上进行。扭曲(4)中一般包含着扭曲(2)。

当要素的一般外部性存在时,也有上述情况(显然这时会有生产扭曲)。

进一步,如果从扭曲形成的原因看,可将扭曲分为内生的扭

曲与政策引致性扭曲两类。

内生的扭曲（Endogenous distortion）。这类扭曲是在自由放任政策下当经济具有市场不完善特点时可能产生的。贸易中存在着本国垄断力量时导致对外扭曲；生产的外部效应导致生产扭曲；进口销售商对进口品和国产品加上统一溢价时的消费扭曲；工资要素的产业差异导致的要素市场不完善扭曲。由于这些扭曲均产生于市场本身的不完善，所以被称为"内生的扭曲"。

彼得·林德特（P. H. Lindert）将最优世界与存在外部性或溢出效应的世界通过图表作了一个比较①，见表2-1。

表2-1　　　　　　　激励的扭曲及其效应

情况	边际收益和成本与 P 的关系	效应
最优世界	$P = MB = MC = SMB = SMC$	供给量和需求量均为恰当的数量，社会收益与私人收益相等
次优世界：		
外部成本	$SMC > P$	供给量过多，因为供给者生产和销售的社会成本超过了价格附加的产品。价格等于 MC、MB 与 SMB（例子：污染空气与水资源的生产）
外部收益	$SMB > P$	需求量不足，因为需求者仅得到 P，而不是 SMB（例子：培训或教育带来了工作态度与团队合作技术这样的附加的收益）
垄断力量	$P > SMC$	需求不足，因为垄断者制定了太高的价格
买方垄断力量	$P < SMB$	供给不足，因为买方垄断者制定了太低的价格（例子：一家公司垄断了劳动力市场，使工资水平太低）
其中：P = 价格 　　　MB = 经济活动的私人边际收益（对需求者） 　　　MC = 经济活动的私人边际成本（对供给者） 　　　SMB = 经济活动的社会边际收益（对所有受影响的人） 　　　SMC = 经济活动的社会边际成本（对所有受影响的人）		

---

① ［美］托马斯·A·普格尔，彼得·H·林德特著，李克宁译：《国际经济学》，经济科学出版社2001年版，第129~130页。

表2-1中第一行为完全没有扭曲的世界，即"最优"世界。市场价格（P）对消费者和生产者发挥着信号的作用。消费者在他们愿意支付的价格点购买产品，这代表着他们从附加一个单位的产品中得到的附加的收益（MB）正好等于必须支付的价格。社会的边际收益（SMB）正好等于消费者的边际收益。生产者提供产品直至这样一点，即他们所得到的价格正好可以弥补生产该产品的边际成本，对社会的边际成本（SMC）也正好是个体的公司所承担的边际成本。也就是说，所有5个边际价值都相等：价格（P）=购买者的私人边际收益（MB）=社会边际收益（SMB）=销售者私人边际成本（MC）=社会边际成本（SMC）。各种激励实现了充分的平衡。

但是，由于存在私人与社会收益或成本的差别，主要是由外部性（externalities）或溢出效应（spillover effects）所引发，而发生激励扭曲。表2-1中的第一个外部性效应的例子为经典的河流污染问题。例如纸制品的销售者并没有把造纸厂对河流的污染计算到其生产成本之中，因此，污染成本将不被计入纸制品的价格中，除非采取特殊的措施。同理汽油燃料的购买者也不同意将消费这些燃料导致污染的社会成本计入到燃料价格之中。这类私人利益与社会净福利之间关系的差异也因多种原因而发生于其他领域。

第二个次优的例子，假设某一与进口品相竞争的产业的工作岗位给社会所带来的收益，要大于决定是否接受这种工作的人所认为的它可给自己带来的收益。例如，某产业属于现代产业，该产业的工作使就业者获得知识、技能和新的观念，还会使该产业之外的人受益（$SMB>P$，P为工资率）。或者也许劳动力转向高收入产业的短期成本，对于该产业的工人来说，似乎要高于社会整体。在这种场合，吸引劳动力进入这一产业的社会成本会比该产业向工人支付的工资要低。这些都支持吸引工人进入该产业的政策措施。

私人收益和成本与社会收益和成本之间存在着差异，而且只要这种差异存在，私人行为便不会导致社会的最优。这意味着我们生活在一个"次优"的世界（Second-best world）里。

政策引致性扭曲（policy imposed distortion）。上述四种扭曲都可能不是经济自身产生而是由政策引起的，如国家实行关税。没有贸易垄断时也会产生对外扭曲；或者有垄断时关税率低于或高于最优关税。生产税或补贴会形成生产性扭曲。消费税或补贴会形成消费扭曲，而要素税和补贴则会形成要素市场的扭曲。

在政策引致性扭曲中又可分为自发的政策引致性扭曲和工具的政策引致性扭曲。前者如因历史的原因，关税引起对外扭曲；后者也可能是关税，可能是为了减少进口或调整关税率以实现自给自足这种非经济目标而形成扭曲（Bhagwati, 1971）[1]。政策引致性扭曲有时也被称为"间接扭曲"、"二次扭曲"（Williamson, 1987）[2]。

这样，当把三种扭曲产生的原因和四种扭曲的性质一并考虑时，扭曲总共可分为 12 类。

2.2
价格扭曲下的国际贸易福利分析

当我们采用一般均衡分析方法来分析对外贸易给本国带来的福利时，价格扭曲成为分析的基本切入点。从生产转换的角度看，价格扭曲将导致三种类型的福利损失：（1）生产过度转换

---

[1] Bhagwati J. N., (1971). "The general Theory of distortions and Welfare", in Trade Balance of Payments and Growth, ed. by Bhagwati, Amsterdam, North-Holland.

[2] Williamson. J., (1987). The Open Economy and the World Economy. Basic Books, Inc., Publishers New York.

与过度出口;(2)生产不足转换与不足出口;(3)贸易结构性错误。

2.2.1 贸易利益标准模型和利益分解

当经济中存在价格扭曲时,微观贸易效益损失有两种表现,一是贸易的净损失,即贸易发生后国民福利甚至低于贸易发生之前;二是贸易利益低于无扭曲状态的最优水平,这是贸易效益的下降或利益的不足。约翰逊(Johnson,1965)运用二国二商品二要素($2 \times 2 \times 2$)模型进行了直观分析。

模型的主要假设:(1)两种商品;(2)本国与世界其余国家;(3)两种生产要素,要素总量是既定的;(4)两商品的生产函数具有不变的规模收益,即排除生产的外部性;(5)商品市场和要素市场均完全竞争,即价格灵活变动;要素在产业间可以自由流动。

上述假定有两个含义。一是就供给而言,整个经济的生产条件可表述为一条二商品的生产转换曲线,在任何一种二商品交换比上生产可由转换曲线上的某一点来表示,在该点上曲线切线的斜率等于二商品的交换比。二是就需求而言效用只取决于数量而与在何处使用无关;消费者的效用只取决于个人消费,不存在消费的外部性。决定二商品需求的可用一组社会无差异曲线来表示,对任何既定的收入和转换比,二商品的消费会使社会达到最高可能的无差异曲线。

由于在竞争经济中,收入分配取决于要素所有权的分配和要素价格的差异,所以社会无差异曲线包含了现代福利经济学的潜在福利的概念,或者说其表达了在社会成员的某种不变的收入分配下的特定的社会福利函数。

假定一国比较优势在商品1,世界其余国家的比较优势在商品 2，则这种标准模型如图 2-1 所示。

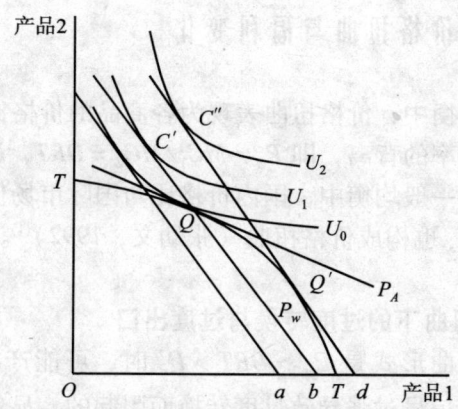

图 2-1　贸易利益标准模型和利益分解

其中 TT 为转换曲线，即生产可能性曲线，U_0、U_1、U_2 为社会无差异曲线。在无贸易时，本国在 Q 点生产，同时也在该点消费。封闭经济的二商品国内交换比为 P_A，转换曲线和无差异曲线也在此处相切。对外贸易使一国福利从 U_0 提高到 U_2，这时生产从 Q 移动到 Q'，消费从 Q 移到 C'' 的结果。贸易利益可以分为两部分：（1）由贸易发生的利益，即从 U_0 提高到 U_1，由无贸易时的生产组合所得的消费利益（称为消费所得或交换所得），即由消费在国际价格比上的转换，由交换所获得的新的消费结构；（2）福利从 U_1 提高到 U_2，由贸易发生引起的新的生产组合而得到的在国际价格比上的更高的效用水平（称为生产所得或专业化所得），即来源于生产转化和分工扩大所得的利益，出口商品 1 向较高的国际价格的变动必然包含着其相对密集使用的要素相对价格的提高；同样，进口商品 2 向较低的国际价格的变动也包含着其相对密集使用的要素价格的下降，用商品 1 来表示，

ab 为消费所得，bd 为生产所得。

2.2.2 价格扭曲与福利变化

在一般均衡中，价格扭曲表现为各商品的价格比对边际成本比和边际替代率的背离，即 $P_d \neq MC_1/MC_2 = DRT$，$P_d \neq DRS$；而在开放经济的一般均衡中，国内价格比与国际市场价格比的不一致，即 $P_d \neq P_w$ 也构成价格扭曲（张幼文，1992）[①]。

1. 价格扭曲下的过度转换与过度出口

当价格扭曲形式是 $P_w > DRT > P_d$ 时，可能产生过度出口。这是由于价格信号过强导致过度转换而引起的。显然，过度出口也意味着过度进口。

这时，在图 2-2 中国内替换曲线在国际价格比与贸易前国内价格之间，国际价格比高于国内边际转换率，产品的比较优势在产品 1，所以出口商品 1 而进口商品 2。如果无国内扭曲，生产会在 Q_2 点达到最优，这时，$DTR = FRT$。由于自由贸易会使国内价格比 P_d 等于国外边际转换率，即只有到 $P_d = FRT$ 时生产转换才会停止，而国内价格比低于国内边际转换率，所以在无干预政策时生产转换不会停留在 Q_2，而会继续转向更多的商品 1 的生产，例如在 Q_1、Q_3 或 Q_4 点上，这就是过度转换或专业化生产过度。

商品的定价过低使出口生产过分扩大，不能及时反映出生产成本的上升。由此决定的贸易利益是，消费利益仍然存在，但生产利益可正可负，即可得可失。具体而言，Q_2 点为最优生产转换，进一步转换只带来生产性损失，因为 $DRT > P_w$。在 Q_3 点上

[①] 张幼文：《价格扭曲与外贸效益》，载于《学术季刊》1992 年第 1 期。

第 2 章 开放经济扭曲理论的主要成果

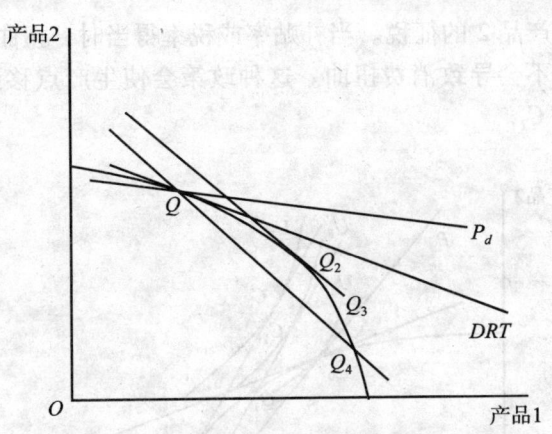

图 2-2 价格扭曲下的过度转换与过度出口

生产利益小于 Q_2，但仍为正；在 Q_1 点上为零，在 Q_4 点上为负。超过 Q_1 点以后，由生产利益和消费利益决定的总利益就是不确定的了。

2. 价格扭曲下的不足转换与不足出口

在 $DRT < P_d < P_w$ 的情况下，如图 2-3 所示，贸易前生产点在 Q_0，由于 $P_d < P_w$，生产必然转向商品 1。但因为价格信号不足，生产转换在 $P_d = P_w$ 的 Q_1 点上停下来。在现实中的情况是定价偏高抑制出口，出口生产不能顺利地从其他部门获得资源，生产成本上升。这时消费在 C_1，效用为 U'_F，虽然高于 U_A 即贸易前，但低于充分贸易的 U_F。这种生产扭曲使贸易只在 $P_w = P_d > DRT$ 下进行，生产没有转换到 Q_2，只有在点 Q_2 上 $P_w = DRT$ 生产才是最优的。在 Q_1 点上，有生产得益从 Q_0 到 Q_1，也有消费得益从 Q_1 到 C_1。

由于贸易干预不是最优政策，最优政策应是对产品 1 的生产

政策引致性扭曲：开放效益的体制因素

补贴或对产品 2 的征税。当补贴率或税率得当时，扭曲可以完全消除，而不会导致消费扭曲。这种政策会使生产点移到 Q_2，消费点移到 C_2。

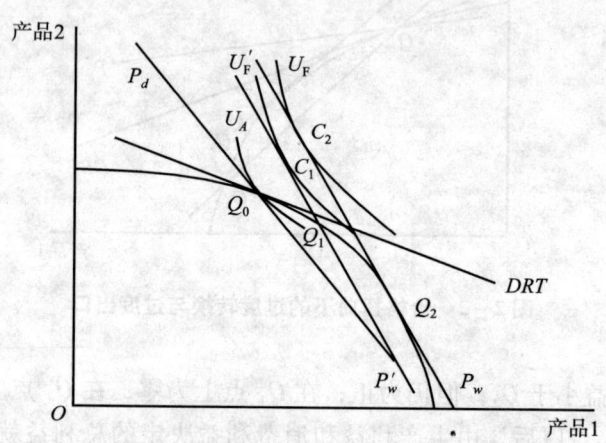

图 2-3 价格扭曲下的不足转换与不足出口

3. 价格扭曲下的逆向贸易结构

比较利益的客观基础是进出口商品生产成本比的内外差异，但是实际贸易过程却是根据价格信号而发生的。因此，扭曲的价格结构就会导致错误的贸易结构，使贸易过程不是实现比较利益而是造成损失。

如图 2-4 所示，设商品 1 被确定在适合价格水平上，商品 2 被确定在偏低价格水平上，于是 $P_1 = MC_1$，$P_2 < MC_2$。边际成本比小于价格比，即 $\frac{MC_1}{MC_2} < \frac{P_1}{P_2}$。再设世界价格比介于二者之间，即 $\frac{MC_1}{MC_2} < \frac{P_{w1}}{P_{w2}} < \frac{P_1}{P_2}$。这样，本国的比较优势本来在商品 1，但却错误地表现为商品 2。在扭曲的价格信号下，企业会更多生产商品

2而进口商品1。生产点从无贸易时的 Q_0 转移到 Q_1,贸易后的消费点在 C_1,无差异曲线 U_F 甚至低于无贸易时的 U_A,更低于生产不转换而发生贸易的 C_1' 点的效用,该点在无差异曲线 U_F' 上。当然这只是一种可能。另一种可能是生产略从 Q_0 转向 Q_1,会有略低于 U_F' 而高于 U_A 的一条无差异曲线(图中未画出),这时效用高于无贸易时的情况,但低于生产不转换而有贸易的情况。上述情况的实际意义是,低成本产品因为国内高价而进口,高成本产品因为国内低价而出口,结果是有贸易还不如无贸易。

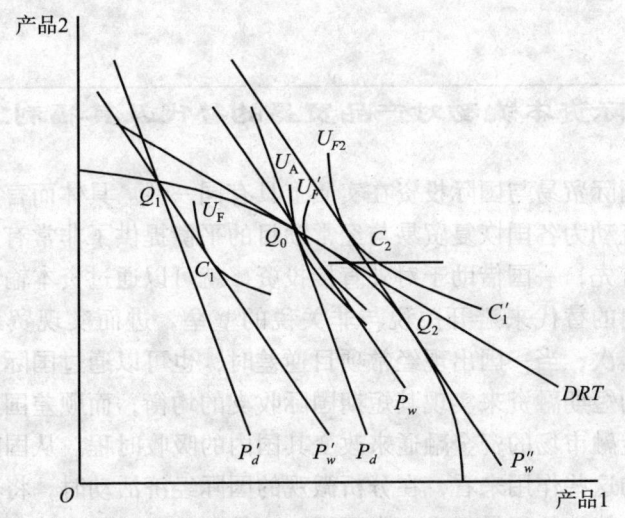

图 2-4 价格扭曲下的贸易结构性错误

总体而言,贸易发生后产生消费得益而生产受损。如果生产停留在贸易前的 Q_0,而按国际价格交换,消费点在 C_1',$U_F' > U_A$,贸易后效用高于贸易前,这是消费得益。但如果生产点转到 Q_1 则预算线下降(从 P_d 移到 P_d'),国民收入下降。这种不利的生产变动导致消费从 C_1' 降到 C_1,这是生产损失;但贸易又会

使之从 Q_1 点上的效用提高到 C'_1 点上的效用。概括地说，贸易发生后的情况优于还是劣于贸易前取决于以上生产性损失和消费性盈利比较的大小。

用公式表示，这种形式的价格扭曲是：
$$DRT < P_w < P_d$$

对上述三种价格扭曲类型的分析采用了一般均衡方法，可以发现，价格扭曲最终都导致了生产偏离最优均衡状态；反之，当出于某种目的而对生产活动实施某种政策扭曲时，也必然会得到相应的价格扭曲表现形式。这便是我们在下面将要进行的分析。

2.3 国际资本流动对产品贸易的替代及其福利分析

国际贸易与国际投资在实质上具有同一性。具体而言，国际资本流动为各国恢复贸易与经常项目的平衡提供了非常有用的手段。首先，一国借助于对外直接投资，就可以通过资本输出对商品输出的替代来避开关税与非关税的壁垒，进而实现贸易的平衡。其次，当一国出现经常项目逆差时，也可以通过国际金融市场上的短期融资来实现其短期国际收支的均衡，而顺差国则可以通过金融市场的资金融通来改变其国内的吸收时程。从国际资本流动的这些作用来看，在分析微观的国际经济活动时，将其定义为一种特殊的贸易行为未尝不可。这是因为：对外直接投资实际上是以资本这一生产要素的贸易替代了自由贸易条件下的商品贸易；而对外间接投资则是以两个不同时点上的同一商品（资本）的贸易替代了同一时点上的两种不同商品之间的贸易（华民，1998）[1]。

---

[1] 华民：《国际经济学》，复旦大学出版社1998年版，第105页。

当我们从投资接收国即东道国的角度来审视跨国直接投资时会发现:在开放经济条件下,最优的生产贸易条件是 $DRS = DRT = FRT$,只有自由贸易可以满足这一要求。然而自由贸易是基于没有市场不完全性这一假设之上的,由于这种假设并不现实,因此政府通过关税和补贴来干预贸易活动就被认为是可以理解的。直接投资是不完全竞争之下替代贸易的产物,这使政府对直接投资进行干预同样获得了基本的效率依据(金芳,1999)[①]。但是,直接投资的效率具有不确定性,政策引致性扭曲具有两面性。

首先让我们看一下巴格瓦蒂等(1998)关于自由放任条件下资本流入的福利分析[②]。

2.3.1 无扭曲的情形

当东道国不存在扭曲时,外国资本的"少量"流入将既不损害也不惠泽接收国,因为这种资本的租金将因此等于其私人的边际产品价值(PMP)——它反过来也等于社会边际产品(SMP):$r = PMP = SMP$。

这种租金代表资本接受国的成本,以及社会边际产品,这个等式确保没有收益与损失。但是,当资本流入"较大"(即有限的)时候,报酬递减的存在以及外国资本租金的实际下降将会使经济出现盈余;租金等于流入资本的边际私人产品,但一切资本的总报酬低于其对国民产值的贡献。这种差异给国家带来收入的增加,因而也带来福利的增加。对于一个一部门经济,这个结论是显而易见的。在此经济中,由外国资本的较大流入给经济带

---

① 金芳:《双赢游戏:外国直接投资激励政策》,高等教育出版社 1999 年版,第 46 页。

② 亚蒂什·N·巴格瓦蒂,阿温德·潘纳加里亚,T. N. 施瑞尼瓦桑著,王根蓓译:《高级国际贸易学》,上海财经大学出版社 2004 年版,第 373~375 页。

政策引致性扭曲：开放效益的体制因素

来的收益的标准度量是资本的边际产品曲线下的面积减去资本报酬的部分，即图 2-5 中 SRQ 的面积。

在图 2-5 中，OT 是资本流入的数量，r 是其竞争性租金率，$OSRT$ 是由资本流入带来的产品的总增加，以及 $OQRT$ 是外国资本的总报酬。在外国资本流入可变的条件下，SR 为边际产品曲线。

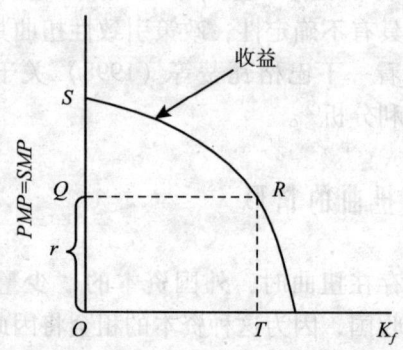

图 2-5　无扭曲下的外资流入与福利

边际报酬递减在这种福利改善结果中的作用是至关重要的。如果资本流入可在无边际报酬递减的条件下吸收，则即使流入并不太少，无影响的命题自身也会再现。考虑典型的 2×2 模型，如果完全专业化或要素密集度逆转不发生，在一个既定产品价格比例下，两种活动的要素价格及要素比例保持不变。资本流入与所产生的要素禀赋比例的变化因此将会导致两种产品相对产量的变动，并且依照雷布钦斯基（Rybczynski）方式，劳动密集型产品的相对与绝对产量下降，而资本密集型产品的相对与绝对产量将会上升。因此，资本流入将不会引致资本报酬的下降，边际报酬递减命题将遇挫。

2.3.2 扭曲性情形

当东道国存在扭曲时，PMP 与 SMP 之间的等量性不再成立，这导致经济因资本流入而蒙受可能的损失。

首先，在一个小国经济中，扭曲性关税导致 $PMP > SMP$，如果该国可进口品是资本密集型的，这将必然会使该国福利恶化（Brecher and Alejandro，1977）[①]，在图 2-6 中，令既定的外国产品价格比率为 FP。在含关税的国内产品价格比率 DP 上的生产由 P' 点表示。当外国资本流入时，在不变的 DP 水平上，沿资本的雷布钦斯基线 $P'R$，产品 2（假设为资本密集型的）生产将上升，并且产品 1 的生产将落在不变的 DP 上。令 P'' 为新的生产点（含关税的 DP 与增加的生产可能性曲线的切点没有画出来，以避免图形太拥挤），在外国资本被按其国内边际产品价值支付时，如果外国资本只消费产品 1，则国家净生产由 P'' 移动至 G；如果外国资本只消费产品 2，则国家净生产由 P'' 移动至 H。如果它消费两种产品，它则会沿 GH 移动。因此，很显然，国民消费，因而国民福利必定会处在沿社会预算线 FP 线上并且经过 GH 的某个点上。在所有情形中，它必定是处在经过 P' 点的资本流入前的社会预算线 FP 的左边。因此，东道国的贫困化不可避免。

其次，考虑一个外生规定的外国投资量流入大国，其具有可变的贸易条件。在这种情况下，东道国是否会变得贫困化完全取决于该国对贸易条件的影响。直觉上，外国按照其国内边际产品价值获得收益，因此，如果贸易条件不变，则东道国福利既不恶

[①] Brecher, R. A., and C. F. Draz Alejandro., (1977). Tariffs, foreign capital and immeriserizing growth. Joural of International Economics 7: 317-22.

政策引致性扭曲：开放效益的体制因素

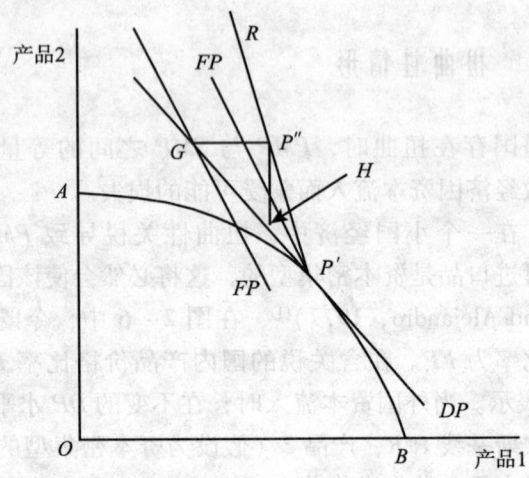

图2-6 东道国存在扭曲情形下的外资流入福利

化也不改善。而贸易条件的任何恶化因此是一个净损失，可由图 2-7 加以说明。

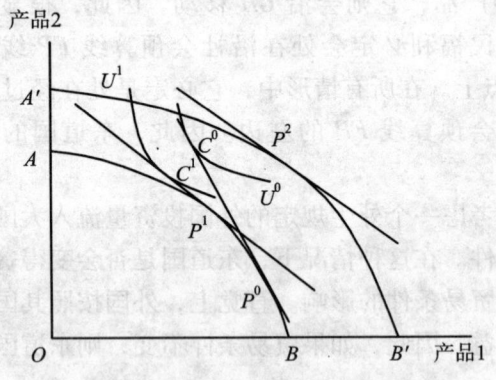

图2-7 大国外资流入下的福利

第 2 章 开放经济扭曲理论的主要成果

在图 2-7 中,令 AB 是资本流入前的生产可能性曲线,生产、消费以及福利分别处在 P^0、C^0 以及 U^0 处。在不利的贸易条件下,外国资本的流入把生产点转移至 P^2,东道国的国民收入——它减去了充分补偿外国资本的生产增加量(Bhagwati, J. N., and R. A. Breacher, 1980)① 处在 $P^1 C^1$。因此,资本流入后,均衡的生产、消费与国民福利均分别处在 P^1、C^1 与 U^1 点上,并且资本流入引致的贸易条件的恶化已经损害了东道国,即 $U^1 < U^0$。

以上关于自由放任条件下资本流入的福利分析,为当今发展中国家特别是转轨经济国家提供了一个有效的分析 FDI 带给东道国净福利的研究工具。在当代发展中国家的对外开放经济中,为吸引跨国直接投资所形成的政策引致性扭曲,例如对外资生产的优惠税收或出口补贴(出口退税)、向外资提供廉价生产要素(如土地、能源、劳动力等),从而造成生产扭曲与要素价格扭曲。扭曲对福利的影响在图 2-5 中表现为 SRQ 面积的缩小,即外资带来的经济增长收益的外流——国民福利恶化;外资的大量流入及其出口导向特征在图 2-7 中,表现为贸易条件的恶化,从而损害东道国利益。然而问题的复杂性在于,对于发展中国家特别是转轨国家而言,如果外资流入在导致福利流失的同时,有助于消除传统的体制扭曲建立新的市场经济制度,以及存在显著的技术溢出效应等,即从长期看,所得超过政策扭曲的损失,那么就应审慎评价外资的作用。相关问题将在后文进行更深入细致的分析。

---

① Bhagwati, J. N., and R. A. Breacher., (1980). National Welfare in an Open Economy in the Presence of Foreign-owned Factors of Production. Journal of International Economics 10: 103-15.

2.4
扭曲理论与发展中国家经济增长

巴格瓦蒂提出的贫困化增长理论对于推动发展中国家经济发展战略由进口替代向出口导向转变起到了积极作用,这意味着扭曲理论在有关发展中国家的经济增长问题上同样具有高度的理论指导价值;扭曲理论通过对新经济增长理论研究成果的吸收而扩大了这一功能。

2.4.1 关于"贫困化增长"

扭曲理论对发展中国家经济增长的关注源于巴格瓦蒂对贫困化增长问题的研究。

巴格瓦蒂受埃奇沃斯(F. Y. Edgeworth)的"损害型增长"概念的启发,于1958年发表了著名的论文《贫困化增长:一个几何学的注解》[①],该文证明了在某些环境下,尽管经济扩张增加了产出,但产出的增长却有可能导致贸易条件恶化,进而抵消扩张所带来的收入效应,并且使正在增长的经济中的实际收入减少。导致实际收入减少是三种效应共同作用的结果,它们分别是:由于经济扩张引起的进口品产出的增长,由价格变动引起的对进口消费的减少以及由价格变动带来的进口品产出的增长。正是这三种效应所产生的机制,反而造成处于增长中的国家的实际收入下降。如图2-8所示。

---

① Bhagwati J. N., (1958). "Immiserizing Growth: A Geometrical Note", Review of Economic Studies 25.

第 2 章　开放经济扭曲理论的主要成果

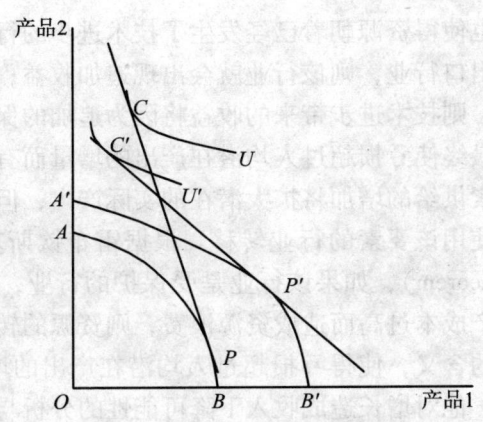

图 2-8　贫困化增长的福利效应

图 2-8 中 AB 与 $A'B'$ 分别是增长前与增长后的生产可能性曲线。增长前的生产、消费与福利分别处在 P、C 与 U 点；增长后，它们分别成为 P'、C' 与 U' 点，贸易条件由 PC 恶化为 $P'C'$，其结果是福利由 U 下降到 U'（或者贫困化增长）。

1967 年约翰逊从另一个角度证明了贫困化增长现象的存在 (Johnson, H. G., 1967)[1]，从而激发巴格瓦蒂将贫困化增长理论的研究引向深入。

约翰逊认为，贫困化增长具有使社会福利降到低于增长前水平之下的含义；如果技术进步发生在受关税保护的进口竞争行业中，或者说，如果该行业中密集使用的要素在密集程度上进一步被强化，那么，贫困化增长现象就会在国际贸易中不拥有垄断支配力的弱国中出现。这就意味着，如果技术进步不是中性的话，那么，这种技术进步虽然提高了效率并增加了潜在的人均产出，

---

[1] Johnson, H. G. (1967), "The Possibility of Income Losses from Increased Efficiency or Factor Accumulation in the Presence of Tariffs", Economic Journal 77 (March): 151-154.

但与此同时也使得资源朝着已经发生了技术进步的行业转移。如果该行业是出口行业,则该行业就会出现追加收益;如果它是进口替代行业,则技术进步带来的收益将因为追加的保护成本过大而被抵消,最终使亏损超过人均潜在产出的增量而有余。与此同理,某一要素供给的增加将扩大潜在的实际产出,但同样造成资源向密集性使用该要素的行业转移。根据雷布钦斯基定理（the Rybczynski theorem）,如果该行业是受保护的行业,而且如果该行业由于生产成本过高而造成资源浪费,则资源的转移便具有进一步被浪费的含义,使得亏损超过人均潜在产出的增量而有余。约翰逊认为,他对增长造成收入下降可能性的分析与巴格瓦蒂对贫困化增长的分析有着很大的不同,巴格瓦蒂的文章讨论的是增长对贸易条件的负效应,而他的文章则与贸易保护有关。

巴格瓦蒂深受约翰逊的启发,但并不同意他的看法,而是发现贫困化增长的根源在于市场扭曲。巴格瓦蒂随后发表了一系列文章,将贫困化增长理论扩展到对扭曲的全面分析,并且扭曲与福利的一般理论框架成为主流经济学家分析各种政策福利效应的标准工具。

二十世纪五六十年代,发展中国家出现了进口替代工业化的高潮。这种进口替代的理论和政策实践主要来自于这样一种观念:经济发展的关键在于拥有强大的制造业。在这种观念下,幼稚工业论获得了发展中国家的广泛认可。除此之外,贸易条件恶化论也被用作为支持这种战略的理论依据。巴格瓦蒂首先驳斥了进口替代（IS）战略最重要的理论基础——幼稚工业论。这一理论假定,在短暂的关税和配额等手段保护下,欠发达国家的制造业会变得有效率。巴格瓦蒂认为这种假设并不总是能成立,甚至一般是不成立的。他认为,如果是某种根本原因使制造业缺乏比较优势的话,一段时期的保护并不能为其创造出竞争力来,发展中国家缺乏的不仅是工业生产经验,他们还缺乏熟练劳动力、训练有素的企业家和经营管理人才，甚至还缺乏基本的社会制度保障，保护时间的延长并不能解决所有问题。对于幼稚工业论的另一论据——发展中国家严重的市场不完全而言，显然贸易管制并不是最好的选择。

巴格瓦蒂引入"有效汇率"（EER）概念对进口替代（IS）与出口促进（EP）进行了明确的界定。EER被定义为在国际交易中，每完成一单位外币表示的交易而实际收到或支付的当地货币单位的数量。用 EER_m、EER_x 分别表示一国的进、出口有效汇率，通过二者的比较就可以区别不同的战略；若 $EER_m > EER_x$，应实行 IS 战略；$EER_m = EER_x$ 实行 EP 战略；$EER_m < EER_x$ 实行 ultra-EP（超出口促进）战略。显然，这里的 EP 与不计代价的出口相去甚远，其政策导向是中性的。巴格瓦蒂认为，中性 EP 战略并不排除在特定产业或部门中的进口替代，它仅要求平均的 EER_m 与平均的 EER_x 相等；执行中性战略也不意味着国家在发展进程中失去角色，它的中心任务应是经济活动的倡导者和支持者（肖德，部敬钊，2003）[①]。

贫困化增长理论对发展经济学产生了重大影响，该理论被认为给当时正在实行进口替代的广大发展中国家提供了理论支持，而且还对约翰逊和 C. F. 迪亚斯-亚历简德罗等一大批著名发展经济学家和贸易理论家施加了影响，促使他们提出了在关税扭曲的经济中技术进步或资本流入有可能导致福利恶化的命题。此外，巴格瓦蒂创立的 DUP 理论对于发展中国家来说具有重要的政策意义，这就是该理论同 B. 巴拉萨、I. M. D. 利特尔、T. 西托夫斯基、M. F. G. 斯科特等人所进行的关于保护的福利效应分析一道，为广大发展中国家放弃进口替代战略提供了理论依据

---

① 肖德、部敬钊：《巴格瓦蒂对国际经济理论的贡献——2003年度美国经济学联合会杰出资深会员评介》，载于《经济学动态》2003年第9期。

(马颖、周剑麟,2004)①。

然而,总体上讲,扭曲理论主要是关于发达国家的一般市场经济的分析,因此尽管有关发展中国家的经济增长问题可以从扭曲视角给出解释,但要指导发展中开放经济特别是转轨国家的经济实践,就需要对扭曲理论作进一步适应性运用。巴格瓦蒂等(Bhagwati,Panagariya,Srinivasan,1998)注意到了20世纪80年代以来经济增长理论的一系列重要研究成果,并将其纳入扭曲理论视野,从而为内生增长理论在发展中国家的运用开辟了新的方向②。

2.4.2 扭曲理论对新增长理论的吸收

1. 战后经济增长理论对发展中国家经济发展战略的影响与演变③

20世纪50~60年代经济学界对于FDI影响东道国经济的关注,发展成为发展中国家如何有效利用FDI的早期理论即发展经济学,并经以后的发展形成了发展主义、经济民族主义以及依附论三种主要观点。发展主义主要强调FDI对东道国、尤其是发展中东道国经济的资本积累作用,如罗斯托(Rostow,W.,1960)首先提出发展中国家通过利用外资可以改善在经济起飞阶段所面临的资本短缺约束。依据新古典增长理论的哈罗德-多马模型,钱纳里和斯特劳特(Chenery and A. Strout,1996)进一步提出了"双缺口"模型,指出外资可以弥补国内投资与储蓄之间的资金

---

① 马颖、周剑麟:《评巴格瓦蒂对国际贸易理论的贡献》,载于《经济学动态》2004年第9期。
② 亚蒂什·N·巴格瓦蒂、阿温德·潘纳加里亚、T.N.施瑞尼瓦桑著,王根蓓译:《高级国际贸易学》,上海财经大学出版社2004年版,第429~437页。
③ 关于经济增长理论的研究成果参见包群、赖明勇、阳小晓:《外商直接投资、吸收能力与经济增长》,上海三联书店2006年版,第10~135页。

第2章 开放经济扭曲理论的主要成果

缺口、进口与出口之间的外汇缺口[1], 这是早期研究 FDI 对东道国经济影响较具代表性的分析框架。正如上文所述, 巴格瓦蒂依据扭曲理论指出, 建立在新古典增长理论基础上的发展中国家发展战略 (进口替代与幼稚工业论等) 并不能真正解决发展中国家的经济发展问题。

从经济增长理论本身的发展来看, 由于新古典增长模型假设技术进步是外生给定的, 因而无法从模型中确切知道决定技术进步的因素是什么; 在实证检验中, 将经济增长中无法由资本积累、劳动力等要素投入所能解释的部分统统归为技术进步的作用——这被称为索洛余值 (Solow, 1956)[2]。但正如有经济学家所批评的, "Solow 余值只是度量了我们对什么是经济增长真正的推动力的无知 (Abramovitz, 1986)[3]。" 因此, 20 世纪 80 年代中后期, 以罗默 (Romer, 1986)、卢卡斯 (Lucas, 1988)、鲍墨尔 (Baumol, 1986) 为代表的新经济增长理论学家针对新古典增长理论的缺陷展开深入研究, 形成了新增长理论[4]。新增长理论的核心内容是: 认为知识产品的非竞争性以及部分排他性, 使得知识产品难以像阿罗 - 德布鲁 (Arrow-Debreu) 一般均衡体系中的商品一样地处理——故此, 新增长理论提出了三条处理路径。(1) 基于人力资本的内生增长模型。作为知识产品的主要载体, 人力资本的存在放松了对要素边际报酬递减的约束, 使得即使在

---

[1] Chenery H., Strout W., (1996). Foreign Assistance and Economic Development. American Economic Review, 66: 679 – 733.

[2] Solow R., (1956). A Contribution to the Theory of Economic Growth. Quarterly Journal of Economics, 70 (1): 65 – 94.

[3] Abramovitz M., (1986). Catching Up, Forging Ahead and Falling Behind. Journal of Economic History, 46 (2): 385 – 406.

[4] Romer P., (1986). Increasing Returns and Long-Run Growth. Journal of Political Economy, 94, 5: 1002 – 1037; Lucas R., (1988). On the Mechanics of Economic Development. Journal of Monetary Economics, 22 (1): 3 – 42; Baumol W., (1986). Productivity Growth, Convergence and Welfare: What the Long-Run Data Show. American Economic Review, 76: 1072 – 1085.

缺乏技术进步的情况下经济的长期增长也成为可能；（2）基于干中学的内生增长模型；（3）基于 R&D 的内生增长理论。这三种模型的核心都是在于消除新古典增长模型中的要素边际报酬递减这一假设，通过对技术进步的内生化处理使得长期经济增长成为可能。这样，以 Romer、Lucas 等人为代表的新增长理论逐渐取代了传统的发展经济学而成为研究 FDI 活动的理论基础。

与发展经济学侧重资本积累的观点不同，新增长理论强调经济对外开放、国际资本流动和开展国际贸易的技术外溢效应加速了世界先进科学技术、知识和人力资本在世界范围内的传递。就发展中国家而言，大量 FDI 的流入对其经济增长的影响并不仅仅局限于资本积累弥补储蓄缺口的作用，通过学习和吸收发达国家的先进技术，发展中东道国经济存在利用后发优势，形成赶超效应的可能。这意味着，新增长理论取代传统的发展经济学在研究 FDI 对东道国经济的影响作用的基础地位。以技术因素为核心变量，新增长理论给出了从技术进步、技术外溢角度探讨 FDI 与东道国经济增长关系的新思路——这是对发展中国家传统的提高国内储蓄、加速国内资本积累速度为核心内容的"追赶战略"的理论颠覆。

2. 扭曲理论对新增长理论的吸收

扭曲理论重视对内生增长理论的吸收。巴格瓦蒂等（Bhagwati, Panagariya, Srinivasan, 1998）运用标准的索洛模型首先证明，即使在传统的增长模型内，政策的变化，如贸易自由化，它既会在长期内产生水平效应也会产生增长效应，这意味着规模经济对于产生长期内的可持续增长不是必要的条件，而且它也不能使经济增长充分内生化。在存在两种消费品与两种投资品的关于开放经济的一个扩展解释中，假设这种经济对消费品实行自由贸易，并且在世界市场上两种消费品的相对价格被固定，因此，经济将专业化于生产其中一种消费品——它对该产品拥有比较优势,并且把其中的一部分产品用于交换其他。巴格瓦蒂证明,只要投入投资品的投资份额不变,并且该部门无自由贸易,即使相对于自给自足,经济的福利也会上升,经济的长期增长率将不变;相反,如果资本品部门实行自由贸易(按固定的世界相对价格交易),而同时,消费品不进行自由贸易,则相对自给自足,存在正的长期增长效应与福利效应。其含义为:从增长角度看,使引致增长的部门(在这个模型中是资本品部门)免受国际竞争压力,这会付出比使消费品部门趋于封闭更大的代价。对于小型经济而言,使两个部门均开放则更好,因为其无法通过关税政策产生市场力而牟利,也无法由内生化学习效应而产生任何动态外部性。

进而巴格瓦蒂等(Bhagwati, Panagariya, Srinivasan, 1998)引入一个由赫尔普曼(Helpman, 1990)[①] 构造的最简单的创新基准的增长模型,假设劳动是唯一的生产要素,既可以当作研究与发展的投入,又可用于制造差异化产品;进一步,把创新经济作为北方,并假定存在一个模仿经济即南方。赫尔普曼证明,第一,如果南方创新所要求的资源大于模仿所要求的资源,可以推出,与北方的贸易加快了南方长期的增长率;第二,与南方的贸易加速了北方的长期增长;第三,一个较大的南方提高了创新率与模仿率,一个较大的北方并不影响创新率,但会减少模仿率。赫尔普曼指出,导致那种会对 R&D 中的就业产生影响的长期资源配置的每项政策也会改变长期增长率。在一个存在既定的并且没有被内部化的干中学的外部性的一国世界内,由 R&D 补贴而实现的某种程度的增长推动值得期待。然而,人们也证明在一个多国世界中,一国政策会在国内与国外沿相反的方向影响 R&D 水平,使得对增长的净效应可为正,也可为负。巴格瓦蒂指出,除研发政策

---

① Helpman, E., (1990). Monopolistic Competition in Trade Theory. Special Papers in International Finance, 16. Department of Economics, Princeton Univercity.

政策引致性扭曲：开放效益的体制因素

外，商业政策如果成功地将资源导向创新，它会加速长期的增长率。但给定垄断竞争——依据一般扭曲理论，它是一种扭曲。如果增长强化的贸易政策加剧扭曲，它将被证明是福利削减型的。

对于发展中国家来说，由于其经济本身中存在着各种扭曲，特别对于经济转型国家而言，其经济体制、产业结构都处于显著的动态变化中，因而难以适用于标准增长模型分析。因此事实上对外开放与 R&D 究竟是加剧扭曲还是消除扭曲需要具体分析。正如巴格瓦蒂所言，如果无视经济中存在的扭曲就有可能导致福利削减——即贫困化增长。新增长理论在有关 FDI 的国际技术外溢方面的研究成果为消除发展中国家中存在的阻碍技术创新与技术扩散的各类扭曲因素指出了方向。

(1) 基于 FDI 视角的国际技术外溢理论。广义而言，一国"技术进步"可以分为自主创新与对外界的技术引进、模仿与吸收，其中后者在各国技术进步中已经扮演了日益重要的角色 (Keller, 2001)。开放经济版图的内生增长理论假设技术落后国的技术模仿成本远远低于技术领先国（创新国）的技术创新成本，因此一个显然的推论是发展中国家可以通过技术引进来实现经济赶超效应 (Romer, 1990; Segerstrom, Anant and Dinopoulos, 1990; Rivera-Batiz and Romer, 1991; Grossman and Helpman, 1991; Aghion and Howitt, 1998)[①]。

[①] 广义技术外溢：不仅指生产技术外溢效应，还应包括管理经验的传播、营销网络的拓展、人力资源的培训等广义的外溢行为。Caves (1998) 则给出了技术外溢的经济学定义，即技术外溢是"外资企业的边际社会收益高出自身边际收益的部分"。参见：Romer P., (1990). Endogenous Technological Change. Journal of Political Economy, Vol. (98): 71–102; Segerstrom P., Anant T., Dinopoulos E., (1990). A Schumpeterian Model of the Product Life Cycle. American Economic Review, Vol. (80): 1077–1092; Rivera-Batiz, Romer P., (1991). Economic Integration and Endogenous Growth. Quarterly Journal of Economics, Vol. (106): 531–555; Grossman G., Helpman E., (1991). Innovation and Growth in the Global Economy. Cambridge, MA, MIT Press; Aghion P., Howitt P., (1998). Endogenous Growth Theory. Cambridge, MA, MIT Press.

第 2 章 开放经济扭曲理论的主要成果

技术引进有两种方式,一是正式的技术交易,二是技术外溢。其中技术市场交易活动可以通过对专利、许可证、版权等使用费进行统计。然而,由于技术产品往往难以进行完整的专利保护,而且技术产品存在严重的信息不对称,因此国际技术外溢是一种比正式国际技术贸易更为重要的技术转移方式。一般而言,国际技术溢出的传导渠道主要有国际贸易(包括国际服务贸易)、FDI、劳务输出、人口迁移以及信息交流等(Keller,2001)[1],其中通过商品贸易、FDI 传递渠道的技术外溢通常称为物化型技术溢出,因为知识外溢已经体现在伴随这些经济活动而进行的机器、设备等具体商品交换、转移中,通过商品的流动而发生了技术溢出。

国际技术外溢的 FDI 渠道。FDI 影响当地企业技术进步主要通过以下四种途径:一是示范效应,也称传染效应(Contagion effect, Findlay, 1978)[2],指国内企业通过对外企新技术、新产品、生产流程、管理经验的模仿和学习而提高自身的技术水平。二是竞争效应,即外资企业的进入加剧了国内市场的竞争程度,迫使本国企业被动加大研发投入,加速生产技术、生产设备的更新升级。三是人员培训效应,指外资企业对当地员工,尤其是管理人员、研发人才的培训投入提升了当地人力资本存量。但是,外资企业人员培训效应所产生的技术外溢效果根本上取决于外资企业培训的员工能否有效地重新被当地企业雇用或是自主创业(Gerschenberg, 1987; Chen, 1983; Katz, 1987)[3]。四是链接效

---

[1] Keller W., (2001). International Technology Diffusion. NBER Working Paper No. 8573.

[2] Findlay R., (1978). Relative Backwardness, Direct Foreign Investment and the Transfer of Technology: a Simple Dynamic Model. Quarterly Journal Economics, Vol. (92): 1–16.

[3] Gerschenberg I., (1987). The Training and Spread of Managerial Know-How, A Comparative Analysis of Multinational and Other Firms in Kenya. World Development, Vol. (15): 931–939; Chen E., (1983). Multinational Companies, Technology and Employment. New York: St. Martin's Press; Katz J., (1987). Domestic Technology Generation in LDCs: A Review of Research Findings. In J. Katz eds, Techlogy Generation in Latin American Manufacturing Industries, Basingstoke: Macmillan.

应,是指外资企业通过与国内企业上、下游产业发生链接效应而带动了当地企业的技术进步。与产业链接相关的是东道国对外商企业生产的"当地采购要求"(Local content),东道国对外资企业原料、中间投入品的当地采购要求这一变量被广泛应用于度量产业链接程度,并用来衡量技术外溢效应。在上述4类渠道中,示范效应和竞争效应一般发生在产业内(intra-industry)技术溢出,而链接效应大多发生于产业间(inter-industry)技术溢出。上述国际技术外溢的传递渠道与效应可以在表2-2中得到进一步反映。

表2-2　　　　　　国际技术外溢的传递渠道与效应

	传递渠道	相关性
1. 产业内外溢:		
示范效应	对外企技术、新产品、生产流程的模仿	正
	缺乏足够吸收能力	负
竞争效应	迫于竞争压力加大研发力度,提高技术水平	正
	竞争压力加大,市场份额减少,平均生产成本上升,挤出效应	负
劳动力市场	雇用原外资企业员工,提高人力资本积累	正
	人员倒流	负
2. 产业间外溢:		
前向联系	技术转让,新管理方式的引入	正
	难以有效吸收	负
后向联系	购买高质量的中间品	正
	外企竞争加大国内供应商供应成本	负
3. 聚集效应:		
劳动力市场	企业家精神的引入,劳动力培训	正
	人员倒流,工资压力	负
基础设施	更多的商机,研发力度加大,运输成本的下降	正
	拥塞现象,挤出效应	负

资料来源:包群、赖明勇、阳小晓:《外商直接投资、吸收能力与经济增长》,上海三联书店2006年版,第25页。

国际技术外溢的贸易渠道。研究国际贸易技术外溢的增长模型可以分为两类：一类是贸易参与国具有类似的经济发展水平和技术水平；另一类则是南北贸易外溢模型。

尽管国际技术外溢存在着 FDI、国际贸易等诸多渠道，但多数实证检验显示，流入发达国家的 FDI 对东道国企业普遍存在技术外溢效应。例如凯维斯（Caves, 1974）、格洛伯曼（Globerman, 1979）、纳迪利（Nadiri, 1991）、米布雷埃尼和雷哥奈提（Imbriani and Reganati, 1997）对澳大利亚、加拿大以及欧洲国家的检验结果均表明外资企业对当地企业产生明显的外溢效应[1]；布兰斯泰特（Branstetter, 2000）[2] 对美国、日本双向投资检验结果也发现存在显著的双向外溢效应。但对于发展中国家的 FDI 技术外溢效应假设的检验却不支持技术外溢的结论（Kokko and Zejan, 1996; Sjoholm, 1999）[3]，或者发现 FDI 的技术外溢效应只有在一定条件下才成立（Aitken and Harrison, 1999; Kokko, 1994）[4]。这与新增长理论的预测是完全不同的。

新增长理论认为，在国际技术外溢过程中，技术外溢效果与

---

[1] Caves R., (1974). Multinational Firms, Competition and Productivity in Host-Country Markets. Economica, Vol. (41): 176 – 193; Globerman S., (1979). Foreign Direct Investment and Spillover Efficiency Benefits in Canadian Manufacturing Industries. Canadian Journal of Economics, Vol. (12): 42 – 56; Nadiri I., (1991). U. S. Direct Investment and the Production Structure of the Manufacturing Sector in France, Germany, Japan and the U. K. Mimeo Graph, New York Univercity; Imbriani C., Reganati F., (1997). International Efficiency Spillover into the Italian Manufacturing Sector-English Summary. Economia Internazionale, Vol. (50): 583 – 595.

[2] Branstetter L., (2000). Is Foreign Direct Investment a Channel of Knowledge Spillover? Evidence from Japan's FDI in the United States. NBER Working Paper, No. 8015.

[3] Kokko A., Zejan J., (1996). Local Technological Capability and Productivity Spillovers from FDI in the Uruguayan Manufacturing Sector. Journal of Development Studies, Vol. 32 (4): 602 – 611; Sjoholm F., (1999). Productivity Growth in Indonesia: The Role of Regional Characteristics and Direct Foreign Investment. Economic Development and Cultural Change, Vol. (47): 559 – 584.

[4] Aitken B., Harrison A., (1999). Do Domestic Firms Benefit from Direct Foreign Investment, Evidence from Venezuela? American Economic Review, Vol. 89 (3): 605 – 18; Kokko A., (1994). Technology, Market Characteristics, and Spillovers. Journal of Development Economics, Vol. (43): 279 – 293.

政策引致性扭曲：开放效益的体制因素

发展中国家、发达国家之间的技术差距，尤其是初始的技术差距成正比，因此落后国家完全有可能利用后发优势实现赶超效应，即存在技术趋同效应（Technology convergence）（Barro and Sala-I-Martin, 1995）①，这可称为技术的"绝对收敛"。理解这一结论的关键在于，新增长理论认为新技术知识一旦被生产出来，复制、再生产的附加成本很低，例如，在格罗斯曼和赫尔普曼（G. M. Grossman and E. Helpman, 1991）② 基于中间产品质量提高型的模型中，仅仅假设技术从发明国（North）扩散到模仿国（South）的过程中存在时间差。对于技术模仿国而言，东道国企业与外资企业初始技术水平差异越大，则可以供东道国当地企业模仿的先进技术选择集越大，因此当地企业可以较低的模仿成本取得较高的模仿回报率，也就是说，FDI 的技术外溢效应越明显。

新增长理论认为，之所以存在着理论与实证结果的差异，除去检验方法差异以外，主要是多数研究未能从东道国企业对 FDI 技术外溢的吸收能力角度进行考察，而事实上，由于东道国企业的技术吸收能力不同而导致发展中国家经济开放效益的显著不同。如 20 世纪 60、70 年代，东亚和南美国家都实行技术引进发展战略，但东亚国家现实了"东亚经济奇迹"，而拉美国家却发展为技术依附。但从扭曲理论视角看，所谓"技术吸收能力"其背后是东道国存在的各类扭曲因素造成的 FDI 技术外溢效应的下降。

（2）扭曲理论视角下的东道国技术吸收能力分析。东道国的研发能力。科亨和莱文索（Cohen and Levinthal, 1989）在分析企业研发作用时首次提出了"吸收能力"（absorptive capability）的概念，认为知识产品的生产具有很强的自我积累性和路径依赖性特点，也即任何新知识都是在已有知识基础上开发出来

---

① Barro R., Sala-i-Martin X., (1995). Economic Growth. New York: McGraw Hill.
② Grossman G., Helpman E., (1991). Innovation and Growth in the Global Economy. Cambridge, MA, MIT Press.

的，较大的现存知识量意味着具有较强的研发能力去开发更多的新知识产品。而且研发投入对于企业、本国技术进步往往具有双重效应：研发不仅在于直接带来了新技术成果，更重要的是增强了企业、本国对外来技术的模仿、学习和吸收能力①。这种现象被称为吸收能力的"自我强化（Self-reinforcing）"过程（Perez and Soete，1998）②。

因此，如果内、外资企业技术水平差距过大，东道国企业就没有能力去吸收、模仿外资企业的技术，外资企业的技术外溢效果就很小。也就是说，落后国家对技术先进国家的技术模仿是有条件的，其中之一就是落后国家的技术吸收能力，这便是技术的"条件收敛"（Verspagen，1992）③。

从扭曲理论的角度来看，如果外资的技术水平大大超出发展中国家的企业技术水平，即超出其技术吸收能力，那么这种外资就会引发东道国市场扭曲，其后果可能是产生市场垄断。要消除这种类型的扭曲，最直接的对策是根据本地企业的吸收能力选择适度的外商投资技术；长期而言，则是要培育人力资本并加强对企业技术研发的支持。

东道国人力资本。佩雷兹和索埃德（Perez and Soete，1998）在其技术赶超模型中，假设存在着一个已有知识存量的临界水平以保证技术模仿收益大于模仿成本。因此，对于不同层次的技术水平而言，总是存在着某一相应的吸收能力临界值。对于那些层次较高的技术而言，其对应的吸收能力临界值也较高。克里斯库

---

① Cohen W., Levinthal D., (1991). Innovation and Learing: The two face of R&D. Economic Journal, Vol. (99): 569–596.
② Perez C., Soete L., (1998). Catching-up in Technology: Entry Barriers and Windows of Opportunities. in Dosi et al. Technical Change and Economic Theory. Columbia University Press: New York.
③ Verspagen B., (1992). Uneven Growth between Interdependent Economies. An Evolutionary View on Technology Gaps, Trade and Growth, Maastricht: Universitaire Pers.

政策引致性扭曲：开放效益的体制因素

奥洛和纳鲁拉（Criscuolo and Narula, 2001）进一步将这种现象归纳为"门槛效应（Threshold effect）"，即技术模仿要求模仿国必须具备一定的最小知识量，即模仿门槛；而且技术模仿国的技术水平越接近技术前沿国，则技术积累速度将越慢[①]。

凯勒（Keller, 1996）则强调，在一个开放经济中，如果本国技术部门的人力资本回报率没有发生相应改变（提高人力资本积累回报率），那么贸易自由化所带来的技术学习机会并不能被充分利用与吸收[②]。

从扭曲理论视角看，在存在着国内劳动力市场扭曲的背景下，例如劳动力流动障碍、人为压低工资，或人力资本的内部结构扭曲等情况[③]，那么人力资本回报率将偏离均衡市场价值，从而不利于本国人力资本的积累。因此，提高本国技术吸收能力的关键是消除本国劳动力市场扭曲。

东道国市场体制。巴格瓦蒂（Bhagwati, 1985）、巴拉舒伯拉曼雅姆等人（Balasubramanyam et. al., 1996）认为，东道国的市场体制对吸收能力具有重要影响[④]。

第一，在东道国市场存在较为严重的市场垄断现象时，外商企业的加入往往将进一步强化这一市场扭曲效应。一些学者还发

[①] Criscuolo P., Narula R. A Novel Approach to National Technological Accumulation and Absorptive Capacity: Aggregating Cohen and Levinthal. Proceedings of the Conference "The Future of Innovation Study", 2001.

[②] Keller W., (1996). Absorptive Capacity: On the Ceation and Acquisition of Technology in Development. Journal of Development Economics, Vol. (49): 199 - 227.

[③] 这里的人力资本结构是指，直接参与到生产活动中的研发人员占全部研发人员（工程师、科学家）的比重，研发人员（工程师、科学家）占总人口比重代表了人力资本的绝对水平。实证结果表明，与绝对水平的人力资本相比，人力资本结构能够较好地衡量一国的吸收能力（Lankhuizen M., 1998）。这意味着一国应多鼓励研发人员参与到企业的实际生产、经营活动中去，并且与大学科研院所相比，更应强调企业的研发活动。

[④] Bhagwati J., (1985). Protectionism: Old Wine in New Bottles. Journal of Policy Modeling, Vol. (7): 23 - 34; Balasubramanyam et. al., (1996). Foreign Direct Investment and Growth in EP and IS Countries. The Economic Journal, Vol. 106 (1): 92 - 105.

现，外资企业往往趋向于进入那些原本市场集中度较高的行业，其原因就在于这些行业具有较高的垄断超额利润（Dunning，1993；Kokko，1996）①。

第二，知识产权保护。如果东道国缺乏对知识产权的有力保护措施，那么外国投资企业趋向于进行低技术投资，而且外商企业也缺乏在当地进行研发活动的动力（Smarzynska，1999）②。

第三，金融市场扭曲。阿尔法罗等人（Alfaro et al.，2000）③ 运用 1975～1995 年间各国的截面数据对以金融市场效率度量的吸收能力进行了实证，发现单纯的 FDI 流入对东道国经济增长的影响效应是不确定的，而一旦回归方程中引入 FDI 与金融市场效率的交叉相乘变量，可以发现对于金融市场效率较高的样本国家而言，FDI 显著地促进了本国经济增长。这一实证结果表明，东道国的金融市场效率是影响其吸收能力的关键因素。具体而言，在外资企业进入的背景下，本国居民拥有两种选择，一是成为外资企业的雇员，收益为工资报酬；二是利用从外资企业学习、模仿的先进技术与管理经验，进而自主创业。由于东道国内具有企业家精神的创业者必须要为利用外资企业的先进技术而支付一大笔初始的固定成本（包括学习费用、谈判成本、购买关键技术以及设备的费用等），因此东道国内金融市场的运作效率将决定创业者能否有效获得贷款以支付这笔固定成本。假设本

---

① 现代服务业领域的垄断现状意味着，在后 WTO 过渡期，外资的进入将加强扭曲而不是削弱扭曲。因而针对性策略应是在向外资开放的同时也向民营资本开放，逐步形成多元化竞争格局。Dunning J. Multinaional Enterprises and the Global Economy. Reading：Addison-Wesley Publ. Co，1993；Kokko A.，（1996）. Productivity Spilloveers from Competition between Local Firms and Foreign Affiliates. Journal of International Development，Vol.（8）：517～530。

② Smarzynska J.，（1999）. Composition of Foreign Direct Investment and Protection of Intellectual Property Rights in Transition Economics. CEPR Working Paper，No. 2228.

③ Alfaro et al.，（2000）. FDI and Economic Growth：The Role of Local Markets. WUSTL Working Paper，No，0212007.

国居民企业家才能服从 [0, 1] 之间的分布，则存在着均衡条件下的企业家才能临界值，即本国居民两种决策获取的收益相等。这意味着：提高本国金融市场效率，等同于降低了企业家才能临界值，即更多的本国居民得以自主创业，从而提高了技术外溢收益与本国产出水平。

此外，由于新技术包含在资本品中，因此为了利用前沿技术就必须进口先进生产设备，因而金融市场效率也会影响技术扩散速度。

上述三种情形在转轨国家中是一种普遍存在的现象。这些体制扭曲不但导致对 FDI 技术外溢吸收能力低下，而且容易形成外资对本国市场的垄断，产生更大的市场扭曲。也就是说，单纯外资数量增长并不必然带来技术外溢效应增加；相反，不断完善市场经济体制是实现技术外溢的制度前提。

总之，通过自主性政策扭曲刺激东道国吸收能力的提高有三条途径：一是消除东道国体制性扭曲，如对外开放、市场体制完善、法律体系的完善，尤其是知识产权保护程度的提高等；二是政府在税收、融资以及市场竞争方面的创新激励政策，推动企业积极进行技术更新；三是对人力资本的积极培育。这三条途径是相辅相成的，只有消除影响吸收能力的众多扭曲因素，才能既在微观层面促进企业的吸收能力，又在宏观层面促进国家或区域的吸收能力，从而实现对外开放的动态比较优势。

2.5 消除扭曲的"直接针对性"原理[①]

"直接针对性"原理或"对症规则（Specific Rule）"是扭曲

---

① 张幼文：《双重体系的扭曲与外贸效益》，上海三联书店1995年版，第222~233页；[美] 托马斯·A·普格尔，彼得·H·林德特著，李克宁译：《国际经济学》，经济科学出版社2001年版，第129页。

第2章 开放经济扭曲理论的主要成果

理论关于消除扭曲的基本原理：应当在问题的根源上进行干预，所采用的政策工具，应能够尽可能直接地作用于那些私人与社会的收益或成本不相一致的扭曲的根源，这样才是更为有效的。具体而言，第一，当扭曲为内生时，直接针对扭曲性质采用税收或补贴政策；第二，对于自发性政策引致扭曲，消除扭曲在于取消政策；当由于某些经济变量的值必须予以约束时，经济必须引入工具性政策扭曲，最优或较低成本的方法是选择可形成直接影响受约束变量的扭曲的那种政策干预。第三，当扭曲是由于经济体制引起的时候，消除扭曲在于进行经济体制改革；针对扭曲的性质采用税收或补贴政策可以局部消除扭曲。

"直接针对性"原理从理论渊源上来讲，来源于两个方面。

一是英国经济学家庇古（A. C. Pigou）所建立的税收或补贴方法。贸易中的争论一般围绕税收和补贴（如关税就是一种税收）而展开。政府税收和补贴是否能纠正扭曲要视具体情况而定。税收被列为一种可能导致扭曲的原则。也就是说，如果市场处于最佳结局（帕累托最优，因为没有其他扭曲），此时引入税收便会引起扭曲。而如果已经存在着扭曲，那么市场将不会自己处于最佳结局。此时，适当的税收（或补贴）便可以改进市场的结局，但是，错误的税收（或补贴）也会使事情变得更坏。

由庇古所开创的税收或补贴方法认为，我们应当发现人们在私人激励中的扭曲，并由明智的政府以税收和补贴来消除这种扭曲。如果边际社会成本超过私人激励和价格（$SMC > MC = P = MB = SMB$），正如在污染例子中的那样，便可以让政府征收其数量为 $SMC - SMB$ 的税收，以便通过涨价而使两者一致。如果某种东西的社会收益大于私人收益（$SMB > MB = P = MC = SMC$），正如在培训的例子中的那样，便可以让政府支付其数量为 $SMB - SMC$ 的补贴，以便消费者在市场中得到全部的社会收益。

另一个来源是建立在产权经济学代表人物罗纳德·科斯

(Ronald Coase)的思想之上的产权方法。该学派认为建立新的产权制度比税收与补贴方法更为可取。例如,产权理论认为,如果有一条河流被污染,我们可以通过将河流变成某个私人的财产而使私人激励等于社会效果。其机制是,或者让下游的使用者拥有河流并为河流污染而向造纸厂收费,或者让造纸厂拥有河流,它将要得到补贴以便进行河流污染治理。可以以实施成本最小为原则在这两种产权设置方法之间进行选择——显然,对于转轨经济国家而言,在市场体制尚未完善之时,产权方法是消除扭曲的一个重要措施。

这样,对市场经济中的扭曲现象进行分类并根据"直接针对性"原理加以消除的"菜单"如下。

第一,对于自由放任下贸易中垄断力量的对外扭曲,最优政策是关税;对于生产扭曲,最优政策是生产税收和补贴;对于消费扭曲,最优政策是消费税收和补贴(Bhagwati and Ramaswami, 1963; Johnson, 1965);对于工资差异引起的要素扭曲,最优政策是要素的税收和补贴(Hagen, 1958)。

第二,对于政策引致性扭曲,最优政策是消除造成扭曲的政策本身。所以对导致对外扭曲的次优关税,最优政策是把关税调整到最优水平(当贸易中无垄断时这个最优关税是零)。如果消费税收和补贴导致消费扭曲,最优关税是用等量的消费税收和补贴去抵消它,使净消费税收和补贴为零,从而恢复充分最优。总之,干预的最佳原则是完全消除存在的扭曲而不引起新的扭曲;干预的扭曲发生之处,程度恰好完全消除扭曲(Chacholiades, 1978)。

第三,关于非经济约束。如果非经济约束与生产有关,则最优政策是生产税收和补贴(Corder, 1957)。如果非经济约束与进口水平有关,则最优政策是关税或贸易补贴(Johnson, 1965)。如果非经济约束与一部门的生产要素利用水平有关,最

第 2 章 开放经济扭曲理论的主要成果

优政策是直接对该要素利用水平必须降低或提高的部门进行要素的税收或补贴;而提高和降低消费使之达到约束水平的最优政策则是消费税收和补贴(Bhagwati and Sirinivason,1969)①。

第四,由要素价格体制和汇率体制所引起的扭曲的根本消除,在于这两方面的体制改革。在完成体制改革以前,政策只能是针对扭曲的性质采用相应的和适度的税收与补贴政策。但是,应当看到,这些政策只能是局部地消除扭曲,而不能全面地消除扭曲。由体制性原因决定的扭曲是全面的扭曲。

巴格瓦蒂等经济学家进一步提出了消除扭曲的政策优等序列原理。

巴格瓦蒂等人(Bhagwati, Ramaswami and Srinivasan, 1969; Bhagwati and Srinivasan, 1969)② 认为,不论何种原因引起的扭曲,各种可供选择的政策均可按净福利大小进行排序。当为约束某些变量值而必须引入扭曲时,干预政策也可以相似地进行排列,这些政策的排列完全与内生的或自发的政策引致性扭曲相对称。具体而言,当政策直接针对原始扭曲时,由于政策选择往往会受到种种实际因素的限制,而使得干预政策产生一种负效扭曲(by-product distortion),因而有必要比较原始扭曲消除之得与负效扭曲产生之失。这种在不完全消除原始扭曲下使福利最大化的政策选择,即为次优政策或二等政策。如果采用两种不直接针对原始扭曲的政策,那么便可能产生两种负效扭曲,这是三等政策。因此,在采取政策消除扭曲时就有可能出现政策"过度"现象。一方面政策足以抵消原始扭曲;另一方面负效扭曲可能会

---

① Bhagwati, J. N. and T. N. Srinivasan, (1969). "Optimal intervention to achieve non-economic objectives", Review of Economic Studies, 36, Jan., 1969.

② Bhagwati, J. N., V. K. Ramaswami and T. N. Srinivasan, (1969). "Domestic distortions, tariff and the theory of optimum subsidy", Some further results, Journal of Political Economy, 77, Nov./Dec., 1969.

大到足以导致福利净损失（张幼文，1995）。

在市场经济中，税收与补贴是基本的消除扭曲的政策工具，最优政策总是在针对扭曲性质的那种税收和补贴政策上，次优政策或无效政策没有规律。然而，对于转轨经济而言，政策直接针对扭曲原因时，只能消除该种扭曲却不能消除由体制本身所造成的扭曲。例如，当生产扭曲是由于要素价格及流动障碍引起的时候，生产补贴或税收补贴也只能消除生产扭曲而不能优化资源配置。等等。因此，转轨经济的最优政策是体制改革，次优政策是直接的税收和补贴。值得注意的是，即使完全的市场化，内在的扭曲仍然会存在。

本章小结

西方经济学家的扭曲理论限于对一般市场经济的分析，因而对于发展中国家贸易与引资效益和政策选择具有重要的借鉴意义。然而，发展中国家特别是转轨经济国家，除却具有一般市场经济的各类扭曲之外，这种经济中还存在着更广泛的政策引致性扭曲以及体制性扭曲。发展中国家不仅要在微观层次上消除经济中的各类扭曲，而且还要以西方扭曲理论所未有的角度探索中观与宏观领域的各类扭曲现象及其矫正问题。扭曲理论与经济增长理论的结合将为我们提供这样一个中观与宏观的视角，从而适合于我们分析转轨经济的各类扭曲现象，实现对外开放的动态竞争优势。

第3章

减少扭曲：发展导向型体制的增长之源

从扭曲理论的视角看，市场不完善与政府过多干预是引起扭曲的重要原因。然而根据扭曲的定义和性质，生产与消费的外部经济产生于生产与消费本身的自然性质与技术性质，即使市场是完善的，这类扭曲也不可能消失；同时，垄断本身是对市场的背离，但垄断却又是市场竞争的产物。如果没有政府干预，垄断是必然要形成的，扭曲也就必然要形成。从这个意义上说，扭曲就不是市场不完善的结果，而是缺乏必要的政策的结果（张幼文，1995）[①]。但遗憾的是，扭曲理论并未解释引致扭曲的政府干预政策为什么会被选择？这里区分两种情况，一种是自发的政策引致性扭曲，如因历史的原因——关税引起对外扭曲；但我们这里主要强调的是另一种类型的政策引致性扭曲：政府自主运用税收或补贴为实现某一政策目标而干预经济从而产生扭曲。张幼文（1995）指出，如果政策干预有利于经济的增长发展和本国社会福利的提高，即政策引致性扭曲的宏观与动态收益抵消或超过了扭曲损失，那么政策干预就是可行的。

这一点的特别意义在于，对于像中国这样的从封闭经济走向

[①] 张幼文：《双重体系的扭曲与外贸效益》，上海三联书店1995年版，第239~242页。

政策引致性扭曲：开放效益的体制因素

开放的转轨经济国家，运用政策引致性扭曲不仅是要消除市场失灵引致的扭曲，更重要的是通过政策引致性扭曲达到向市场经济转轨、体制创新的目的——即消除体制性扭曲；在实践上，中国的外资外贸优惠政策不仅促进了对外开放、经济增长，而且促进了国内计划经济向市场经济的转变。这是本章将要论述的基本主题。本章共分三部分内容：3.1 讨论区域发展导向型体制的形成、特征及其动态演进；3.2 讨论发展导向型体制下政策引致性扭曲的制度创新效应；3.3 讨论政策引致性扭曲的经济增长效应。

3.1 区域发展导向型体制的形成、特征及其动态演进

中国经济转轨过程中，逐步形成区域发展导向型体制。区域发展导向型体制是政策引致性扭曲的实施载体，反之，政策引致性扭曲也促进了区域发展导向型体制的动态演进。

3.1.1 区域发展导向型体制的形成与特征

对当代世界各国多种不同市场经济的发展模式的分类表明，从政府与经济运行的关系出发可以将其分为两类。① 一类是让市场具有较高自由度的自发运行，让资源配置基本上靠市场来解决，在产业这一中观层次和企业、价格这些微观层次上政府较少介入，政府主要在宏观层次上致力于实现经济稳定、缓和经济周期波动，实现较低的失业率和通货膨胀率等宏观目标。这种模式以美国最为典型，可称为"稳定调节型"市场经济。另一类市

---

① 张幼文：《区域发展导向——中国的市场经济模式》，载于《学术月刊》1994 年第 8 期。

第3章 减少扭曲：发展导向型体制的增长之源

场经济模式是市场的运行受到政府的结构性干预，资源配置以政府确定的发展目标通过市场引导来实现，因而政府干预更多地集中于中观层次甚至微观层次。政府把市场看作提高效率的途径，发展看作经济活动的目标，为实现产业结构的进步，提高本国经济的发展水平和国际竞争力等目标制定规划，进行市场干预。这种模式以日本最为典型，可以称为"发展导向型"市场经济。在这种模式中，关键是政府干预的手段，如果对中观层次的干预甚至微观层次的干预是间接手段而不是直接手段，那么市场经济的基本面就不会遭到破坏；相反如果干预过多深入到微观层面且采用直接手段，那么市场经济就不复存在。

值得注意的是，在现实经济中，任何一种模式都不是绝对的，在一种模式中总可以找到另一种模式的一些表现。也就是说，"稳定调节型"与"发展导向型"发展模式之间存在着某种相互渗透。中国的"区域发展导向型"市场经济正体现了这种渗透，即，就全国经济和中央政府在经济运行中的作用而言，模式将是稳定调节型的，就各个地区经济和地方政府在经济运行中的作用而言，模式又将是发展导向型的。在这种市场经济体制中，地方政府致力于本地区的发展导向，中央政府致力于宏观稳定调控，整个经济将在多个发展动力推进和一个稳定系统控制下有效运行（张幼文，1994）。

中国区域发展导向型体制形成的原因主要有以下几个方面。

第一是分权改革具有历史渊源。中国传统经济体制缺乏效率的问题早在20世纪60年代初期就被察觉，1978年十一届三中全会之前，经济改革一直陷于行政性放权、收权，即部门和地区之间管理经济权限的重新划定，以及与此紧密相连的行政机构增减的循环往复之中（见表3-1）。传统分权改革之所以失败，主要是因为分权并未触及传统的发展战略和扭曲的宏观政策环境、资源计划配置制度和毫无自主权的微观经营机制（林毅夫、蔡昉、李周，1999）。这无疑为改革开放后的分权改革积累了宝贵的经验教训，从而为建立区域发展导向型体制奠定了基础。中国改革以前的分权、收权周期见表 3-1。

表 3-1　　　　　　　中国改革以前的分权、收权周期

	1953 年	1957 年	1958 年底	1963 年	1971~1973 年
中央直接控制的企业数	2800	9300	1200	10000	2000
中央部委分配的物资种类数	227	532	132	500	217

数据来源：林毅夫、蔡昉、李周：《中国的奇迹：发展战略与经济改革》，上海人民出版社 1999 年版，第 139 页。

第二是中国实施赶超战略的需要。转轨经济发展的相对落后性意味着如果没有政府系统全面的发展战略，即一个深入到具体产业的发展战略，单靠市场自身的缓慢积累要赶上先进国家是不可能的。尤其是中国在对外开放中面对强大的国际竞争压力，在不能靠保护政策来发展新产业的前提下，只能转而依靠在产业层次上的较深政府介入来培育竞争性产业的战略。

第三是由中国规模和地区差异过大的客观因素决定的。中国采取区域发展导向型体制，由地方政府承担发展导向的职能是由中国的巨大规模与巨大的地区发展差异所决定的。首先是在这样一个大国中高度集中的决策和指导是很困难的；其次是中央财力不能承担如此大规模的产业发展任务；最后是地区间的差别太大，不同地区有不一样的发展需要，统一的发展政策不易推行或只能采取地区政策的形式。当由地方政府承担发展导向职能时，优势是显而易见的。一是省（自治区）、直辖市、市一级的经济、人口规模适中，在这种规模下进行结构性的经济调控与国外市场经济的有效模式具有相似性；二是分权式改革以后，地方政府财力逐步扩大，本地经济发展的效果会形成较强的地方政府财力，推行结构进步政策成为可能；三是地区经济在区内比较平

衡，产业发展政策比较易于推行。当然全国性的产业发展政策仍然需要中央政府调控。

第四是经济转轨过程中地方政府职能转换与市场经济体制培育过程的必然性。地方政府职能从传递计划指令到组织地方市场、发展地方经济，导致了市场的区域化。在这个过程中，政府职能不是完全退出经济活动，而是积极促进市场经济发育。一是形成与市场经济相适应的管理机构与服务机构；二是营造市场、组织市场活动，如从最简单的集贸市场到复杂的证券市场等；三是建立一整套与市场经济相适应的法律规范，而在此过程中政府进行某种程度的行政管理仍然是不可或缺的有效手段。特别是在市场机制还不成熟，财政与货币政策的间接调控作用难以有效发挥的前提下，行政手段的配合更是不可或缺。

显然，改革开放后中国区域发展导向型体制的形成是历史与现实的必然选择。

区域发展导向型市场经济模式包含四个特征：（1）下一级政府在所辖区内强力干预经济，推动经济高速发展，上一级政府进行全局平衡调控的结构是其主要特点；（2）各级地方政府是实施发展导向职能的主体，并且省以下各级政府所进行的发展导向所能运用的政策工具较少，而更多运用直接参与和组织的形式；（3）在地区间发展差异较大的情况下进行的区域化发展导向，必然产生较强的地方保护主义和地区利益冲突；（4）中央政府的职能是在全面增长中保持稳定，抑制通货膨胀、协调地区性利益和对经济波动进行宏观调控。

3.1.2 政策引致性扭曲与区域发展导向型体制开放战略的动态演进

在中国改革开放进程中形成的区域发展导向型体制的基本内

容有两个:一是中央政府向地方政府、国有企业的放权过程,从开放的角度看主要表现为招商引资的权力和从事对外贸易的权力下放;二是放权的过程也是一个有关外资、外贸活动规范化、法制化的过程,即一个涉外经济体制逐步形成与完善的过程。所谓区域发展导向型体制的动态演进,在这里是指这一模式所内含的目标、战略以及政策的不断升级与完善。模式演进的目标是最终建立成熟的开放型市场经济;分散决策、渐进式改革是其战略;政府推动即政策引致性扭曲是其基本动力来源。

1. 当前国内有关转轨经济阶段性划分的基本观点

在许多当代经济学文献中,学者们将中国的改革开放称为"转轨"或"转型",其含义基本是一致的。[①]"转轨"的含义侧重于制度层面,而"开放"侧重于政策与战略层面。本文从改革开放进程的动态演进角度将两个概念作同义使用——既包括制度层面,又包含政策与战略层面。了解目前学者们有关转轨阶段的划分对于理解区域发展导向型体制的动态演进是有帮助的。

目前对中国经济转轨进程的阶段性划分主要有三类观点:

(1) 以赵旻(2003)为代表的学者提出,从体制转轨与经济发展相结合的角度出发,将中国的经济转型进程划分为四个阶段:第一阶段(1978~1991年),"改革探索和扩张供给阶段";第二阶段(1992~1997年),"社会主义市场经济体制框架建设和经济高速成长阶段";第三阶段(1998年开始大约需要10~15年),"改革巩固攻坚和经济结构全面调整"阶段,这一阶段又划分为前后两个时期;第四阶段,未来的"转轨发展阶段",

---

[①] 关于"转轨"的内涵与外延的详细讨论,请参见吕炜:《转轨的实践模式与理论范式》,经济科学出版社2006年版,第3~85页。

即"市场化体制的成熟完善和社会经济协调发展阶段"。①

（2）吕炜（2003）从研究经济转轨过程中的转折点入手，提出中国经济转轨存在着两个"转折点"并相应划分为两个发展阶段。第一个是告别旧体制的"转折点"，其标志为："短缺现象的普遍消失"与"市场化取向的不可逆转"。第二个"转折点"的标志：一是"所有的企业都被规范地纳入了市场化约束相互对称体系的经济运行环境之中"；二是"一个能够灵活地应对商业周期变化和应付经济全球化环境的宏观调控体系基本形成"。据此，吕炜认为中国经济体制转轨的总体进程在1998年已经越过了"告别旧体制的转折点"，但距离"建立新体制的任务接近完成的转折点"还有比较遥远的路程。②

（3）国家发改委宏观经济研究院课题组发布的研究报告（2004）指出，中国改革开放以来的转型大致可以划分为三个时期：第一个时期大致从1978年到1992年以前，为"自发启动"时期。这一时期的改革首先从农村自发启动，然后逐步扩展到城市改革（从1984年起）；第二个阶段大致从1992年到20世纪末，这一时期以邓小平南方讲话和党的十四大召开为标志，中国进入全面建设社会主义市场经济的阶段；第三阶段始于世纪之交，为"全面加速时期"或"加速转型期"。所谓"加速转型"是指"经济结构和社会结构呈现加速度的整体性跃迁过程"。在加速转型期，结构、机制、利益和观念将发生"临界水平"的转换，"一旦超越临界水平，旧体制、机制、结构、观念和利益不再复归"。③

---

① 赵旻：《论我国经济转轨发展的四个阶段》，载于《经济学动态》2003年第3期。
② 吕炜：《经济转轨过程中的转折点研究》，载于《经济学动态》2003年第6期。
③ 国家发改委宏观经济研究院课题组：《中国加速转型期的若干发展问题研究》（上），载于《经济研究参考》2004年第16期。

政策引致性扭曲：开放效益的体制因素

上述学者从不同角度对转轨作出了阶段性划分，可以看出其共同点在于对转轨阶段性临界点的确定并无明显分歧，所不同的是对各转轨阶段特征（实质）的归纳不同。

本书从政策引致性扭曲的角度重新对转轨阶段进行梳理，认为转轨在实质上是一个消除旧体制扭曲的过程，同时又是一个通过政策引致性扭曲创造市场条件的过程。

据此可以将体制转轨划分为三个阶段：第一个阶段大致是从1978年到20世纪末（或中国加入WTO），这一阶段的基本特征是以一种扭曲（对外开放政策）取代另一种扭曲（旧的计划经济体制），实现市场经济的初步建立。第二阶段始于世纪之交，为扭曲政策的调整阶段，即消除过度政策扭曲、强化必要扭曲从而提高对外开放效益，实现国际竞争力的整体性跃升。第三阶段，彻底消除政策扭曲，实现向成熟市场经济的转变。目前，我国正处于转轨经济的第二阶段。

2. 区域发展导向型体制开放战略与政策的动态演进

与转轨经济的阶段性划分相对应，区域发展导向型体制开放战略与政策的动态演进也分为三个阶段。

第一阶段（从1978~20世纪末）又可分为两个时期。

（1）1978年改革开放开始到1991年，跨越第六和第七个五年计划，是由"点到线"的对外开放试验时期。1978年党的十一届三中全会作出了把工作重点转移到社会主义现代化建设上来，实行改革开放的战略决策。1979年五届全国人大二次会议通过了《中华人民共和国中外合资经营企业法》，在此基础上中央决定在深圳、珠海、汕头和厦门试办"特区"，1980年5月16日，中共中央、国务院批转《广东、福建两省会议纪要》，正式将"特区"定名为"经济特区"。随着经济特区试点成功，1984年5月，中央决定进一步开放从大连到北海的十四个沿海港口城市；1985年决定分步开放长江三角洲、珠江三角洲和闽南厦漳泉三角地区，以及辽东半岛和胶东半岛。在"六五"计划取得良好开放效益的基础上，"七五"计划期间继续扩大经济特区、沿海开放城市和开放地带。1988年3月18日国务院发出《关于进一步扩大沿海经济开放区范围的通知》，决定新划入沿海开放区140个市、县，包括杭州、南京、沈阳3个省会城市，4月，设立海南省和经济特区。1990年4月，浦东开发进入实质性启动阶段。1991年3月6日国务院发出《关于批准国家高新技术产业开发区和有关政策规定的通知》，决定继1988年批准北京市新技术产业开发试验区之后，再批准21个高新技术产业开发区为国家高新技术产业开发区。

为了增强企业的出口创汇能力，"七五"计划期间实施了一系列相关法律配套措施。1988年3月25日~4月13日七届全国人大一次会议通过了宪法修正案，将"国家允许私营经济在法律规定的范围内存在和发展"以及"土地的使用权可以依照法律的规定转让"等规定载入宪法。会议还通过了《中外合作经营企业法》等重要法案，为正确掌握外资的使用方向，大力提高经济效益提高了法律依据。外贸体制改革围绕"扩大出口生产企业和外贸企业的经营自主权，发展外贸企业同生产企业的直接联合，更好地实行产销结合、工贸结合、技贸结合的原则"展开。

（2）"八五"与"九五"计划期间是对外开放"由线到面"梯度推进的开放阶段，总体对外开放格局初步形成。1992年春，邓小平发表南方讲话，充分肯定了改革开放的成就，提出基本路线要管一百年，动摇不得。同年10月中共十四大确定我国经济体制改革的目标是"建立社会主义市场经济体制"。1993年11月十四届三中全会决议决定深化"对外经济体制"改革，实行全方位开放。1994年取消了指令性计划、实行人民币汇率

政策引致性扭曲：开放效益的体制因素

并轨和经常项目下可兑换，并主动实行贸易自由化和便利化等为主要内容的外贸体制改革，极大地调动了各方面的积极性，发挥了我国经济潜在的比较优势，优化了进出口结构，提高了效益。

第二阶段（始于世纪之交），面临着两个基本任务。

（1）随着2001年我国加入WTO，涉外经济体制改革进一步深化。2003年10月十六届三中全会通过了《完善社会主义市场经济体制若干问题的决定》，提出"深化涉外经济体制改革，全面提高对外开放水平"的要求。入世以来，国务院近30个部门，根据WTO有关规则和中国改革经济管理体制的需要，共清理各种法律法规和部门规章2300多件，通过人大、国务院和各部门修订325件，废止830件，范围涉及货物贸易、服务贸易、知识产权和投资等各个方面。各地方共清理出19万多件地方性法规、地方政府规章和其他政策措施，并分别进行了修改和废止处理。[①] 2004年4月，第十届全国人大常委会第八次会议通过了修订后的《外贸法》，将实行了50年的外贸权审批制改成登记制，同时，修改和补充了外贸经营权、贸易调查权、贸易救济、知识产权、外贸秩序和外贸处罚等方面的内容，增加了"对外贸易调查"的相关内容。新《外贸法》的实施意味着中国提前半年履行了放开外贸权的承诺。2006年底，中国银行业迎来全面对外开放时期。

总之，按照市场经济和世贸组织规则的要求，我国正在形成更加稳定、透明的涉外经济管理体制。

（2）在区域竞争的压力下，政策引致性扭曲的强度不断增大，区域发展导向型体制的粗放型特征明显，内外经济失衡逐步

---

① 张向晨：《加入WTO两年半的回顾和思考》，载于《战略与管理》2004年第3期。

加剧。① 正如2006年3月制定的"十一·五"规划纲要决议所指出的,当前在我国国内经济结构中存在着一系列矛盾,如城乡收入差距扩大、地区发展不平衡等,以及世界经济结构失衡所带来的外部环境的不确定性上升等制约因素,如世界贸易保护主义的迅速抬头等。规划提出"对外开放与国内发展更加协调"的目标是科学的,唯此才能真正提高对外开放效益。

显然,这意味着区域发展导向型体制进入了一个对政策引致性扭曲进行调整、矫正的历史时期。正如有学者指出的,开放经济的动态演进"要求我们不能使现阶段的发展给下一个阶段造成困难和障碍,例如结构转型的困难、资源的耗竭、环境的破坏等。"②

3.2 政策引致性扭曲:区域发展导向型体制的制度创新效应

对开放效益的正效影响主要体现在两个方面。(1) 对外开放中的制度创新效应,主要表现为:对涉外经济体制的形成产生推动作用;形成多种竞争性对外开放模式,分散性制度创新减少了中央集权下的制度创新成本,提高了制度创新效率。(2) 地区竞争推动了资本与技术引进的速度,促进了对外贸易的快速增长,为经济保持高速稳定增长作出了贡献。本节将重点讨论制度创新效应。

---

① 值得注意的是,地区发展的失衡并不是扭曲的表现,后文将证明区域竞争、政策引致性扭曲是如何加重了地区发展失衡的;此外,政府职能转变的滞后性加剧了政策引致性扭曲及其负效作用——这与开放经济的粗放型特征密切相关,深入分析见后文。
② 张幼文:《开放经济发展目标的动态演进——答华民教授的商榷意见》,载于《国际经济评论》2006年第1~2期。

3.2.1 地方政府寻租活动的制度创新效应

巴格瓦蒂（Bhagwati, J., 1982a）[①]将寻租理论扩展到国际贸易领域，对寻租活动进行了创造性的福利分析。巴格瓦蒂将寻租活动称为"直接的非生产性寻租（DUP）活动"[②]，并以二分法将其区分为：福利改善型的 DUP 活动与福利恶化型的 DUP 活动。根据涉及扭曲的情形 DUP 活动被区分为四类：

类型Ⅰ：初始的与最终的情形属扭曲性的。

类型Ⅱ：初始情形是扭曲性的，而（由于 DUP 活动）最终情形则为无扭曲的。

类型Ⅲ：初始情形是无扭曲的，但最终情形是扭曲性的。

类型Ⅳ：初始情形是无扭曲的，因此，尽管存在 DUP 活动但最终情形仍是无扭曲活动的。

对于那些归入类型Ⅰ与类型Ⅱ的 DUP 活动，有益的且非贫困化的（即福利改善型的）结果是可能出现的，而对于那些归入类型Ⅲ与类型Ⅳ的活动，则有益的结果是不可能的（即福利恶化型的）。重要的差别是，前一集合其初始情形已经被扭曲，而后一集合开始于无扭曲的情形。

根据上述分类，我们可以观察到中国在转轨期的寻租活动以前两种类型为主，即计划经济体制作为初始状态是扭曲的，而寻租活动有助于消除扭曲，但又与市场经济下的 DUP 活动有所不同。张幼文（1994）[③]的研究进一步表明，在从计划经济向市场

[①] Bhagwati, L., (1982). "Directly-unproductive profit-seeking (DUP) activities. Journal of Political Economy Vol. (90): 988 – 1002."

[②] 直接的非生产性寻租（DUP）活动有时是间接"生产性的"，此时它属于福利改善型的。

[③] 张幼文：《向开放型市场体系转轨过程中的寻租》，载于《学术季刊》1994年第2期。

经济的转轨过程中,地方政府的体制寻利活动是一个普遍现象,它除了造成资源浪费增加了改革的成本之外,也在一定意义上形成一种推进制度创新的动力。

1. 转轨期寻租活动的制度创新效应

转轨期经济租金的性质与市场经济相同,均为来自由政府给予的特许。不同的是,在对外经济关系方面,中国转轨期经济的租金表现为"特殊政策",而市场经济的租金则主要表现为进口许可证和保护关税。事实上,在计划经济体制条件下实行开放的困难不仅包括转轨过程中的经济震荡,还包括来自落后开放意识的阻碍。这就决定了开放只能从特殊政策开始,采用特区、开放城市和开放区的阶梯式即不平等推进的形式。与特殊政策相伴随的,是中央政府向地方政府的放权,特别是对外经贸权力与具有贸易投资自由化性质的区域特许。这样,体制本身的转轨就构成了公共选择的内容,它创造了租金和全面的经济影响。这是中央集权的计划经济走体制内变革道路、封闭经济逐步开放道路下的体制安排。[1]

在转轨期经济中"寻求特殊政策"、"寻求部门倾斜政策"构成"寻求直接非生产性利润"的具体内容。从实质上讲,特殊政策或特区政策即有差别的开放政策,是中央政府把原来体制下经济管理的部分权力,有区别地让给地方政府,这些权力中的一部分本质上是政府直接从事经济活动的职能。由于转轨是在政府管理下进行的,不是一个市场的自行发育过程。新的市场化经营方式在政府特许下逐个出台,先获得许可者或获得这种许可的垄断权者可以获得巨大的先发性利益,对地方政府来说其表现为

---

[1] 张幼文:《向开放型市场体系转轨过程中的寻租》,载于《学术季刊》1994年第2期。

更高的财政收入与外汇收入。特许优惠政策的显著经济效益必然吸引其他地方政府向中央政府要求类似的发展对外经济关系的特殊政策。从这个角度讲,地方政府获得特殊政策意味着在对外经贸关系中获得更多利益,这也可以看作是对地方政府追求市场化改革的"报酬",只不过它是以"特殊政策"带来的"租金"的形式存在。可见,一级政府所能获得的收入与它的权力大小相关,这种政策的利益机制是政府寻求这种权力并进而寻租的行为根源。

因此不难看出,转轨中的寻租行为也具有正面的效应:即它推进了非市场决策经济向市场决策经济的转轨。虽然地方政府获得的特殊政策在很大程度上仍然是非市场决策,但特殊政策在很大程度上是有利于建立和培育市场的权力,以及向市场决策转轨的权力调整的。在实行特殊政策的地区内,市场的成长不断冲破经济的行政控制。因此,地方政府的寻租行为同时也是一种推进体制转轨的动力。地方政府向中央政府寻租的这种制度创新效应同样存在于下级政府向上级政府的寻租活动中(张幼文,1994)[①]。总之,地方政府的寻租行为有助于一个初生的市场挣脱未退出的政府经营的控制。

2. 福利改进型制度创新:转轨期经济租金的生产性属性

我们必须明确的关键一点是制度创新所带来的所谓"租金",根本上是来源于生产领域而非收入的再分配。

对转轨期经济租金来源的分析证明,与市场经济中租金的"直接非生产性利润"不同,该种经济中的租金具有二重性,一是生产性,二是非生产性。租金的生产性在于所获得的特殊权力只

[①] 张幼文:《向开放型市场体系转轨过程中的寻租》,载于《学术季刊》1994年第2期。

第3章 减少扭曲：发展导向型体制的增长之源

有借助于新的生产过程才能实现，即生产与贸易过程被扩展。租金的非生产性不具有这种功能，它只是对现有生产利润的再分配，租金获得者可得到的是"非生产性利润"。与生产性寻租与非生产性寻租相对应的是"间接生产性利润"和"间接非生产性利润"。其所以是间接的，在于从权力到利润之间存在着一个生产过程，非生产性利润之所以也是间接的，是因为它常与生产性利润交织在一起，生产性寻租与非生产性寻租常常是同一个过程。对生产性利润的寻求之所以作为寻租来看待，是因为它具有寻租行为的基本特征，即通过政治的、行政的过程来获得，而不是通过市场的、生产的过程来获得；要素的这种使用方式的报酬高于另一种使用方式；所获得的对象物是利润的来源（张幼文，1994）。

实际上，只有当我们对转轨期经济租金的生产性来源有了充分理解之后，我们才能够确定这种寻租活动的制度创新效应是积极的。关于此点我们可以用图 3-1 加以辅助说明。

图 3-1 中，旧体制下的生产可能性曲线，即存在扭曲的生产可能性曲线为 $B'B$。体制转轨过程中，在没有寻租的情况下，制度创新带来国内生产要素使用效率的提高以及国外生产要素的流入，使得生产可能性曲线由 $B'B$ 向外扩展到 $C'C$。但是，由于在转轨过程中实际存在着大量的寻租行为从而造成资源的浪费，因此，生产可能性曲线并未到达 $C'C$ 实际只扩展到了 $A'A$。BA 是以产品 1 表示的生产性寻租所带来的产出的增加，而 AC 则是以产品 1 表示的转轨经济中由于寻租行为所导致的效率的损失部分。

从国民福利水平的变化看，如果该国为小国，且开放后贸易条件恶化，但由于生产活动在更高的生产可能性曲线 $A'A$ 上进行，因而仍然有净福利水平的提高（$U_3 > U_0$）。①

---

① 后文将要进一步讨论的问题是，在对外过度政策优惠的条件下，由外资流入所带来的产出增加——在这里由 BA 表示，必须要用来弥补外资的收益包括对外资的过度让利，这时，就有可能出现贫困化增长。

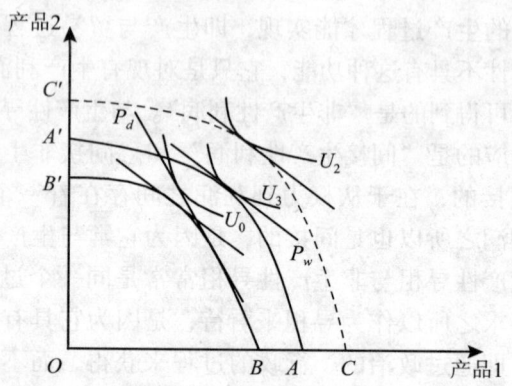

图 3-1 福利改进型制度创新下的租金与福利

3.2.2 政策引致性扭曲与熊彼特式制度创新

如上所述,中国的区域发展导向型体制借助于生产性寻租活动推动了旧体制向新体制的转变,尽管这一制度创新模式具有中国特色,但它并没有超出熊彼特式制度创新范式,相反,它恰恰是遵循了熊彼特式制度创新才获得了巨大成功。

新经济增长理论的一个重要结论是,制度对于经济增长而言是十分重要的。所谓"制度"是指法律执行(产权、法治、法庭制度、和平)、市场运行(市场结构、竞争政策,对国外市场、资本和技术的开放)、不平等和社会冲突、政治制度(民主、政治自由、政治腐败、政治稳定)、卫生体制(与预期寿命有关)、金融制度,以及政府制度(官僚系统和红头文件的规模、政府腐败)等诸多方面。[①] 与技术影响经济效率的方式一样,制度同样会对一国的经济效率产生很大的影响:一个存在各

---

① Xiavier Sala-i-Martin:《15 年来的新经济增长理论:我们学到了什么?》,载于《比较》第 19 期,第 138 页。

第3章 减少扭曲:发展导向型体制的增长之源

种不好的制度的经济体是更加缺乏效率的,因为它需要更多投入才能生产出相同数量的产出。另外,不好的制度还弱化了对投资(包括在物质资本和人力资本以及技术上的投资)、工作和生产的激励。因此,对于发展中国家而言,建立一个高效的符合本国国情的市场经济制度是至关重要的。但首先我们必须要弄清制度变迁的路径,然后才可能制订适当的政策。

根据熊彼特的观点,创新包括新组合的引进(这里指生产要素)和旧组合的打破,这样就会从中出现并随之带来大规模的均衡转换。因此,制度变迁就可以理解为均衡的非持续性转换,它有两种方式:(1)一种新的、连接相同或不同域的方式作为均衡开始出现和形成;(2)创造一种动力来使迄今无法观察到的或次优的选择变得可行,随后,通过其他域中现存制度的互补性增强、相关能力的积累、政策变化和类似的因素来实现这些选择(甚至形成一个新的域)[①]。据此,可以将制度变迁的机制归纳为三种[②]。

1. 熊彼特式的松绑和再捆绑

历史上出现的工厂制,是企业家为解决工人的激励问题所进行的制度创新,而不仅是适应与工厂制有关的技术变革的产物。另一方面,相反的趋势——现代公司一体化的组织结构退化为将已经内部化的活动分拆成外包活动,这可以理解为通过对捆绑的重新配置而实现的制度变迁。在制度变迁的过程中,也经常会出现从内部化捆绑到以第三方为媒介捆绑的均衡转变。例如,在发展中国家,当法制不能建立时,就会出现由融资总部组织的商业

[①] 这个理论可以用来解释改革开放以来,政策扭曲的原理以及政策扭曲升级的根据。

[②] Xiavier Sala-i-Martin:《15年来的新经济增长理论:我们学到了什么?》,载于《比较》第19期,第138页。

集团,包括作为合同执行方式的贸易公司。但是,当设计合同、签订合同和履行合同的专业能力越来越强时,除非关系型合同能够产生内在的经济价值,否则专门从事集团内交易的公司的相对经济价值将或多或少地下降。当集团的制度价值逐渐消退,源于排他性捆绑的、以垄断租金为基础的集团就不得不为生存而战。当初的捆绑式制度创新陷入困境,制度"松绑"成为必然的选择。

2. 重叠性社会嵌入

简单讲,就是一种社会准则(制度)可以以重叠的方式嵌入到其他域的不同制度中去。以农村社区引入与外部商人的交易关系为例,在前资本主义时期,农村地区在管理灌溉系统等公共事务方面一直盛行合作的社会规范。但作为促进和支撑农村地区合作且发挥制度功用的现存社会规范,可能推动也可能阻碍农村地区向市场经济的过渡。一定条件下,在法治欠发达的地方,现存社会规范可作为合同实施的过渡机制在经济交易域中起作用。它可以通过外部商人违约的集体惩罚、通过同行监督来抑制内部人的违约行为等方式达到这一目标。

3. 动态的制度互补性

与静态的制度性互补相对应,动态的制度互补性概念由米尔格罗姆、钱颖一和罗伯茨(Milgrom、Qian and Roberts,1991)[①]在"动能定理"中提出。大意是,即便有助于支持潜在制度 X 的初始能力是低下的,现存的制度互补性(一个具有均衡价值的变量)和/或其他域中的政策(参数)可能会放大政策影响,

---

① Milgrom, P., Y. Qian and J. Roberts., (1991). "Complementarities, Momentum, and the Evolution of Modern Manufacturing," American Economic Review. Vol. (81) (Papers and Proceedings): 84 – 88.

第3章 减少扭曲：发展导向型体制的增长之源

致使其趋向于制度 X，并且一旦动能启动，X 会逐步演变为可行的制度。相反，即便引入法律使其趋向于制度 X，其他域中的制度互补性和政策的缺乏也会使之难以实现。

不难看出，中国的改革开放战略首先是在各地设立开放城市、各种类型的开发区，实施对外资、外贸的优惠政策。这样经济特区的市场经济制度得以通过熊彼特式制度创新的三种机制获得推广。例如：（1）在大陆改革开放初期，其与国际市场的连接首先是通过与香港市场的捆绑实现的，也即是以香港为中介的。这种创新可以用"熊彼特式的松绑和再捆绑"创新机制加以解释；（2）首先在经济特区推行市场交换原则，而其他地区继续实行计划经济，市场机制在局部范围得到验证并加以培育之后推广到其他地区，逐步取代原来的计划经济。显然，这种制度创新属于"重叠性社会嵌入"方式；（3）当大陆开始通过香港市场与世界市场相连接时，大陆就在香港的制度互补性增援下逐步形成自己的制度。中国于 2001 年加入了世界贸易组织，内外贸易制度加快并轨，通过互补性的交互作用，市场治理型制度开始成形。

因此，我们可以看出，熊彼特式的重新捆绑、重叠的社会嵌入和动态的制度互补三种制度创新机制，虽然在概念上区分明确，但现实中更可能具有共时性且以交互作用的方式运行。通过摧毁旧组合，熊彼特式的重新捆绑将更多的创新因素引入制度创新过程，而重叠的社会嵌入和动态的制度互补借助于过去的制度发挥作用。在互补性制度或继承于过去能力的环境下，熊彼特式的重新捆绑注定会出现，并嵌入到永久性的社会准则中。在一定条件下，重叠的社会嵌入有助于过渡到新的制度安排，而动态的制度互补有助于新制度的演化。

如果我们将转轨经济的制度创新区分为动力、机制与模式，实际上我们不难看出，转轨过程中区域发展导向型体制通过地区竞争中的寻租活动而获得制度创新的动力与机制,在这里,熊彼特式制度创新仅仅是中国的改革开放所自发遵从的制度创新模式而已。引进熊彼特式制度创新模式的目的在于,更加自觉地运用开放战略与政策,通过政策引致性扭曲实现制度创新的更高效率。以引入跨国资本来说,其实质是要素的重新捆绑,它有两个重要含义:(1)跨国要素的引入有助于形成新的管理制度、交易制度,以及技术创新能力;(2)形成以新要素为核心的市场结构。后者往往导致跨国公司对东道国市场的垄断效应。这两种现象皆可以从现实中观察到,它们是同时发生交互作用的。这意味着我们的着力点在于,通过政策引致性扭曲尽量抑制后一种负效应的出现或蔓延,同时增强前一种正向溢出效应。

3.2.3 区域竞争与制度创新:分散决策下的区域经济模式

区域竞争从中观与宏观层次上影响中国转轨过程中的制度创新,这便是各地逐步形成各具特色的地区发展模式。

对于区域竞争过程中的制度创新效应,新兴古典经济学的"组织创新"理论通过对"角点决策"的分析,为我们提供了一个认识视角。新兴古典经济学认为[1],传统经济学的边际分析以内点最优决策为基础,而实际经济决策是以角点决策为基础。人们要得到决策所需的所有信息,必须试验所有不同的角点。这一方面意味着组织试验会产生风险,另一方面,试验必须是从一种组织结构跳跃到另一种完全不同的结构。这就意味着众多的创新失败其实是人们获得决策信息所必需的组织试验。当众多的行为

---

[1] 杨小凯:《杨小凯谈经济》,中国社会科学出版社2004年版,第103~109页。

第3章 减少扭曲：发展导向型体制的增长之源

主体在没有十足把握时就去试验各种不同的组织结构（不同的角点），其中大部分当然不是最优结构，而失败意味着提供了有关无效率结构的信息，这样成功的组织得以被发现、模仿和发展。

在我国改革开放20多年来的实践中，各地总结出的经济发展模式大约不下10种之多。如苏南模式、温州模式、闽南模式（有人又区分为晋江模式、泉州模式）、沪郊模式、耿车模式、民权模式、湛江模式、汉中模式、浦东模式等等。而苏南模式、温州模式、珠江模式是人所共知的三大区域经济模式。之所以会形成上述诸多模式，一个重要原因是改革开放中的中央政府向地方政府的放权，继而产生区域竞争，形成分散决策下的区域经济模式创新。到目前为止，其演进大致可分为三个阶段。

1. 政策引致性扭曲下的"马太效应"：区域经济发展模式的形成

正如上文所述，在由计划经济向市场经济的转轨期，获得对外开放的特殊优惠政策意味着将有丰厚的"租金"，这是对地方政府实施改革的回报；但同时，我们必须看到地方政策的结果是相互关联的，某个地区的制度创新及其经济增长会吸引来自落后地区的高级要素，形成经济增长的"马太效应"。这样，在改革开放初期，"马太效应"必然会促使各地区积极参与制度创新——从计划经济向市场经济转变。

从地方政府的角色来看，"温州模式"属于私人发动型，资金来源于民间自筹，制度变迁是由下往上展开的，民间起主导作用，政府提供宽松的创新环境；"苏南模式"则基本属于政府（社区）发动型、自上而下的制度变迁，资金由民间自筹与地方政府从银行贷款形成；"珠江模式"则是引进外资型，私人与政府都积极参与，具有"外来冲击——内部回应"的制度演化特征。

2. 区域经济发展模式的趋同效应：相互学习阶段

传统观点认为，政府分权因考虑到了地方政府所进行的一些同步实验而促进了政策创新。然而，这里却忽视了一个学习外部性问题：成功的政策实验为所有政府提供了有用的信息[1]。特别是地方政府对于制度创新的负面结果有强烈的厌恶情绪，因此在某一地区的制度创新活动一旦取得成功时，必然引致其他区域政府的争相效仿。由于脱胎于计划经济体制的各地区，无论是体制还是经济结构甚至收入水平都基本接近，也就是说地区之间的相似程度比较高，所以当任何一个地方政府对某个政策进行实验时，所有政府都能学到其潜在的可行性。地方政府可以超越实验并搭乘其相邻地区的"便车"，区域制度创新因而具有较强的收敛特征。

以三大模式为例，到20世纪90年代中期，苏南模式的缺陷已经十分明显的暴露出来：非公有经济发展滞后，"社区政府公司主义"盛行，造成农村企业的社区封闭性，严重阻碍市场化进程。"珠江模式"的不足主要表现在：有些地区把发展经济仅仅看成了招商引资，企业以外资为主，利用当地廉价劳动力从事出口加工，企业没有研发能力，也没有达到吸引先进技术的目的。温州由于注重外在制度与内在制度相契合，通过大力发展非公有制经济，取得较高经济效率，成为三大模式中效率最高的。

三大模式之间的相互学习效应是明显的。如引进外资型工业化已经不局限于珠三角，苏南的外资企业已经成为工业化的主要力量；私人型工业化也不局限于温州，民营企业在苏南、珠三角

---

[1] [美]科尔曼·S·斯托鲁莫夫，刘承礼译：《政府分权促进了政策创新吗？》，载于《经济社会体制比较》2006年第2期。

也已经渐成气候。①

3. 区域经济发展模式的相对稳定阶段

在经过地区之间的相互模仿学习之后,各地将逐渐找到适应于本地区的对外开放模式,从而各地的区域经济发展模式进入相对稳定的发展阶段。要达到这一阶段还需要较长时期的努力,我们目前仍然处于第二个阶段。尽管如此,即便区域经济模式跃进到第三阶段,区域之间的相互学习效应仍将继续存在。

3.2.4 制度创新国际比较:政策引致性扭曲视角下的苏东经济转轨

中国与苏联、东欧国家的共同之处在于同为由社会主义计划经济体制向市场经济体制的转轨国家,因此转轨模式之间的比较一直以来为经济学家们所关注。对此,本书则试图对于苏东转轨经济的教训提供一个基于制度创新的政策引致性扭曲视角。

对苏东地区经济转轨的经验研究使经济学家们确信,由转型而导致的经济萧条的破坏程度和持续时间比发生于20世纪20年代末期的大萧条更严重,波兰经济学家将这一转型萧条称为"大大萧条"(The Greater Depression;Kolodko,2000)②。从表3-2中我们可以窥见苏东经济衰退的严重程度③。

---

① 以上案例参见新望:《苏南模式的终结》,三联书店2005年版,第157~171页。
② Kolodko, G. W., (2000). From Shock to Therapy: The Political Economy of Postsocialist Transformation. Oxford University Press, Oxford, 2000.
③ 更进一步的分析可以参见陈平:《新古典经济学在中国转型实验中的作用有限》,载于《经济研究》2006年第10期。

政策引致性扭曲：开放效益的体制因素

表 3-2　　　　　以 10 年为间隔的 GDP 平均增长率　　　　　单位：%

	东亚	东欧	西欧	北美	南美	世界	日本	德国	中国	波兰	匈牙利	苏联	俄罗斯
1970's	4.5	4.8	2.7	3.3	5.2	3.6	4.2	2.6	4.7	6.1	4.7	4.6	
1980's	4.4	2.4	1.9	3.0	1.2	2.7	3.6	1.7	8.8	0.9	1.5	2.6	
1990's	2.8	-4.4	1.6	2.8	2.9	2.1	1.2	1.6	9.4	3.2	0.3		-4.8

数据来源：陈平：《新古典经济学在中国转型实验中的作用有限》，载《经济研究》，2006 年第 10 期。

表 3-2 中数据显示，20 世纪 80~90 年代苏东与中国在转轨过程中经济增长态势发生转换，苏东是转型萧条，而中国则在过去 20 年中保持了全球最快的经济增长。

正如上文所指出的，转轨在实质上既是一个消除旧体制扭曲的过程，同时又是一个通过政策引致性扭曲创造市场条件即建立市场经济制度的过程。中国在区域发展导向型体制下通过政策引致性扭曲逐步实现旧体制的瓦解与新体制的建立；然而，观察苏东的制度创新，其是以"休克疗法"为特征的，不符合熊彼特式制度创新的任何一种模式。进入 20 世纪 90 年代，俄罗斯以及一些东欧国家的激进改革者简单地认为，只要迅速拆除计划经济的旧体制，市场经济的新体制就会自发生成，经济发展就可以步入正轨，因此，他们将主要的精力集中于迅速拆除旧体制，以防止其卷土重来（Williamson，1990）[1]。由于未能以政策引致性扭曲来培育、扶助初生市场经济，结果使得国民经济陷入一种既无计划又无市场的"制度真空"地带[2]。

在俄罗斯与部分东欧国家，私有化、取消物价与汇率管制、

---

[1] Williamson, J., (1990). "What Washington Means by Policy Reform?" In John Williamson ed. Latin America Adjustment: How Much Has Happened? Institute for International Economics, Washington D.C.

[2] ［波］格泽戈尔兹·W·科勒德克：《从休克到治疗——后社会主义转轨的政治经济》，中译本，上海远东出版社 2000 年版，第 130 页。

资本自由流动等极端改革措施引发严重经济后果。首先是既有的国际劳动分工网络被破坏瓦解,经互会贸易体系垮台,企业失去了原有市场;其次,由于允许国际资本自由流动导致汇率大幅波动,企业难以适应汇率的大幅频繁波动而引发过度倒闭;第三,连续的宏观经济震荡,不但外资观望不前,而且内资外逃的规模远大于外援的流入。其结果是在短短几年间就瓦解了几十年社会主义工业化留下的独立自主的产业体系[1]。不仅如此,在俄罗斯的转轨过程中政府还被改革进程中产生的强势利益集团所俘获,从而在推动新制度构建和协调经济发展方面未能有效发挥作用,进一步增加了经济转型的困难。

可见,俄罗斯与东欧国家在向市场经济转轨过程中,由于政府致力于拆除计划经济的樊篱而疏于以政策引致性扭曲对市场经济体制实施渐进式培育,这种对熊彼特式制度创新模式的背离是其陷入"转型大萧条"的根本原因。

相比而言,中国经济转轨的实践表明,通过政策引致性扭曲逐步实现向市场经济体制的转变,符合熊彼特式制度创新范式,具有较强的普适性。

3.3 政策引致性扭曲:区域发展导向型体制的经济增长效应

改革开放以来的外资、外贸优惠政策激励各地区发展经济的积极性,促进了资源的优化配置,从而实现区域发展导向型体制下的经济增长效应。

---

[1] 陈平:《新古典经济学在中国转型实验中的作用有限》,载于《经济研究》2006年第10期。

3.3.1 外资优惠政策与成就

1. 中国海外直接投资优惠政策

1978年之前,海外直接投资在中国受到高度限制,1978年之后,为了吸引较高水平的海外直接投资流入并且加速技术转移和现代管理技能的转移,我国逐渐放宽了海外直接投资体制。

根据法律法规,海外投资者可选择中外合作经营企业、中外合资经营企业和外商独资企业等三种形式在中国进行投资。

1979年颁布的中外合资经营企业法是中国的第一部允许在中国境内建立和经营外国经济实体的法律。出于意识形态的原因以及通过海外直接投资获得先进技术的首要目的,中国在吸引海外直接投资的初级阶段,把海外直接投资限制为合资形式。海外独资企业仅仅获准在经济特区内设立。直到1986年通过外商独资企业法后,外商独资企业才获准在全国范围内设立。

1995年6月,我国颁布了全面的旨在指导海外直接投资按照中国经济和产业发展战略流向指定产业的产业政策:《指导海外投资方向暂行规定》和《海外投资产业指导目录》,并于1997年12月修改。这些法规把海外投资分成"鼓励类"、"允许类"和"禁止类"以及两种形式的"限制类"。目的是通过这些法规鼓励海外直接投资流入在境内地理位置上分布得更加分散,并且使更多的海外直接投资流入指定产业,比如农业、资源开发、基础设施、出口型产业和高新技术产业。①

为吸引外资,实现上述产业目标,自20世纪80年代初期以

---

① 表3-3,表3-4和表3-5转引自胡鞍钢、胡光宇主译:《世界经济中的中国:国内政策的挑战》,清华大学出版社2004年版,第290~291页。

来，我国就已经开始广泛并有选择地运用了税收优惠政策这一"经济杠杆"，如表3-3、表3-4、表3-5所示。

表3-3　　　　　中国对海外直接投资的产业指导

鼓励类
(1) 属于农业新技术、农业综合开发和能源、交通、重要原材料工业；
(2) 属于高新技术、先进适用技术，能够改进产品性能、节约能源和原材料、提高企业技术经济效益或者生产国内能力不足的新设备、新材料；
(3) 适应国际市场需求，能够提高产品档次和质量、开拓新兴市场或者增加产品出口；
(4) 属于新技术、新设备，能够节约能源和原材料、综合利用资源和再生资源以及防治环境污染；
(5) 能够发挥中西部地区的人力和自然资源优势。
允许类
未列在鼓励类、限制类和禁止类的海外直接投资都是允许的。
限制类
(1) 国内已经开发的项目，已经引进的科学技术，以及生产能力能够满足国内需求的；
(2) 属于国家垄断的行业，国家正在逐步引进外资的；
(3) 从事国家规定实行保护性开采的稀缺和有价值的特定矿种勘探、开采；
(4) 属于国家整体控制的产业的；
(5) 法律、行政法规规定的其他情形。
禁止类
(1) 危害国家安全或者损害社会公共利益的；
(2) 对环境造成污染损害，破坏自然资源或者损害人体健康的；
(3) 占用大量耕地，不利于保护、开发土地资源的或者危害军事设施安全和使用效能的；
(4) 运用我国特有工艺或者技术市场产品的；
(5) 法律、行政法规规定的其他情形。

表3-4 国家对海外直接投资企业的企业所得税的减免

1. 生产性海外投资企业,经营期在10年以上的	从开始获利的年度起,第一年和第二年免征企业所得税,第三年至第五年减半征收企业所得税
2. 从事港口码头建设的中外合资经营企业,经营期在15年以上的	从开始获利的年度起,第一年至第五年免征企业所得税,第六年至第十年减半征收企业所得税
3. 在海南经济特区设立的从事机场、港口、码头、铁路、公路、电站、煤矿、水利等基础设施项目的海外投资企业和从事农业开发经营的海外投资企业,经营期在15年以上的	从开始获利的年度起,第一年至第五年免征企业所得税,第六年至第十年减半征收企业所得税
4. 在上海浦东新区设立从事机场、港口、铁路、电站等能源、交通建设项目的海外投资企业,经营期在15年以上的	从开始获利的年度起,第一年至第五年免征企业所得税,第六年至第十年减半征收企业所得税
5. 在经济特区设立的从事服务性行业的海外投资企业,海外投资超过500万美元经营权在10年以上的	从开始获利的年度起,第一年免征企业所得税,第二年、第三年减半征收企业所得税
6. 在经济特区和国务院批准的其他地区设立的外资银行、中外合资银行等金融机构中,海外投资者投入资本或者分行由总行拨入资金超过1000万美元,经营权在10年以上的	从开始获利的年度起,第一年免征企业所得税,第二年、第三年减半征收企业所得税
7. 在国务院确定的国家高新技术产业开发区设立的被认定为高新技术企业的中外资经营企业,经营期在10年以上的	从开始获利的年度起,第一年和第二年免征企业所得税
8. 海外投资企业举办的产品出口企业,在依照税法的规定免征、减征企业所得税期满后,凡当年出口产品产值达到当年企业产品产值70%以上的	在依照税法的规定免征、减征企业所得税期满后,按照税法规定的税率减半征收企业所得税
9. 海外投资举办的先进技术企业,依照税法规定免征、减征企业所得,合资年限期满后仍为先进技术企业的	按照税法规定的税率延长3年减半征收企业所得税
10. 农业、林业、牧业领域的海外投资企业和在经济不发达的边远地区的海外投资企业	合营期满后,在以后的十年内可以继续按照应纳税额减征15%~30%的企业所得税

资料来源:王国林主编:《中国海外投资报告:海外投资的行业分布》,经济管理出版社1997年版,第360~361页。

表 3-5　　　　　对海外直接投资企业的其他税收优惠

海外投资企业	税收优惠
1. 鼓励和限制海外投资的行业、项目	进口设备和技术免除关税和增值税
2. 鼓励海外投资的行业、项目	地方企业所得税的减免
3. 先进技术和产品出口企业，以及位于海南经济特区的从事基础设施或者发展农业的海外投资企业	如果再投资的经营期限超过 5 年的话，全部退还其再投资部分已缴纳的企业所得税
4. 全部海外投资企业	再投资的经营期限不少于 5 年的话，退还 40% 已经缴纳的企业所得税
5. 全部海外投资企业和海外投资者	对利润的汇出和资本的返还没有限制。海外投资者对返还利润享有免税的优惠。

资料来源：王国林主编：《中国海外投资报告，外商分布的行业》，第 361～362 页。对外经贸合作部（1998）：海外投资企业设备免税规定。

从总体上看，中国对海外投资企业的税收优惠政策有两个特点：第一，在经济特区和沿海开放城市的经济技术开发区的税收政策比其他地区更优惠。第二，对高新技术企业和出口型企业的税收政策更优惠。

必须指出的是，根据 1994 年税收制度，将逐步取消海外投资企业所享受的优惠待遇，最终海外投资企业要与国内企业一样交 33% 的营业税和 17% 的增值税，其他优惠政策亦将逐渐减少并最终取消，从而为海外投资企业创造一个与国内企业同等的竞争舞台。

2. 外资对中国经济发展的贡献

改革开放以来，我国的外商投资优惠政策取得了巨大成绩：截至 2005 年底，外商对华投资设立的企业累计超过 57 万家，投入资金累计超过 6650 亿美元，外商投资来源地已经超过 200 个国家和地区，外商在华投资设立的研发中心已经超过 800 家，

政策引致性扭曲：开放效益的体制因素

480多家世界500强跨国公司在中国有投资①。外资已经在诸多方面塑造了中国经济。

表3-6　1986~2003年外商投资企业进出口商品统计

单位：亿美元

年度	进出口			进口			出口		
	全国	外商投资企业	比重%	全国	外商投资企业	比重%	全国	外商投资企业	比重%
1986	738.46	29.85	4.04	429.04	24.03	5.60	309.42	5.82	1.88
1987	826.53	45.84	5.55	432.16	33.74	7.81	394.37	12.10	3.07
1988	1027.84	83.43	8.12	552.68	58.82	10.64	475.16	24.61	5.18
1989	1116.78	137.10	12.28	591.40	87.96	14.87	525.38	49.14	9.35
1990	1154.36	201.15	17.43	533.45	123.02	23.06	620.91	78.13	12.58
1991	1357.01	289.55	21.34	637.91	169.08	26.51	719.10	120.47	16.75
1992	1655.25	437.47	26.43	805.85	263.87	32.74	849.40	173.60	20.44
1993	1957.03	670.70	34.27	1039.59	418.33	40.24	917.44	252.37	27.51
1994	2366.21	876.47	37.04	1156.15	529.34	45.78	1210.06	347.13	28.69
1995	2808.48	1098.19	39.10	1320.78	629.43	47.66	1487.70	468.76	31.51
1996	2899.04	1371.10	47.29	1388.38	756.04	54.45	1510.66	615.06	40.71
1997	3250.60	1526.20	46.95	1423.60	777.20	54.59	1827.00	749.00	41.00
1998	3239.23	1576.79	48.68	1401.66	767.17	54.73	1837.57	809.62	44.06
1999	3606.49	1745.12	48.39	1657.18	858.84	51.83	1949.31	886.28	45.47
2000	4743.09	2367.14	49.91	2250.97	1172.73	52.10	2492.12	1194.41	47.93
2001	5097.68	2590.98	50.83	2436.13	1258.63	51.67	2661.55	1332.35	50.06
2002	6207.85	3302.23	53.19	2952.16	1602.86	54.29	3255.69	1699.37	52.20
2003	8512.10	4722.55	55.48	4128.36	2319.14	56.18	4383.74	2403.41	54.83

资料来源：根据中国海关统计资料整理。

---

① 王辉耀：《何不把外企当作中企?》，载于英国《金融时报》2006年12月11日。

第3章 减少扭曲：发展导向型体制的增长之源

首先，外商直接投资的就业贡献。在资本相对缺乏而劳动力非常充裕的发展中国家，外商直接投资对当地经济最突出的贡献之一就是创造就业机会。总体上，FDI对东道国就业的影响包括直接和间接两个方面的影响①。据统计，我国外商直接投资企业的城市就业在20世纪90年代明显提高：1991年海外投资企业雇用了160万工人或者说是中国城市就业的1%左右，这些数据在1999年翻了两番，达到610万工人或者说是中国城市就业的2.9%左右②。到2005年年底，在外商投资企业中直接就业的人员已经超过2500万人，占我国城乡就业人数总数近11%③。

其次，外资的出口增长效应。近10年来中国出口的强劲增长与外资增长有着重要关系，外资企业出口占中国外贸出口的比例已从1990年的12.6%上升为2003年的55%。

据有关分析，1980～1999年间，在中国GDP年均9.7%的增长速度中，约有2.7%来自于外资的直接和间接贡献。国际货币基金会研究表明，中国在20世纪90年代10.1%的平均经济增长率中，直接由外资产生的贡献约3%。④

---

① 直接就业影响是指海外投资企业所雇佣的全部人数。间接就业影响是指东道国国内经济中由海外直接投资活动间接产生的就业机会。它包括三个方面，一是与宏观经济效果相联系，包括由于海外投资企业工人或者股东的消费所间接产生的地方经济内的就业机会；二是与横向效果相联系，包括由于与海外其他企业竞争所间接产生的其他地方企业内的就业机会；三是和纵向效果相联系的，包括海外投资企业在其地方供货商和消费者之间所产生的就业机会。海外投资企业对东道国就业的间接影响非常难以衡量。不过，国际劳工组织进行的一系列国家例证研究清楚地表明与内向型直接投资相关的间接就业影响有时可能和其直接影响一样重要，如果不是更重要的话。参见 Dunning, J., (1993). Multinational Enterprises and the Global Economy, Addison-Wesley, Wokingham, England.
② 国家统计局：《中国统计年鉴》(2000)，中国统计出版社2000年版。
③ 王辉耀：《何不把外企当作中企？》，载于英国《金融时报》2006年12月11日。
④ 陈墨：《如何看待外资对中国经济的影响》，载于《中国经济时报》2004年10月20日。

表3-7　中国制造业内的海外投资企业的工业结构（%）

制造业	总产值			附加值		
	1995年	1999年	变化	1995年	1999年	变化
劳动力密集型工业	50.42	41.44	-8.98	46.80	40.75	-6.05
资本密集型工业	22.73	25.35	2.62	21.02	21.94	0.92
技术密集型工业	26.86	33.21	6.35	32.19	37.31	5.12

资料来源：1995年的数据来自于第三次全国工业普查办公室（1997），《中华人民共和国1995年第三次全国工业普查资料》，中国统计出版社；1999年的数据来自于国家统计局：《中国统计年鉴》（2000），中国统计出版社。

最后，技术转移和生产率的提高。根据海外直接投资工业组织理论，对于一个进行海外投资的企业来说，它必须具备若干所有权上的优势。比如专利或者设计；它也可能是一些特殊的无形资产或者能力，比如技术和信息，管理、营销和企业家技巧，组织体系或者通向中间或者最终产品市场的渠道。不管其形式如何，所有权优势赋予公司一些有价值的市场权力或者成本优势，这些市场权力或者成本优势足以大于海外经营的不利之处。当外国公司进行海外直接投资并且开始生产的时候，它们所拥有的所有权优势就会被带到其从事经营活动的东道国去。一般我们很难直接衡量海外直接投资企业转移诸如技术和管理技巧等所有权优势的程度。研究表明，1995～1999年间中国制造业海外投资企业工业结构发生的变化，其中，劳动力密集型工业的比重下降了，而同时资本密集型工业和技术密集型工业的比重上升了。海外投资企业趋向于将更多的投资放到资本密集型和技术密集型工业中，这一变化着的工业结构暗示了海外投资企业在中国制造业内进行技术转移可能有所增长（见表3-7）。

3.3.2 外贸优惠政策与经济增长效应

1. 外贸体制改革中的优惠政策

改革开放以前的中国外贸体制是实行指令性计划和统负盈亏的统制专营的国家垄断型外贸体制。外贸经营权直属外贸公司统一领导、统一管理,几家专业外贸公司统一经营,高度集中。1978年十一届三中全会后,中国的外贸体制开始了一个从放权、让利、分权,到推行外贸承包制和放开经营的逐层改革过程。我们特别关注的是,在不同的改革阶段,外贸激励政策也相应不同。

1978~1987年是我国外贸体制改革的探索阶段。改革的主要措施是扩大对外贸易经营权,包括横向的扩大地区对外贸易经营权与纵向的下放外贸企业经营权,逐步减少外贸指令性计划。这一阶段鼓励出口的优惠政策是:1979年国务院颁布《出口商品外汇留成试行办法》,规定创汇企业及其所在地方或主管部门可以按照一定比例自主支配外汇。1981年,对不直接经营出口业务的外贸企业试行利润分成办法。后来,又扩大了外贸出口创汇留成的比例,根据各地的不同情况,实行地区差别的外汇分成制度。另外,改变过去出口产品和内销产品都要征收增值税和消费税的做法,采用国际贸易通行的规则,实行出口退税制度。这一阶段,各地区在外贸优惠政策的刺激下展开激烈出口竞争,从而逐步打破了外贸部门独家垄断外贸的状况。

尽管中国的外贸体制发生了很大变化,并极大地促进了外贸的发展,但是这种发展并不是建立在提高经济效益的基础上的,而是建立在出口产品数量不断增加上。在"统收统支"的财务体制下,出口的数量越多,创汇越多,外贸企业的外汇留成也越多，亏损也就越多，国家财政补贴的负担也越重，财政赤字不断扩大。这导致国家在出口补贴问题上陷入两难境地。因此，1988年开始中国外贸体制改革进入深化阶段。

1988～1990年的外贸体制改革以推行承包经营责任制为重点内容，调动了中央、地方和企业各个方面扩大出口的积极性，确保了国家的外汇收入，改善了企业内部经营机制，打破了中央财政统负盈亏的局面，促进了企业自负盈亏机制的形成，加强了海关调控，进一步缩小了指令性计划的范围，扩大了市场机制作用的范围。

1991～1993年的外贸体制改革，则完全取消了外贸出口补贴，统一并增大外贸企业的留成比例，使外贸企业能够将留成外汇主要用于外汇调剂和自营进口，实现自负盈亏。这次改革进一步淡化了计划经济色彩，促进了中国对外贸易由"事业型"向"效益型"的转变，是外贸体制改革的又一重大突破。

1994～2001年我国外贸体制改革全面展开，逐步确立起与国际接轨的经贸规则。外贸激励政策的转变主要体现为，从1994年1月1日起，外贸出口一律取消外汇留成，实行统一的结汇制，同年出口退税由原来的中央财政承担80%、地方财政承担20%，改革为全部由中央财政承担，保证了出口退税制度的全面贯彻。2001年11月，我国加入世界贸易组织，外贸体制与WTO规则接轨，对外贸的激励体现为关税的大幅降低、各类行政性贸易壁垒的清理，——从而大大降低交易成本，提高了外贸效率。

2. 出口对经济增长的拉动效应

1978年以来随着我国外贸体制的转变，对外贸易极大地促进了我国的经济增长。从1978～2003年，我国外贸出口增长对GDP增长的贡献率是53.8%，在同时期9.4%的年平均经济增长速度中，有5.1个百分点是出口增长的拉动效果。如果没有出口增长的拉动,我国 25 年的平均经济增长速度只能达到 4.3%[①]。见表 3-8。

表 3-8   出口对经济增长的拉动作用

项目 年份	经济增长率（%）	出口依存度（%）	出口对经济增长的贡献度	出口对经济增长率的贡献率（%）	扣除出口影响后的经济增长率（%）
1978	11.7	4.6	—	—	—
1979	7.6	5.2	10.6	0.8	6.8
1980	7.8	6.0	12.3	1.0	6.8
1981	5.2	7.5	28.0	1.5	3.7
1982	9.1	7.8	10.7	1.0	8.1
1983	10.9	7.4	3.8	0.4	10.5
1984	15.2	8.2	11.9	1.8	13.4
1985	13.5	8.9	12.1	1.6	11.9
1986	8.8	10.5	21.4	1.9	6.9
1987	11.6	12.3	22.7	2.6	9.0
1988	11.3	11.8	10.1	1.2	10.1
1989	4.1	11.7	10.6	0.4	3.7
1990	3.8	16.0	60.5	2.3	1.5
1991	9.2	17.7	27.8	2.6	6.6
1992	14.2	17.6	17.1	2.4	11.8
1993	13.5	15.3	7.5	1.0	12.5
1994	12.6	22.3	42.4	5.4	7.2
1995	10.5	21.3	17.0	1.8	8.7
1996	9.6	18.5	1.5	0.2	9.4
1997	8.8	20.3	37.5	3.3	5.5
1998	7.8	19.1	2.5	0.2	7.6
1999	7.1	19.7	31.2	2.2	4.9
2000	8.0	23.1	124.9	9.9	-1.9
2001	7.5	22.6	38.4	2.9	4.6
2002	8.3	25.6	117.9	9.4	-1.1
2003	9.3	30.9	95.3	8.9	0.4
1978~2003	9.4	—	53.8	5.1	4.3

资料来源:《海关统计》,《中国统计年鉴》历年数据。

---

① 祝宝良:《中国宏观经济运行定量分析》,中国经济出版社 2005 年版,第 50~51 页。

3.3.3 区域发展导向型体制经济增长效应的实质

外资、外贸优惠政策通过刺激地区竞争达到经济增长的目的,在实质上是运用政策引致性扭曲消除由旧体制所造成的经济扭曲,将以往闲置资源充分加以利用,使资源实现更优化配置的结果。如图3-2所示:

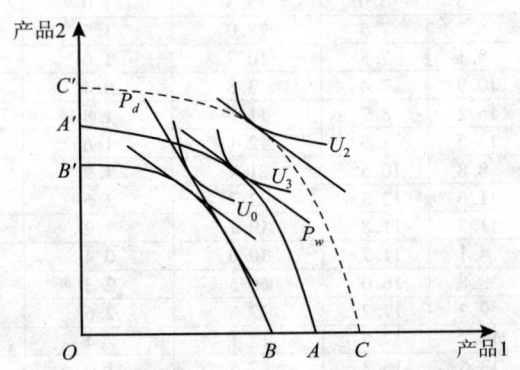

图3-2 政策引致性扭曲的经济增长效应

$B'B$ 为旧体制下的生产可能性曲线,即由于体制性扭曲而存在资源闲置的生产可能性曲线;通过外资、外贸等优惠政策即政策引致性扭曲,使国内闲置资源得到充分利用,因此生产可能性曲线由 $B'B$ 向外扩展到 $C'C$。以 BC 数量的产品1表示的产出的增加,就是激励型外资、外贸优惠政策的经济增长效应。

必须指出的是 $C'C$ 这条生产可能性曲线也还同样存在着扭曲。例如过度外资、外贸政策导致资源的过度投入,自然资源枯竭、环境遭到破坏等,因此增长是不可持续的,最优增长路径下的生产可能性曲线一定在 $C'C$ 线的左侧即下面。

第3章 减少扭曲：发展导向型体制的增长之源

再从分配即社会福利的角度看，对外资、外贸的过度优惠还导致分配的恶化，从图上看，AC 是以产品 1 表示的以优惠政策转让给外资的利润，如果过度出口导向型政策导致贸易条件的恶化，就有可能使 $U_3 < U_0$，从而出现开放经济的贫困化增长。

可以说，消除上述政策引致性扭曲实现最优可持续增长是本书关注的核心问题。

实证研究表明（祝宝良，2005）[①]，从 1978～2003 年，我国生产要素对经济增长的贡献率分别如下：(1) 经济体制改革对全要素生产率的贡献率为 67%，是全要素生产率提高的最主要的动因。也就是说，经济体制改革每年推动我国经济增长 2.02 个百分点，其中劳动力资源贡献了 1.41 个百分点，非国有化水平提高贡献了 0.61 个百分点。(2) 对外开放带动外资大量流入和对外贸易的快速增长，除直接增加我国的投资总量外，外资和外贸技术外溢对提升全要素生产率的贡献率为 16.7%，每年推动我国经济增长 0.5%。(3) 人力素质提高对全要素生产率贡献率为 9%，推动我国经济增长 0.27%。(4) 技术进步对全要素产出率贡献率为 7%，推动我国经济增长 0.21 个百分点，见表 3-9。

表 3-9　　　　我国全要素生产率的因素分解

项目 \ 贡献率	对全要素生产率的贡献度（%）	贡献率（%）
劳动力部门转移	1.41	47.0
非公有制经济发展	0.61	20.3
外资和外贸技术外溢	0.50	16.7
人力资本	0.27	9.0
研究和发展	0.21	7.0
合计	3.0	100

[①] 祝宝良：《中国宏观经济运行定量分析》，中国经济出版社 2005 年版，第 9～12 页。

以上数据表明,我国全要素生产率的提高主要来自改革开放带来的资源优化配置效应,而技术进步、人力资本对全要素生产率的贡献相对低下,对全要素生产率的贡献率仅为16%,对经济增长的贡献率仅为0.5%,这与美国、欧洲、日本等发达国家的知识进步和科研成果运用对经济增长的贡献率在40%~48%相比还存在很大的距离。这意味着我国经济发展尚未转变到依靠科技进步和提高劳动者素质轨道上来,因此其政策含义是明显的:即今后外资、外贸优惠政策的调整应突出技术创新与技术扩散的需求,以实现经济的长期动态竞争优势。

本章小结

我国的转轨进程是以分散化实验、价格双轨制的渐进发展为特点的(林毅夫、蔡昉、李周,1999;Chen,1993)[1],逐渐形成区域发展导向型体制。各地区积极推行外向型发展战略,以较少扭曲的开放政策替代扭曲较多的计划经济政策,从而实现市场经济对原计划经济体制的替代。这一渐进的转轨过程为国内企业创造了转轨所必要的学习和成长空间,避免了国际冲击所带来的大幅经济震荡与衰退,较好地协调了国内制度系统与国际制度系统之间的关系,既逐步确立起市场经济体制,同时又取得了经济的高速增长。

---

[1] 林毅夫、蔡昉、李周:《中国的奇迹:发展战略与经济改革》,上海人民出版社1999年版。Chen, P., (1993). "China's Challenge to Economic Orthodoxy: Asian Reform as an Evolutionary, Self-Organizing Process", China Economic Review, Vol. (4): 137–142.

第4章

区域发展导向型体制中政策引致性扭曲的特征

受区域发展导向型体制的约束,本章将从四个角度讨论政策引致性扭曲的特征:首先是区域发展导向型体制下的财政分权与政绩观,激发了地方政府对税收的追求与对以 GDP 增长为核心的政绩追求——包括对其他非经济目标的追求,如就业、城市建设等,从而导致政策引致性扭曲,使地方政府呈现出"公司化"倾向;第二是改革过程中,部分领域改革滞后,例如要素市场与金融市场的改革滞后加剧要素扭曲等,从而使政策引致性扭曲具有"非市场性"与转轨特征;第三是政府职能的越位、缺位、错位,如替代企业招商引资、对外资监管不力、对跨区域公共产品供给存在搭便车行为等,这使得政策引致性扭曲具有了政府职能"失灵"的特征;第四是区域发展导向型体制下地方政府面对国际垄断势力在谈判中处于弱势地位而产生政策引致性扭曲,从而使政策引致性扭曲具有了外部干预的"非自主性"特征。

4.1 政策引致性扭曲:财政分权与政绩观

我国改革开放以来体制变迁的基本特征之一是,在从计划经济向市场经济转变的过程中中央政府的权力不断下放,特别是财政分权使地方政府事实上肩负起了过去由中央政府所承担的发展地方经济的重担。在分权体制下，中央政府对地方政府的激励机制逐步简化为以 GDP 增长速度、吸引 FDI 数量为主要指标的考核制度。对地方政府官员考核指标的过于简化，一方面固然激发了地方政府发展经济的热情，但同时也引发了一系列不良后果：从纵的方向看，导致地方政府不断向中央政府索要政策优惠与自主发展权，地方政府逐渐趋向"公司化"发展；从横的方向看，引发了各地区之间的恶性竞争——为吸引 FDI 创造所谓的政绩，竞相对外资让利，造成国民利益流失。

4.1.1 分权体制下的财力约束与地方政府的政策引致性扭曲

根据分权理论，在中国这样一个大国中，高度集中的决策和指导是很困难的，因为地区间差别太大，不同地区有不一样的发展需求，统一的发展政策不易推行或只能采取地区政策的形式。因此，分权式改革成为改革开放后的必然选择。1994 年的分税制改革赋予地方政府相当规模的独立财力，地方政府开始具备推行结构进步政策、地区产业政策等的财力，中国的区域发展导向型体制初步形成。在这一模式下，地方政府的职能从传递计划指令转到组织地方市场，特别是在不发达商品经济的基础上培育市场经济组织，以及建立市场经济的一整套规范等，这决定了转轨过程中地方政府职能的转换是一个渐进过程，行政管理与市场规范同时并存。

财政分权的一个主要含义是下级政府在一定的法规约束下有部分税收和支出的自主权。税收自主权既包括设置税种的权力，也包括设置税率的权力；支出自主权既包括自由确定支出种类的权力，也包括确定各类支出的数量的权力。根据 1994 年的分税

第 4 章 区域发展导向型体制中政策引致性扭曲的特征

制改革,各种税种被划分为中央税、地方税和共享税,我国地方政府虽然不拥有完整意义上的税收制定权,但拥有部分税种的征收权和减免权,如城镇土地使用税、房产税等地方税种,省、自治区、直辖市可以根据各地的经济发展程度有一定的上下限调整,各地方政府在这些地方税种的征收权和税率制定权上也有一定的自由。分税制改革首先是极大地调动了我国地方政府发展经济的积极性,促进了区域经济的快速发展;但同时也暴露出一些对开放效益的消极影响,主要表现在以下几个方面。

首先是存在地方政府的财权与事权严重不匹配的问题,这成为地方政府追求预算外资金,进而导致招商引资政策过度扭曲的重要原因。

具体而言,一方面是地方政府肩负着发展地方经济的重担,另一方面则是地方财政收入的严重不足,从而依靠中央政府的转移支付。统计数据显示,1994 年到 1999 年地方政府预算收入占全国各级政府预算收入的比重大约在 44.3% 到 49.4% 之间,而地方财政支出占全国各级政府总支出的比重接近 70%[1]。其结果必然是地方政府积极寻求扩大预算外资金来源。一般而言,费是地方政府能够用于资助自己需要的资金,其中包括他们的工资和相关的管理成本。而一旦地方政府的收费被定义为税收,它就必须服从与更高一级的行政管理机构达成的收入分配协议[2]。因而寻求非税收入对地方政府而言是最佳选择。据统计,1997 年以后,尤其 1998 年到 2004 年,我国预算外财政规模已经相当于整

---

[1] 另外一个值得注意的现象是地方政府收入占总收入的比重在 1994 年以前占约 1/3,在 1994~1999 年期间,跌落到了大约先前的一半的水平。与此同时,中央政府的财政地位却大大加强了。显然,这与地方政府不断增加的预算支出是想违背的。关于中国财政体制中财权与事权不相一致的问题,本文在此不予展开讨论。数据来源:《中国统计年鉴》(2000)。

[2] 孙宽平主编:《转轨、规制与制度选择》,社会科学文献出版社 2004 年版,第 323 页。

政策引致性扭曲：开放效益的体制因素

个地方预算内财政的50%左右。2004年地方预算外的财力达到地方预算内规模一半左右，相当于中央预算的十分之一①。中国预算外财政快速膨胀的来源，1995~1999年主要来源于税费，而1999年后，土地成为地方政府谋取预算外资金最主要的来源。以2004年为例，地方预算内收入为11893.37亿元，中央转移给地方的收入8000亿元（估算），地方预算外收入为4323.25亿元，土地财政收入6150.55亿元（估算），总共30367.17亿元。在地方政府可支配的财力中，土地财政收入占到20.3%，且未纳入预算管理。并且，政府级别越往下，对预算外收入与土地财政收入的依赖也更为严重。②

进一步分析就会发现批租土地与吸引FDI是紧密联系在一起的。尽管地方政府给予投资者大量的减税和多种形式的免税，会弱化财政能力，但同样重要的是，通过批租土地获得预算外资金，这不但可以弥补对外资的优惠，而且可用预算外资金进行道路等基础设施建设。一旦FDI流入，既可以拉动经济增长，同时政府收入不久也会水涨船高。这表明，地方政府对于吸引FDI的兴趣与我国现行税制有着明显的互动关系。

第二，分税制改革的另一个后果，是导致各省的财政分配严重不平衡。通常，最富有的（沿海）省份地方税收（从当地富有活力的第二和第三产业中征收）的数额最大，它们也就可以花费更多资金建设高质量的基础设施，培训技能化的劳动力，从而发展更具有吸引力的商业环境。与此同时，最穷的（非沿海）

---

① 平新乔：《各级政府手握4万亿GDP》，载于《中华工商时报》2005年11月1日。

② 数据来源于平新乔：《中国地方政府支出规模的膨胀趋势》，北大中国经济研究中心"政策性研究简报"2006年第57期（总第619期）。作者在文中以上述数据证明地方并不存在所谓事权与财权的不匹配，而是"事权"与"财权"本身的配置不当。而我们这里强调的是造成扭曲的根源以及这种所谓的"匹配"是扭曲基础上的"匹配"，从而包含了一系列政策引致性扭曲。

省份则落入低水平的收入和支出,以及不适当的平均主义机制的恶性循环。分税制改革实际上不利于缩小东西部地区发展差距,相反更加扩大了。这一状况迫使中西部地区在吸引外资方面更加依靠优惠政策。

第三,由于现行税制结构不合理而导致开放效益下降。首先是现行以增值税为主体税种的税制结构也在相当程度上刺激了"粗放型"招商引资。在当前的税制下,地方政府在增值税中可以分享30%以上的好处,因为地方政府可以分享:$0.25 \times VAT + 0.3 \times [$上缴中央的 VAT 的增量$]$——这么多的好处。投资型的增值税意味着,每增加一元投资可以给地方政府带来至少5分钱的税收。因此,与1994年税制设计者想以"投资型增值税"来抑制投资冲动的愿望相反,如今,这种投资型的增值税成了地方政府热衷于招商引资,热衷于GDP扩张、热衷于固定资产投资的重要财政激励[①]。其二是内外资企业所得税不公平、资源税偏低、缺乏弹性等问题,一方面导致国民利益的过度流失,另一方面则导致内资企业处于不利的竞争地位。

4.1.2 以 GDP 为核心的政绩观约束与地方政府的政策引致性扭曲

中央政府为了激发地方政府的积极主动性,制定了以 GDP 增长率、吸引 FDI 数量为主要指标的干部政绩考核任用体制。干部考核指标是地区竞争的现实而又直接的动力。从行为结构上看,各级政府可以分解为各政府部门,政府部门又可以分解为作为决策者和官员的个人。对于机关干部来说,唯一的激励机制就

---

① 平新乔:《中国地方预算体制的绩效评估及指标设计》,北京大学中国经济研究中心讨论稿系列,No. C2006018,2006 年 10 月 10 日。

政策引致性扭曲：开放效益的体制因素

是被提拔。而提拔干部的依据是地方经济是否得到了发展，这又往往以 GDP、吸引 FDI 的数量来衡量。在这样一种激励机制下，地方政府行为发生扭曲是必然的，主要表现为以下几个方面。

首先，表现为下一级政府向上级政府索要优惠政策。由于我国的对外开放是从沿海到内陆逐步推进的，各种由中央下放给地方的政策优惠条件与对外开放程度是同步进行的。因而激烈的地区竞争必然反应为地方政府通过不断向中央政府索要政策优惠与自主发展权以及更大的财政分成比例等来扩大"政绩"。例如许多地区为开发区内优惠政策所吸引，不顾自己的条件和可能，纷纷创办开发区。到 1992 年前后，出现了全国性的"开发区热"，到 1993 年初全国各种名目的开发区数量便达到 2000 多个，规划面积达 1.48 万平方公里。由于许多开发区没有得到很好的规划和充分的利用，造成了土地资源的极大浪费并扰乱了正常的经济活动。最终促使政府对开发区进行规范和管理[1]。

其次，地方政府通过不断推出"新制度"——突破国家规定的对外资优惠政策的底线进行竞争，通过保持在"制度"上的"先进性"吸引更多的资源促进本地经济持续发展。这些制度竞争包括诸如税收优惠政策的竞争、用地制度和价格的竞争、补贴政策的竞争、人才竞争，以及私人产权保护制度的竞争、融资条件的竞争，等等。

最后，一些地方甚至通过各种途径级级下任务、层层压指标，也使招商竞赛进一步加剧。在一片招商热中，一些地方政府把招商引资当作第一要务，有的称为"一把手工程"，在一些省、市的主要媒体上定期将各地方、开发区招商引资的成绩登报公布，排列名次，对各级政府部门形成巨大的舆论压力。在一些

---

[1] 于洋、吕炜、肖兴志等著：《中国经济改革与发展：政策与绩效》，东北财经大学出版社 2005 年版，第 294 页。

地方甚至将机关干部的工资与招商引资数量挂钩,给每个机关干部下指标,完不成任务就取消基础工资。苏北的一个县还制定了一整套的奖罚办法,完不成招商任务就要面临通报批评——诫勉——离岗——引咎辞职的处理程序[①]。

4.1.3 地方政府公司主义发展

斯坦福大学政治系教授戴慕珍通过对中国农村经济发展过程的研究,提出了"地方政府公司主义"概念:一方面,在经济发展的过程中,地方政府具有了公司的许多特征,官员们像一个董事会成员那样行动;另一方面,在地方经济的发展过程中,地方政府与企业密切合作。一个地方政府协调辖区内各个经济事业单位,似乎是一个从事多种经营的实业公司[②]。

新政治经济学对此的解释是:"政治理性会引致经济非理性",即由于政治市场中人的自利本质、权力竞争以及相关的寻利活动,使最终的公共(经济)政策无效率或者是低效率,它只满足了社会中某些人的利益要求,从而形成了长期的经济扭曲(盛斌,2006)。

张幼文教授从对外开放的角度对"地方政府公司主义"现象进行了高度抽象与概括:"这个'公司'以土地、政策优惠、城市品牌为资源,以外商为客户,以外资为拉动增长的手段,以GDP为营业额,以地方财政收入为利润。在拉动经济的同时牺牲社会利益,并导致国民财富流失。"[③] 这一定义对财政分权与

---

① 车晓蕙、陈钢:《沿海地区引资陷入"让利黑洞"》,载于《经济参考报》2003年11月7日。
② 赵树凯:《破除"地方政府公司主义"》,载于《中国改革》2006年第8期。
③ 张幼文:《经济全球化与国家经济实力——以"新开放观"看开放效益的评估方法》,载于《国际经济评论》2005年第9~10期。

旧政绩观前提下的地方政府行为进行了高度概括。因此,区域发展导向型体制下的政策引致性扭曲具有明显的"地方政府公司化"特征。

4.2 政策引致性扭曲:转轨经济过程的非均衡特性

在体制转轨过程中,经济必然呈现出非均衡特性,如地区发展的不平衡、经济结构的失衡、市场化程度的不同、城乡二元经济结构、"三农问题"的存在等。总体上说,体制改革的每一步前进都是在扭曲基础上实现的。某一领域的改革——传统体制扭曲的消除可能是在另外领域扭曲的基础上实现的,同时追求多个目标的均衡是不现实的。这意味着,在一些体制扭曲消除之前,新的改革政策可能使得原来的扭曲更加严重了,或者原来的扭曲获得了一种新的表现形式。

4.2.1 "二元经济结构"与政策引致性扭曲

毋庸置疑,招商引资活动扩大了中国经济发展中的资本要素总量,也通过创造就业扩大了劳动投入总量,取得了经济的快速发展。但中国的"二元经济结构"与大量低素质劳动力的存在也对招商引资活动形成"倒逼机制"从而导致对外资激励的政策引致性扭曲。

具体而言,中国的改革开放进程是在中国城市化程度非常低、农业劳动力比重非常大、农村剩余劳动力非常多的情况下开始的。"二元经济结构"与大量低素质劳动力并存的现实对开放战略及政策实施产生了重要影响——主要体现为"路径依赖"作用。随着东部沿海省份经济的发展,农村剩余劳动力开始以逐

第 4 章　区域发展导向型体制中政策引致性扭曲的特征

年扩大的规模持续从农村流向城市。由于城市化程度相对较低，即相对于城市发展对劳动力的吸纳能力而言农村富余劳动力的容量过于庞大，因而中国农民工的人均工资始终徘徊于较低的水平上。在过去的几十年中，尤其是在 1978~2001 年间，中国农民工的工资水平基本上没有什么变化，在 2001~2006 年间，农民工的工资有小幅提高，但是上涨的幅度不足 15%（李众敏，2006）①。这种情形可以在图 4-1 中加以进一步说明：

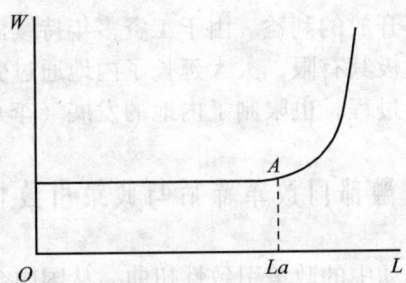

图 4-1　中国非熟练劳动力市场：一种可能的情形

图 4-1 中，W 为工资、L 为非熟练劳动力。在达到饱和点 A 之前，尽管劳动力需求不断增加，但是工资对劳动力需求缺乏弹性，直到劳动力需求达到了饱和 La，工资才开始上扬。中国在过去二十多年中，基本是在 A 点的左侧，近年来才开始逐渐达到 A 点。

中国低素质劳动力供大于求的持续压力，对于招商引资政策产生两个方面的影响：一方面是地方政府将吸引外资与解决就业问题一体考虑下，鼓励低技术、劳动密集型企业的引入；另一方

---

① 李众敏：《中国的内外失衡：一些被忽视的因素——评寻找内外平衡的发展战略——未来 10 年中国和全球经济》，中国社科院网站 2006 年 9 月 22 日。

面工资持续保持在一个较低的水平上也吸引了大量的外商直接投资。低技术劳动密集型外商直接投资迅速扩张的一个重要后果是,加工出口贸易迅速增长,——这一过程持续了二十多年,不断扩大了中国的贸易顺差①,并形成过于庞大的外汇储备终致外部失衡。

同时,由于中国的开放政策(如税收的优惠等)首先是在东部沿海省份实施的,加上这些地区得天独厚的地理优势,使得外资在中国东部和内地之间分布不平衡,内地主要是靠向东部提供劳动力来分享开放的利益。由于工资多年持续低迷,使得内地所能分享的利益极其有限,大大延长了内地通过劳动力工资形成投资资本的积累过程,也限制了内地的发展(李众敏,2006)。

4.2.2 金融部门改革滞后与政策引致性扭曲

关于引资活动中的政策引致性扭曲,从国内金融部门改革滞后并形成金融抑制的角度而言,主要有一下路径。

一是国有商业银行出于风险考虑对民营经济的扶持非常有限,抑制了私有部门发展,从而使其吸收劳动力的能力不足,这为吸引外商直接投资增加就业提供了空间,导致外资大规模进入。从这个意义上讲,外商直接投资成为消除国内金融抑制的一种替代性手段(黄亚生,2005)。这种观点认为,1990年代中国大陆引入来自香港、台湾和澳门地区的资金流入大陆劳动力密集型产业,在某种程度上是代替了中国大陆极不合理的金融体制。华民(2006)亦着重强调在目前国内金融体制改革不到位的情况下,即资金价格、供给等存在扭曲的条件下,以及知识产权保护

---

① 从另外的角度看,加工贸易的快速发展反映了中国作为进口零部件组装者的核心实力,——这也是"比较优势"的体现,同时中国的总体贸易顺差则相对适度。后文将从扭曲的角度对加工贸易快速扩张的利与弊作进一步的深入讨论。

不到位的情况下只能依赖外国直接投资。显然，由于金融部门改革滞后及其金融抑制，使外资流入的速度与规模都产生了扭曲，尽管它在一定时期内产生了积极的作用，如增加就业、给民营企业家提供风险基金（黄亚生，2005）等作用，但从长期看，外资既没有解决金融体制本身的扭曲，也在一定程度上积累形成产业结构等诸多方面的扭曲，关于此点本书将在后文作更深入的分析。

二是1998年以后，央行关闭了各地政府向银行借钱发展经济的大门，而各地官员追求政绩的直接手段就是经济总量的上升，在得不到银行的借款时，外商直接投资成为了重要的资金来源，这刺激了各地政府吸引外资的欲望，在带来外资的同时，也带来了顺差（李众敏，2006）[①]。显然，这种扭曲既涉及国内金融体制的扭曲，也与政府职能转变不到位有关，——关于后者，我们将在下文另作进一步分析。

三是在中国的个人与企业信用体系建设中，由于缺乏一个系统的、公众认可的信用体系，中国的企业与银行只能在不停地试错中得出对方评定信用等级，因而使得银行在贷款上表现得非常谨慎。也就是说，由于国内缺乏高效的诚信评价体系，使得国内融资成本上升，而外资引入的交易成本明显低于国内相同投资的交易成本，——这也形成引资规模及其结构中的扭曲现象。

综上所述，金融体制改革滞后及金融抑制使资本要素价格扭曲，从而导致地方政府在招商引资活动中的政策引致性扭曲。

4.2.3 要素市场不完善与政策引致性扭曲

在整个经济体制进行市场化改革过程中，资源、要素市场价

---

① 因为中国外商投资企业生产的产品主要是销售到国外，所以FDI大部分是集中在加工贸易领域，FDI与贸易顺差之间有着直接的联系。

格没有与商品市场价格改革同步进行,主要仍在沿用过去的资源、要素配置方式、方法,这在相当程度上扭曲了各地的招商引资行为。

1. 资源与要素市场价格改革滞后

资源与要素价格市场化改革滞后,究其原因,与人们对资源、要素价格由市场形成的错误认识有很大关系[①]。(1)将国家利益与国有企业利益等同。认为国有企业属于各级政府,国有企业的利益就是国家的利益,因此国有企业可以无偿或低价使用资源、国有土地、国有资本等。即便对一些经过改制已不是国有企业的原国有企业,也存在资源、要素无偿或低价使用理所当然的观念。(2)未能树立资源、要素无偿或低价使用会导致低效率、浪费、不公平的观念。单纯认为将资源、土地无偿或低价交付使用,就可以降低国有企业成本,有利于国有企业发展和壮大。或者单纯认为将资源、土地无偿或低价交给外企、其他所有制企业使用,就会有利于吸引外商或其他投资,对促进本地经济发展有利。未认识到投资者在无偿获得资源、土地后,因为没有成本,会对资源、土地进行滥用、荒废。未认识到政府支配的资源、要素是公共财产,将其无偿或低价交给企业使用,实际上是将公共财产转移给了一部分人,这意味着对其他人的不公。

由于国家没有出台符合市场经济的资源、要素交易的系统法规,也没有成立与市场体制相应的管理机构。在这种情况下,资源、要素交易沿用过去的办法,由过去的主管机构负责。这导致各级政府对资源、国有要素如何使用、交给谁使用、以什么方式交付使用,拥有完全处理权,没有制度上的约束,也没有制衡。

---

① 王学庆:《资源与要素价格改革的基本思路》,载于《中国物价》2006年第6期。

对资源、要素出让使用后造成的不良甚至有害后果,也没有明确的责任。各级政府实际上是将自己看作"资源支配者"。有些时候,某一位领导或几位领导的意见,就可以决定资源、要素的使用。

相关利益集团的抵制和误导也延迟了对资源与要素价格的市场化改革。一些权力机构及相关人员,为了保持自己手中支配资源、要素的权力,不愿意资源、要素价格建立公开、透明、规范的市场价格形成机制。如果采用市场经济的资源出让办法,资源要在公开市场上拍卖,相关部门也就无法、至少是很难借机谋取部门或个人利益,不能再借机寻租。一些地方、行业利益集团,也愿意资源和国有要素处于无偿或低价使用的状态,以各种借口抵制资源、要素价格在公开竞争市场上形成。或者对改革进行误导,使之走上对自己有利的轨道。

2. 要素价格扭曲与外资激励政策扭曲

在市场经济中,资源配置效率至少与两个因素相关:要素产权结构与要素流动性。在经济转轨过程中,由于要素市场的产权改革滞后,要素不能充分自由流动而导致资源配置扭曲,进而影响引资活动扭曲。这可以从两方面得到体现。

一是在招商引资过程中,由于土地所有权并不属于农民个人所有,而是集体所有。虽然宪法和法律规定集体土地归集体所有,但集体所有土地的所有权权限还小于国有土地的使用权限范围,因为国有土地使用权者还可以将使用权抵押、出租、转让,而集体所有土地所有者却没有这种权限。对于商业性质开发而征用集体所有的土地,所有者并不能作为转让所有权"价格"的谈判主体,必须要由政府来"代理"。对于被征用土地的"价格"(补偿费和安置费),并不由农民集体通过谈判确定,《土地管理法》第四十七条明确规定:"土地补偿费和安置补助费的总

政策引致性扭曲：开放效益的体制因素

和不得超过土地被征用前三年平均年产值的三十倍"；进一步，《土地管理法实施条例》规定："征地补偿、安置争议不影响征用土地方案的实施"①。必须指出的是，各地对土地的征用往往正是地方政府招商引资推动的，所以发生土地被地方政府廉价收购转让给外资开发使用，而农民利益受损的情况并不奇怪；其他如矿产资源等，也存在着外资以不合理的价格开发收购的问题。究其原因是由于土地、矿产等要素的产权设置仍然存在着缺陷，仍需要进一步完善。

二是要素在不同行业间的流动存在着障碍。在转轨经济中，企业身份不同往往导致要素流动扭曲，进而引致资源配置效率损失。例如，虽然民营企业比国营企业有效率，但各种要素从银行贷款、外汇供给、到商业机会的分配，政治和法律方面的支持都是倾向于效率低下的国营企业。民营企业，特别是私营企业，在20世纪90年代仍然不能进入所谓的战略性的、高营利行业，如电子、机械、汽车这样的行业。至于像金融、电信服务、能源这样的行业在2005年以前私营企业是根本不可能进入的，银行贷款更是大规模地向国营企业倾斜。私营企业虽然更有效率却面临着资金匮乏。值得注意的是国营企业的资源富裕和私营企业资源匮乏同时成为20世纪90年代推动外资进入的微观因素（黄亚生，2005）。国营企业依赖政策支持购买了大量机器设备，有的是相当先进的，积累了大量的资产。有相当一部分国营企业在80年代都是政府重点支持的对象。这些企业进口了相当数量的、有时是全套的设备。相当一部分企业和外国公司有技术合作项目，掌握着当时在中国大陆属于先进的技术。但因为国营企业经营效率低，亏损严重，致使国营企业变成了收购对象。根据经济

---

① 孔善广：《农村土地管理的"悖论"》，北京大军经济观察研究中心网站2006年7月15日。

学原理,当一个企业具有较好的资产但经营不良的话,这个企业就是一个很有吸引力的收购对象。但是很长一个时期,如果民营企业收购国有企业,就是私有化,是不容许的。而如果是一家外资企业进行收购,则被认为是"吸引外资",是"引进先进的管理技术"。各级政府不但容许,而且给予大量补贴。20 世纪 90 年代很多外国公司与国营企业建立的很多合资企业实际上是外国公司对国营企业资产的收购,根本不是一般意义上合资。一般性的合资是两家企业合同出资去开发一种母公司不生产的新产品,而在中国大陆的外国公司与国营企业的合资实际上使中国大陆的母公司名存实亡。这些合资的国营企业通过合资变成类似于金融机构型的企业,而已不是进行实业的公司了。这类企业往往大部分的收益是来自于投资收益,而不是营业收益①。

显然,通过要素市场的产权结构与要素流动性视角,我们可以发现招商引资中的扭曲是由于资源与要素市场的体制改革不到位使然。

4.2.4 政策引致性扭曲:对外开放战略在空间与时间上的偏向

今天中国经济发展的地区间不平稳,有历史原因,同时更与开放战略有关。我国的对外开放对不同区域在时间与空间上是不同步的,东部地区要早于中西部地区。也就是说,政策优惠及制度创新所带来的好处因地区区位的不同而存在着分配上的巨大差异。从沿海到内地的逐步开放战略是当时更现实有效的战略,但也相应扩大了发展的地区差异,加剧了地区间的不平衡。在目前

---

① [美]黄亚生著,钱勇、王润亮译:《改革时期的外国直接投资》,新星出版社 2005 年版,第 400~401 页。

甚至成为威胁可持续发展的重要因素。

表4-1清晰地展示了我国从1979~1994年针对外国投资者设立的不同经济特惠区的空间分布。

表4-1 1979~1994年间经济特区的空间分布

特惠区类型	东部地区	中部地区	西部地区	全国总计
自由贸易区	13			13
经济特区	5			5
经济技术开发区	26	4	2	32
浦东新区	1			1
沿海开放城市	14			14
沿海经济开发区（市、县）	260			260
沿江开放城市（主要是长江流域）		6	3	9
边境开放城市（市、县、镇）	2	5	6	13
边境经济合作区	3	4	6	13
其他开放城市（省会或自治区首府）	2	8	8	18

资料来源：王梦奎：《1979~2020中国经济发展回顾及展望》，中国财政经济出版社1999年版。

从表4-1中可以看出，东部地区的开放城市和开放区最多。

陈春来（2000b）运用一个多元回归模型考察了中国各省份海外直接投资流入的影响因素，[①] 该研究同样发现各省对海外直

---

① Chen chunlai, (2000). Provincial Distribution of Foreign Direct Investment in China, Research Paper to the MOFTEC/OECD Co-operation Programme on FDI. 这一模型是带有池式数据的多回归模型。该数据系列包括了29个省从1987年到1998年位期12年的数据，因变量是各省的海外直接投资流入，自变量包括各省的市场规模（各省的GDP），各省的人均GDP，各省的效率工资也就是受劳动生产率影响的实际工资，由各省人口受教育的比例所估算的各省劳动力素质，各省的海外直接投资累积总额，各省的交通集中度指数，各省的电讯水平、地区虚拟变量是对沿海省份而言的，政策虚拟变量是对20世纪90年代以来越来越放松的海外直接投资体制。根据该模型，中国的海外直接投资流入的称量值是各省的市场规模、人均收入、效率工资、文盲率、现有的海外直接投资水平、交通和电讯等基础设施发展水平、地理位置和经济改革及开放政策的贯彻的反映。参见：胡鞍钢、胡光宇主编：《世界经济中的中国：国内政策的挑战》，清华大学出版社2004年版，第299~301页。

第 4 章　区域发展导向型体制中政策引致性扭曲的特征

接投资开放的时间表对中国海外直接投资的省际分布有着显著影响。撇开经济因素不谈，涌入东部地区省份海外直接投资的巨额数字也是由于 20 世纪 80 年代将这些省份对海外直接投资进行开放的政策而得到提升，而这一时间要早于允许内地开放的时间。1992 年以后，海外直接投资流入量明显逐渐向内地省份扩张也可以部分地归因于 20 世纪 90 年代初期在全国范围内实行对海外直接投资的开放政策。这些政策以及 20 世纪 90 年代初期的一系列促进海外直接投资的政策，对吸引全中国的海外直接投资流入产生了有力的积极影响。然而东西部地区差距似乎并没有缩小的趋势。

琼斯、李和欧文（Jones, Li and Owen, 2003）利用中国城市一级数据研究也得出了一致性结论：政府区位优势和政府优惠政策对区域经济差异有重要影响，经济特区和沿海开放城市通过吸引外商直接投资等促进了当地的经济增长，其中经济特区政策能够提高年增长率 5.5%，沿海开放城市年增长率平均高出 3%。[①]

显然，无论理论还是实证都证明了对外战略在时间与空间上的偏向是造成今天东西部地区差距的重要原因。尽管这一战略总体上成功推动了改革开放进程，使东部率先发展起来，为西部经济腾飞作了物质与经验的准备，但东西部地区差距过大仍然带来一系列问题。这是我们在后面章节将要进一步深入讨论的问题。

4.2.5　结　论

转轨经济过程中的体制原因体现在诸多方面，并成为政策引致性扭曲的诱因。进一步分析就会发现，这些扭曲又都可以导致

---

① 转引自周业安、赵坚毅：《市场化、经济结构变迁和政府经济结构政策转型——中国经验》，载于《管理世界》2004 年第 5 期。

要素价格的扭曲,如劳动力价格扭曲、土地等资源价格扭曲,等等。此外,体制改革的不完善如民营企业、国有企业、外资企业身份的不平等性,又延伸为市场竞争的不平等。所有这些都会降低资源配置效率,影响比较优势的发挥,由此导致国民福利损失,——对此,本文将在下一章作深入分析。总之,转轨经济过程的非均衡特征使政策引致性扭曲具有"非市场性"与转轨特征。

4.3 区域发展导向型体制中的政府职能

在区域发展导向型体制中,政府发挥积极有效的发展导向职能是我国经济体制改革的基本特征与成功动力。政府职能转换实质上是消除体制性扭曲,实现要素资源的优化配置,服从更高效率目标。从完善的市场机制标准看,目前我国中央与地方政府仍然承担着过度干预经济的职能,从而存在着政策引致性扭曲及其相应的利益流失。

4.3.1 政府干预与政策失灵:关于政府职能的边界

在政府干预经济的过程中,政府活动同样存在着成本,即干预成本。发展经济学家D. 拉尔认为,政府干预同样要受到信息、交易成本等方面的制约,他说:"无论是在为设计公共政策而获取、处理以及传递有关信息方面,还是在强制执行政策的过程中,都会发生交易成本。于是,就如同市场失灵一样,可以举出无数官僚失灵的例子,使政府也难以达到帕累托效率的结果。"[1] 另一个值得注意的现象是干预政策"失灵"。这两个问题

---

[1] D. 拉尔:《发展经济学的贫困》,上海三联书店1992年版,第15~16页。

第 4 章　区域发展导向型体制中政策引致性扭曲的特征

的存在实际上提出了政府职能的边界问题。

1. 政府干预成本

一是显性成本：（1）政府工作人员的工资、福利和办公室开支等日常行政经费；（2）政府资本性开支，如修建行政办公设施、增加购买小汽车等方面的开支；（3）监督成本，即为保证政府工作人员忠于职守而设置的监督机构和舆论机构的各项费用支出。

二是隐性成本包括：（1）政府工作人员中的腐败分子的受贿数额；（2）企业等微观经济单位为应付政府的检查、评比，或为获得优惠待遇的招待费用；（3）政府机构巧设名目滥收费且没有进入正常收费账目的数额；（4）行政办事程序繁琐、冗长和政府机构职责不清给微观经济主体造成的各种机会损失；最后，由于政府履行经济职能过多或不适当而造成的市场功能障碍，例如，政府许可证制度、准入限制、地方保护主义等形成行政性垄断，从而造成利益的流失。

政府干预的成本只有与其收益相比较时才会有意义。但是往往政府干预的收益难以用货币准确衡量。因为它往往是通过改善资源的总体配置效率和利用效率体现出来的，还表现在一些不可测度的社会福利方面和非经济方面。[①] 因此，有学者提出，如果政府干预确实有效，那么就一定会对 GDP 增长造成影响，扣除要素投入贡献与技术进步贡献的份额，那么剩下的部分就可以视为政府的贡献份额。[②] 但实践证明，GDP 指标同样存在着严重的经济扭曲，是一个需要改进的指标。

[①②] 胡家勇：《一只灵巧的手：论政府转型》，社会科学文献出版社 2002 年版，第 29 页。

2. "政策失灵"

造成"政策失灵"的原因主要有以下几方面。

一是信息不完全。就微观经济信息而言,政府并不具有相对优势,其信息敏感度、信息传递速度、信息处理能力、对信息的关切度、信息总量,往往不如企业等微观经济主体。这是因为政府游离于微观经济活动之外,对经济活动结果也没有切实的利益关系。因此,从信息论的角度看,政府职能应主要集中在宏观经济领域,如无特殊需要,不要过多介入微观经济过程。

二是政府工作人员存在"经济人"行为。问题存在于两个层面:政府工作人员中会有部分人员在行政过程中追求自身利益,寻租往往普遍存在于转轨经济当中;监管机构本身也存在着权力滥用问题。[1]

三是经济主体的理性行为,如"上有政策,下有对策",结果是微观经济主体的理性预期将会抵消政府政策的预期效果,导致政策失灵。

四是政府机构的能力有限。在发展中国家和经济转型国家,市场机制、企业制度不完善,政府机构也不完善,表现在:不存在一套完善的政府公务员制度,政府机构之间的相互制衡机制远没有建立起来,还不存在畅通的渠道来搜集企业、民众的有关信息,也不存在政府与民间对话的有效机制,规则缺乏透明性等,加之政府工作人员业务素质低,政府可供选择的行政手段和政策工具较少等,导致行政机构能力脆弱,因而发达国家的政府能够履行的许多经济职能,发展中国家的政府则不一定能履行,模仿的结果是"政策失灵"。

---

[1] 新政治经济学的基本结论是"政治理性会引致经济非理性",这是"政策失灵"的另类解释。详细请参见盛斌:《国际贸易政策的政治经济学:理论与经验方法》,载于《国际政治研究》2006年第2期。

第4章 区域发展导向型体制中政策引致性扭曲的特征

尽管在政府干预活动中随处存在着"政策失灵",但正如拉尔所言,发展中国家的市场不完善,但计划更不完善,不完善的市场要胜于不完善的计划①。然而,这并非为"政策失灵"辩护,而是要进一步明确,在弄清"政策失灵"机制的前提下,如何通过科学的政策设计来有效减少"政策失灵",使政府干预的效率更进一步提高。

3. 政府职能的边界

从政府干预成本与"政策失灵"两个方面,我们可以勾画出政府职能的基本边界。

根据对政府干预的成本—收益分析,对于转轨经济而言政府职能的边界是明确的,即培育有效市场体系,保证市场经济顺利运行,在市场获得自主运行的能力之后,政府就应该退出干预,而不是使干预长期化。从"政策失灵"的角度来看,政府职能的发挥要受到诸如信息不完全、政府"经济人"行为,以及政府职能部门人员素质、机构职责分工与沟通协调等多方面因素的影响,因此机构设置科学、决策高效、监督严格等有助于减少政策失灵。在这个意义上,政府职能的边界仍然是一个效率边界,而且是动态的,即随着信息的完备性、执政能力的提高等,政府职能扩张并可以保持效率不变甚至提高。所以,我们可以得出结论:政府职能的边界并不是固定不变的,在不同的历史时期、面对不同历史任务的不同政府的职能是不同的,其边界遵循效率原则;由于"政策失灵"是不可避免的,因而次优选择是常态。

自1978年改革开放起步,我国政府职能也开始了渐进式的转变。特别是在1992年我国决定全面建设社会主义市场经济体制,与经济体制全面转轨相适应,政府职能转变也进入了快车

---

① D. 拉尔:《发展经济学的贫困》,上海三联书店1992年版,第15~16页。

政策引致性扭曲：开放效益的体制因素

道。从 1993~1996 年以政府职能转变为核心内容的大规模的行政改革，其指导思想是弱化和消除与计划经济相适应的政府职能，强化和新增与市场经济建设相适应的政府功能。毋庸置疑，政府职能的转变极大地促进了经济增长与市场经济的发育，但在经济转轨过程中政府职能也存在着某些扭曲。

4.3.2 政策引致性扭曲：落后的经济增长理论与发展意识

由对当代发展理论的错误理解而产生政策引致性扭曲，在逻辑上是高度一致的。具体表现为运用过时的经济增长理论，实施追赶战略，从而导致比较优势的扭曲；分权体制下的地方政府公司主义发展，使错误的增长理论以及追赶战略得以实施。

我国 20 世纪 90 年代以来，与投资热潮和产业结构重型化运动相伴的是高耗能、高污染外资的涌入[①]。无疑这是特殊的体制条件和政策环境的产物，但是我们还必须看到，落后的经济增长理论为指导下形成的落后发展意识是支撑粗放型发展模式的基点，如果不对此作深刻反思，将难以消除各种政府过度干预所造成的政策引致性扭曲。

中国粗放型发展模式的形成有其深刻的历史特殊背景。1949年以后，一方面由于同西方学术界的隔绝，我国经济界和经济学界对于五六十年代以后有了突破性进展的现代发展经济学知之甚少，甚至全无了解；另一方面在苏联的强大影响下，我国经济学界和经济界全盘接受了苏联在 20 世纪 20 年代确立的工业化观念。这种观念连同苏联政治经济学把生产活动局限地定义在"物质生产领域"即工农业范围之内，而把服务业活动排除在外

---

① 第 5 章将就此问题作进一步讨论。

第4章 区域发展导向型体制中政策引致性扭曲的特征

并定义为"非生产劳动"的观念,长时期地影响着我国的经济理论和经济政策。例如,由于接受了苏联观念,中国部门领导一直把实现工业化的基本标志界定为工业总产值在工农业总产值中占优势地位,重工业产值又在工业总产值占优势地位。由于这是我国最初几个五年计划的基本指导思想和对群众进行"社会主义工业化"宣传教育的重要内容,苏联这一套"工业化"观念在我国的影响非常深远,以致直到近两年的工业化问题讨论中,还有论者以经济学家的名义对工业化作出这样的界定:"经济学家认为,工业化即以机器化大生产替代手工劳动,是工业特别是制造业不断发展与提升的过程。其主要表现是:工业产值在工农业产值中的比重以及工业人口在总人口中的比重不断上升,同时农业产值的比重以及农业人口的比重不断下降的过程。如果一个国家的工业部门的产值和就业人口的比率在国民经济中占优势地位,则被认为是实现了工业化。"[①]——这一代表性观念实际上是来自于"霍夫曼定理"。

在西方国家的经济学家中,德国的霍夫曼(Walter G. Hoffmamn)1931年根据20多个国家工业化过程中工业内部结构变化的经验数据概括出工业化过程中资本品生产增长快于消费品生产增长这一与列宁的"生产资料的优先增长"相似的结论。他同时预言,到工业化后期,资本品的生产将在整个经济中占据主导地位[②]。虽然"霍夫曼定理"只是一个并未被后来的经验数据证实的假说,但在中国,由于受到一些广为流传的产业经济学和发展经济学教科书的影响,它常常被看作一个分析工业化进程的可靠工具,并在政策辩论中被引为论据。这种情况之所以发生,也许是因为它的内容恰好与曾在我国处于支配地位的苏联工业化

[①] 姜渭渔、周勤:《中国进入重化工时代大型系列报道之一:基本判断:重化工业时代来临》,载于《中国科技财富》2004年第4期。

[②] 张培刚:《农业与工业化》,华中工学院出版社1984年版,第105~112页。

政策引致性扭曲：开放效益的体制因素

理论和经验有许多共通的地方（吴敬琏，2006）。

但是，经济发展史表明，美英等先行工业化国家在19世纪后期的第二次产业革命的支持下全面进入现代经济增长阶段。在现代经济增长中，先行工业化国家不再主要依靠资本等资源的投入，而是走上了依靠效率高的增长道路。这样，工业化的内容也不再限于狭义的工业化，即"使工业产值在工农业总产值中占优势地位"，"实现由农业国到工业国的转变"，而是通过包括农业和服务业在内的各个产业的技术进步和效率提高实现全面发展。

由于国内的部分学者、官员错误地理解了继早期经济增长而起的、长达一百多年的现代化经济增长阶段，于是提出了是重化工业化还是信息化二者选一的问题①，好像只要中国还没有条件全面实现信息化，就只有实行"重化工业化"这一条出路。据此，有些作者把"走新型工业化道路"解释为"走重化工业化道路"；许多人误以为投资驱动的增长是各国经济增长的常规，"'重化工业化'是经济发展的必经阶段"乃是当代发展经济学的定论；有主流媒体甚至宣称："现在，政府、学界和企业界显然已经取得了这样的共识：重化工业化是中国经济不可逾越的阶段。"②也有的作者对不赞成中国应当走"重化工业化"的人们作出了"沉迷在知识经济的梦幻中"的讥评（吴敬琏，2006）。

尽管改革开放20余年中消除先行工业化国家早期增长模式和社会主义传统工业化道路的影响的工作，虽然取得了一些成绩，但还是存在重大的不足。主要的问题是，过多注重于改变这种增长模式和工业化道路所造成的高耗费、低效率等方面的结

---

① 苗莘：《不要自以为可以回避重化工业发展阶段——访国务院发展研究中心产业部李佐军》，载于《中国信息界》2005年第1期。

② 转载于吴敬琏：《中国增长模式抉择》，上海远东出版社2006年版，第45页。

果,而没有着重于消除造成这种结果的体制和政策方面的原因。更为深层次的原因是,对于作为传统工业化道路基础的思维定式和制度安排——源于落后的经济增长理论,没有能够作系统的清理。正如凯恩斯在 40 年前所指出的:"经济学家和政治哲学家的思想,无论对错,都比通常所想的更为有力。这个世界实际上就是被这些思想统治着的,很少例外。讲求实际的人们自以为能够与所有精神世界中的影响绝缘,到头来不过是某位已故经济学家的奴隶。"[①] 在经济增长模式与工业化道路问题上也同样如此。

落后的经济增长与发展意识使得赶超战略仍然在以各种方式表现出来。传统的赶超战略是由一整套政策体系构筑而成的,其政策特征表现为三点:一是不论其着眼点何在,赶超战略都主张对贸易实行抑制;二是为了实施贸易抑制,相应地需要制造一系列产品和要素价格的扭曲;三是为了把这些优惠条件有选择地进行配给,则需要给予某些部门和机构以特权,使其居于垄断地位,并形成一套经济统制体制(林毅夫,1999)。改革开放以来,分权化体制改革强化了各地方政府作为相对独立的利益主体地位,刺激了地区横向竞争,进而促使政府在经济发展过程中的过度介入。这种过度介入集中体现为"地方政府公司主义"发展。

4.3.3 政府职能的错位与地方保护主义

从对外开放的角度看,地方保护主义表现为对内实施保护,对外实施纵向开放,甚至是过度开放,由此产生的政策引致性扭曲是开放利益流失的一个重要方面。但目前,国内的一些学者却

---

① John Maynard Keynes, (1964). The General Theory. New York: Harcourt Brace and World, P. 383.

政策引致性扭曲：开放效益的体制因素

认为，地方保护主义具有二重性，既具有负效作用，同时又是建立地区比较优势的必要手段，并从区域经济学视角对此进行了论证，其基本逻辑如下[①]：

从理论渊源上讲，幼稚产业理论为贸易保护主义提供了令人信服的理论依据，进而推论国际贸易保护主义理论对于一国内部的不同区域之间的竞争同样具有适用性。因为不论国际贸易还是区际贸易，在贸易中形成自己的比较优势进而建立动态比较优势是其最终目标也是地区竞争最终要达到的均衡状态。如果从比较优势理论的关键假设——"生产要素在国际间是完全不流动的，而在国内是完全流动的"来看，该理论在解释一个国家内部不同地区之间的经济关系时是不适用的，或者要经过较大修正。但是，当我们从区域经济出发，考虑任何一个地区都要进行生产与交换活动时，——无论地区间要素流动性如何，都不会对此构成挑战，因而地区生产活动就必须建立在本地区相对比较优势之上。只是这里的"比较优势"是指本地资源或生产要素价格比率与其他地区相比孰高孰低。这样，地区保护主义与区域竞争就具有内在的一致性，即通过一定程度的地区保护建立本地的"比较优势"（相对竞争优势）。进一步讲，比较优势理论暗含着专业化生产自我强化的机制。也就是说，先发展地区因专业化的自我强化，知识和经验积累越来越多，先行优势越来越强，在地区贸易中拥有比欠发达地区越来越大的分工和专业化的比较优势。从这个角度考虑，在中国的地区竞争中存在着以下两种情形就是必然的。一是各地向上一级政府索要对外开放的优惠政策，争取在对外开放的制度竞争中取得先发优势；二是对于处于欠发达阶段的地区而言，由于起步晚，许多产业尚未出现或刚刚萌

[①] 刘东勋、宋丙涛、耿明斋：《新区域经济学论纲》，社会科学文献出版社 2005 年版，第 51~62 页。

第4章 区域发展导向型体制中政策引致性扭曲的特征

芽,处于分工和专业化的比较劣势,面临着阶段性跳跃的难题,因而必然借助于地区保护主义,其可能性可以借助于图4-2加以说明。

企业的规模经济是指企业长期平均成本曲线随其生产规模不断递减的情况,如图4-2中长期平均成本曲线LAC_1和LAC_2即为这种情况。规模经济可以分为内部规模经济和外部规模经济①。一般来说,发达地区的总体生产规模较大,因而在聚集经济上的比较优势比较明显,产生了对商业、金融业、交通运输业、仓储业等产业较强的吸引力。而这些产业的发展反过来又促进了聚集经济的进一步增强。

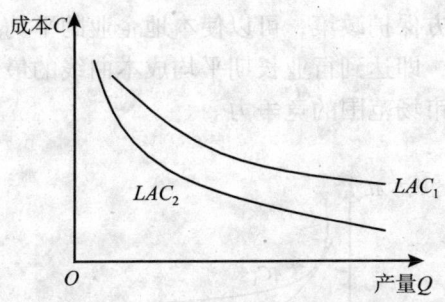

图4-2 聚集经济和学习曲线导致平均成本曲线的不断下降

学习曲线是指企业长期平均成本曲线随其经营时间的增加导致的经验积累而不断递减的情况。在图4-2中LAC_2比LAC_1下

---

① 内部规模经济是指随着企业生产规模的扩大(投入要素等比例地增加导致产量的增加),企业的平均成本不断下降的现象。聚集经济即外部规模经济,指企业的成本随着整个地区中企业数量和规模的增加而逐步下降的规律,即由于企业在地域上聚集在一起而产生的成本节约,——这包括了同行业不同企业之间的外部规模经济和不同行业之间各企业聚集在一起生产的外部规模经济两种情况。此种外部规模经济的产生是由于不同企业可以共用基础设施、降低信息搜寻成本、促进分工和协作等。

降得更快。学习曲线意味着即使后进地区对某一企业的一次性投资规模和技术水平达到了发达地区最大、最先进的企业水平,仍然由于学习曲线上的劣势而达不到发达地区的企业竞争力。

作为后进地区来讲,在经济发展过程中,为了克服不利因素,进行必要的地方保护被认为是合理的。通过地方保护,可以弥补落后地区的成本劣势,使本地区的生产成本与先进地区持平。

如图 4-3,LAC 为行业平均成本曲线,代表发达地区典型企业的平均成本曲线,具有聚集经济优势和学习曲线优势。本地企业的平均成本位于 AC_1,虽然投资规模和技术水平与其他地区一样,但由于聚集不经济和经验积累少,成本相对较高。这时,通过适当的地方保护政策,可以使本地企业的平均成本曲线下移至 AC_2 的水平,即达到行业长期平均成本曲线的最低位置,从而具备了在全国市场范围的竞争力。

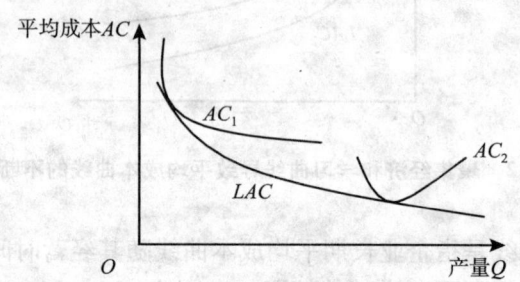

图 4-3 适当地方保护政策可以弥补本地聚集经济和学习曲线上的劣势

进一步,该理论认为,适应于市场规律的经济性政策保护是地方保护成功的关键,并提出了地方保护的经济合理性边界:即等到企业技术改进得到的成本节约足以弥补本地聚集经济和学习曲线的劣势以后,保护政策就可以取消。此时,企业基本具备了建立地区比较优势的能力。

该理论将地方保护视为地区竞争的基本形式，以及培育地区比较优势的基本手段，认为地方保护在更深层次上是地方政府运用自身经济、行政资源通过减税、补贴，完善基础设施、制度环境等手段促进地区市场经济的发育壮大，并最终建立竞争优势。

但这一分析，因其假设前提与现实的背离而使其结论并不成立。

具体而言，在中国计划经济时代所建立的国民经济体系是"大而全"与"小而全"，各地经济结构雷同，在探索本地区比较优势的过程中，各地出现大量的重复建设是必然的，——各地都在既有的工业基础之上做出继续深入发展的规划，因此过去的经济结构同构成为今天重复建设的"路径依赖"。进一步讲，当重复建设构成国内外竞争时，各地都企图通过行政手段获得竞争优势，地方保护主义便应运产生。也就是说，地方保护是以行政命令配置资源、建立虚假的比较优势的后果，——即"维护扭曲比较优势"的手段，而不是相反——通过地方保护"建立本地区基于要素禀赋的比较优势"的手段。

因此，地方保护主义的产生是复杂的，它至少有三个要素：一是改革开放以后，分权体制下政府官员追求政绩，以行政命令配置经济资源进行"赶超"，从而背离比较优势原则；二是计划经济条件下的经济结构同构现象，——这本身就是对各地比较优势的偏离，使各地经济发展的规划部门与主管官员错误地判断本地区的比较优势，从而出现重复建设；三是对外开放的大环境下，各地纷纷通过对内封闭（横向保护）、对外扩大开放（纵向开放）的手段希冀建立并扩大对国内竞争对手的竞争优势。至此，我们可以看到一个清楚的逻辑：在扭曲的经济结构——"大而全，小而全"基础上，以扭曲的方式——"行政命令"配置资源，必然产生虚假的比较优势，为了保持比较优势、追求政绩，地方保护主义就成为必然选择。此外，在分税制下，地方政府为了维护地方税基而对本地企业、市场加以保护，从而也在一定程度上刺激了地方保护主义的发展。

因此，地方保护主义的实质是"政府职能错位"。地方保护主义必然导致扭曲，用扭曲理论来解释是简单的：保护导致市场不统一，使商品价格扭曲；要素流动不充分，产生要素扭曲，总之离开帕累托最优。

4.3.4 政府职能缺位、失调与"政策失灵"

从扭曲理论视角看，"政策失灵"是一种政府政策通过造成政策引致性扭曲带来效益的同时，另一种政策又抵消了这种效益，是政策引致性扭曲的变型，二者何者更大决定了总效益为正或负，——这与体制政策的两面性是相一致的。在转轨经济过程中，由于政府职能不到位、不协调而导致"政策失灵"，具体表现在以下两个方面。

首先，政府职能转换过程中政策不配套，或者说改革进程的非均衡性导致政策失灵。例如，一方面国有企业的自主经营权扩大，激发了国有企业的积极性，但另一方面，在政企、政资尚未完全分开，同时各经济主管部门以及地方政府弱化甚至放弃对国有产权的监督权利，在国有产权有效运营的配套性制度安排尚未发育成熟前，过早地要求落实企业自主权，给企业松绑，在某种程度上造成了近年来国有企业改制中的效率损失，如国有资产流失，许多优秀国有企业被外资兼并等。

其次，政府职能部门职责混乱与利益部门化导致"政策失灵"。改革开放以来，在分权体制下的利益部门化现象也日益严重，这是一种与纵向的上下级分权同时并存的在同一级政府内部不同的部门利益"板块化"现象。其机制如下：

第 4 章 区域发展导向型体制中政策引致性扭曲的特征

在体制转轨过程中,我国的法制法规处于不断的调整与完善过程中,而政府部门掌握着制定政策的权力,甚至可以对立法过程有着重大影响,这就为利益部门化提供了方便。事实上,在部门利益的驱动下,将公共权力部门化,部门权力利益化,部门利益政策化甚至法律化,是各级政府部门寻租的重要渠道。在中国目前立法体制下,部门往往在立法中起着重要作用,甚至成为法律的起草者。这样,许多部门在参与立法时都会极力争取本部门利益的最大化,并努力通过立法的形式来使部门利益合法化。而不同政府部门则往往为相关的立法权进行争夺。[①] 例如,中国的《反垄断法》之所以迟迟不能出台,即与部门的利益之争有关。因为反垄断执法的执行存在着巨大的寻租空间,因而这个机构放到现有哪个政府部门,就意味着这个部门权力的强化。无独有偶,在 2005 年有关两税合一的争论中,商务部和财政部以外资企业和内资企业为背景,成为对垒的双方。

不仅中央的各级政府部门存在着利益部门化现象,事实上,在地方一级利益部门化现象也十分严重。据报道,某省法制办曾对该省规范性文件进行备案审查,结果查出的存在违法或不当的文件占备案文件总数的 19%。其中,有擅自设立行政审批项目、增加行政审批内容的;有违反法律和市场经济原则,规定取得施工许可证必须与某些企业签订合同的;有违法设定行政处罚,越权规定减免所得税和土地出让金的,不一而足(孙立平,2005)。

有学者将我们现在的一些地方政府形容为"一袋土豆",即看起来是一个政府,实际上里面是一个一个的"土豆"。每个"土豆"都是一个利益板块,而每个利益板块都与社会的各种利益交织在一起,致使改革措施走样变形,甚至是非法行政和腐

---

① 孙立平:《部门利益的社会观察》,载于《学习时报》2005 年 9 月 19 日。

败。可见，国家、地方利益的严重部门化，是造成改革开放中各地区对外贸易与引资活动中利益流失的另一个重要体制性根源。

4.3.5 结论

政府职能不完善是导致政策引致性扭曲及其对外开放效益流失的根源之一。必须指出的是，除上述几种政府职能不完善的表现之外，我们还必须看到一种政策引致性扭曲的综合后果：即在公司化的政府运行逻辑下，资源主要被用于满足地方经济发展，面向全社会提供公共物品的目标被忽略，基层政权没有提供公共物品的动力，如基础教育、基础科学研究等外溢效应明显的投资被忽略。

因此，政府职能的越位、缺位、错位使得政策引致性扭曲具有了政府职能"失灵"的特征。

4.4

政策引致性扭曲：国际竞争环境中的垄断因素

发展中国家的对外开放政策不仅受国内因素的制约，同时也受到国际经济环境的制约。其中，国际经济中以跨国公司为代表的垄断力量对东道国政策制定所施加的影响必然使其产生一定程度的扭曲。

4.4.1 跨国公司谈判理论简介[①]

组织间的谈判理论（Theory of inter-organization bargaining）是分析参加谈判的各个组织间各自所拥有的谈判资源、谈判筹码，

---

① 金芳：《双赢游戏：外国直接投资激励政策》，高等教育出版社1999年版，第50~53页。

第4章 区域发展导向型体制中政策引致性扭曲的特征

并由此得出组织间谈判关系及其政治、经济或商业谈判结果的一种理论。20世纪70年代初,一批跨国公司研究者将谈判模型引入政府与跨国公司关系的分析之中,开创了政府对跨国公司干预理论的研究新视角。20世纪80及90年代,国际对跨国公司谈判理论的研究与运用不断丰富与发展。贝尔曼和格娄斯(Behrman and Grosse,1990)[①] 在综合了各家的论述之后,提出东道国政府与外来投资者的谈判关系模型主要取决于3个因素,见表4-2,4-3。

(1) 谈判双方各自拥有的谈判资源。政府与跨国公司各自对直接投资所需资源的占有及其控制能力决定了双方在谈判过程中的初始地位。政府的实力主要来源于对两种资源,即东道国市场和部分生产要素的占有及控制,没有理想的市场或没有理想的可供要素,如自然资源、低成本劳动力,任何政府都无法使本国成为潜在的东道国。与此相对应,跨国公司则拥有技术、资金、管理能力和国际营销网等资源,这些资源要么是东道国稀缺的,不可能从其他途径获得,要么是需要花费较高成本才可能通过其他途径获得的,见表4-2。

表4-2　　　　跨国公司和东道国政府的谈判资源

跨国公司可提供的资源	东道国可提供的资源
有助于改善东道国内部平衡的资源 　特殊技术 　转移资金 　管理或营销能力 　获取信息	对东道国市场的控制 　一般性市场准入 　政府采购市场
有助于改善东道国外部平衡的资源 　国外的低成本投入 　进入国际市场 　进口替代	对东道国生产要素的控制 　自然资源 　低成本劳动力投入 　在当地金融市场筹融资机会

---

① Behrman, Jack. N. and Robert Gross., (1990). International Business and Government. University of South Carolina Press.

（2）谈判双方各自拥有的筹码。即双方占有及控制的资源对直接投资成功与否的相对重要性。是否存在可供选择的其他机会将直接影响双方的谈判地位，拥有较多选择机会的跨国公司可以在多个国家以同样的机会成本扩展经营，那么跨国公司就占据了较强的谈判地位。同样，如果东道国市场上的竞争很激烈，政府可在众多外国和当地企业之间作出选择时，政府的谈判地位就会因此而有所增强。反之，当东道国政府几乎没有任何其他途径获取某种资源，并且这种资源对东道国的政府目标又是至关重要时，跨国公司的谈判地位就大大提高了，见表4-3。

表4-3　　　跨国公司与东道国政府达到相对筹码

跨国公司的相对筹码	东道国政府的相对筹码
转向其他市场的能力 从其他地方筹集资源的能力 谈判结果对与东道国关系的重要性 东道国在其全球经营战略中的重要性	获取其他投资以代之的可能性： 　a. 由国内企业进行投资 　b. 由其他外来企业进行投资 谈判结果对与该跨国公司关系的重要性 谈判结果对国家总体利益的重要性

（3）谈判双方的利益的相关性：政府与跨国公司的利益既有共同之处，又有分歧的方面，双方利益差异的一面构成了冲突存在的可能，而利益趋同的一面则构成了合作协议的基础。也就是说当政府与跨国公司各自的目标及手段存在负相关性时，双方都倾向于不合作，此时政府对跨国公司的限制程度就会提高；当双方的利益目标及手段存在正相关性时，合作的倾向会上升，而限制就会降低。

东道国政府的谈判能力可用公式表述如下：

$$BP_n = \sum_{i=1}^{n} R_i W_i C_i$$

公式中 BP_n 是东道国的谈判能力，R_i 是东道国提供第 i 种谈判资源的绝对量;W_i代表第i种谈判资源对公司成功的相对重要性;C_i代表东道国对第i种谈判资源的市场垄断程度。如公式所示,东道国的谈判能力与东道国对资源的拥有量、东道国对资源的控制程度和外资企业对东道国资源的依赖程度均成正比。随着BP_n的增加,控制的倾向会逐渐增加。

此外,一些学者认为,决定谈判关系的还有两个因素[①]:

一是谈判双方与同类伙伴结盟以增强谈判地位的可能性。在此,政府方面可谋求地区机构甚至是国际机构的帮助,而跨国公司则可通过与其他企业的战略联盟减少政府的可选择机会,跨国公司还可以从其母国获得支持。

二是政府与跨国公司以往关系。以往关系很融洽,有较好的合作经历有助于将双方带入合作关系;以往分歧很大,威胁感异常强烈,双方就可能随时准备对对方的要求作反方向的反映。

显然,跨国公司谈判理论为我们探讨东道国对外开放中的政策引致性扭曲提供了一个有力的切入点。

4.4.2 跨国公司国际投资理论及其谈判地位

国际直接投资理论一开始就证明了投资的国际垄断特性与东道国在谈判中的弱势地位这一相对形势。

(1)"产品生命周期及其转移规律"决定了东道国吸收外资只能是发达国家的成熟产品。在产品的创新阶段,创新国占有优势。产品进入成熟阶段后,国外市场日益扩大,国外也出现了竞争者,创新国跨国公司为了维持市场,就需要到海外去建立子公司或分支机构。产品进入标准化阶段后,生产已规范化,价格竞

---

① Gross, Robert and Jack N. Behrmon, (1992). "Theory in International Business", In: Transnational corporation, Vol. 1, No. 1: 93 – 121.

争成为关键。劳动密集的国家组织生产就有价格优势，这要求跨国公司到这些国家去投资生产。

这一理论事实上包含了国际投资是国际分工的产业发展阶段性差异的表现和强化，国内长期只作为国际直接投资发生的原因，而忽略了其导致国际分工的结构特征。

（2）"分散风险"是跨国公司的经营策略，其分支企业在东道国能够发展取决于有无核心竞争力，因而外资企业必然有竞争优势。企业的分散风险战略可以是"以产品多样化分散风险"，也可以是"以对外投资分散风险"。投资于位于不同国家和地区的工厂，实现资产的多样化，即分散化。通过企业活动的多样化即产品的多样化可以分散风险。多样化就是使产品发生差异，包括同一产品在不同地区进行生产的横向差异，在同一地区生产出差异产品的纵向差异。

（3）"交易内部化"节省了跨国公司的成本，提高了其效率，增加的是跨国公司的收益。根据产权经济学理论，各种交易行为纳入企业内部进行，以企业内部的行政管理代替市场机制，就能节约交易成本。在公司的跨国性活动中，许多障碍导致市场的不完全性增大，使这些成本也大大增加。以跨越国界的方式使交易内部化形成跨国公司，有利于企业减少上述各种交易成本，获得内部化的利益。

（4）"边际产业扩张"论证明，母国输出的只能是相对劣势产业，从而东道国在国际分工中只能居于落后地位。国家在发展中比较优势会发生变化，原有的比较优势会变成比较劣势。把即将变为比较劣势的产业即"边际产业"转移出去，就能使自己把生产要素更多地集中在具有比较优势的产业上。要素组合会更加合理，国内生产总值就会提高。"边际产业"的概念也可以扩大到"边际企业"、"边际部门"都提出了对外投资的必要。边际产业理论证明，以外资发展起来的产业只能是劣势产业。因而

第4章 区域发展导向型体制中政策引致性扭曲的特征

这一理论也包含了国际直接投资是国际产业分工等级差异形成的基础性原因。虽然对外投资也会改善投资接受国的要素结构从而增加其国内生产总值。

(5)"企业优势的结构"理论证明了跨国公司国际经营方式,其中直接投资方式是跨国公司同时拥有三种优势时的选择,因而东道国必然处于相对不利地位。国际生产折衷理论指出企业优势包括三个方面。"所有权优势"——专利和销售技巧,企业的规模经济,企业的组织管理能力,金融与货币优势;"内部化优势"——跨国公司在其企业内部充分利用各种所有权优势,可以避免外部市场不完全性对企业的影响;"区位优势"——东道国为外国企业提供的更有利条件,区位优势本来属于东道国,但跨国公司可以利用。

直接投资的决策依据是:同时拥有三种优势,就应当进行直接投资;如果只拥有前两种优势,那么就应当采用生产出口方式;而如果只拥有所有权优势,那么就应当采用技术转移形式。这可能是双方利益都可能有的原因。但是主导优势组合的是跨国公司,这使东道国必然在优势组合中处于劣势地位。

(6)"价值链"理论决定了,后进国家尤其资本匮乏国家只能承担价值链的低端。根据按价值链进行国际生产经营布局理论,生产经营活动的全过程是一个环环相扣的"价值链",其中主要包括:研究开发、生产制造、成品装配、市场营销、售后服务等。其中每一环节都可以放在能以最低成本进行的国家或地区,通过降低成本使跨国公司在整体上形成竞争优势。跨国公司经营的原则就是把价值链的这些不同环节分布到不同的国家或地区去分别完成,但其中必然把价值链的高端留给自己,而把低端放在发展中国家。

以上国际直接投资理论表明,东道国来自于跨国公司的直接投资往往处于价值链的低端,这是由于跨国公司在生产技术、管理、营销渠道等一系列环节上的竞争优势使得其在与东道国谈判中处于优势地位所决定的。

4.4.3 东道国开放中的政策引致性扭曲

发展中国家试图利用发达国家跨国公司向海外转移生产活动的机遇，实现技术、产业升级下的跳跃式发展，这意味着东道国在与跨国公司的谈判中处于劣势地位。这里有两个因素加剧了这种状况。一是跨国公司对技术等稀缺要素的国际垄断；二是发展中国家之间的相互竞争使得对跨国公司的税收等优惠措施向东道国底线移动。在上面两个因素综合作用下，东道国在技术进步的阶梯上依附于跨国公司，——国际分工的最新发展加剧了这一趋势：

随着技术进步的加速，产品生命周期越来越短，跨国公司为了在日益激烈的国际竞争中取得竞争优势，将其生产布局日益细化。与以往在各个国家进行产业间分工不同，经济全球化的推进，使跨国公司可以将一个产品的不同生产环节按照成本最低的原则在全球范围内配置。同时，跨国公司越来越专注于技术开发、品牌经营和营销网络的建设，将制造活动尽可能地以原厂委托制造（OEM）方式外包给成本较低的发展中国家企业[1]。由此带来的变化是，发展中国家在制造业领域中越来越深入地参与国际分工，甚至成为一些高新技术产品的重要组装与出口基地。为

---

[1] 美日跨国公司利用全球产业分工的布局策略并不相同。（1）20世纪90年代以来，美国企业积极以OEM方式利用全球资源，日本企业则通过直接投资设立全资或控股公司方式从事生产；（2）美国企业将企业内部的资源集中在最具有价值创制的部门，而将其他部分切割出去。即使在研发领域，美国企业只选择核心技术从事研发，其他技术则以策略联盟的方式和别的企业合作。而日本企业则仍然注重全套技术的发展，企图掌握完整的体系。参见吴敬琏：《中国增长模式抉择》，上海远东出版社2006年版，第46页。

第4章 区域发展导向型体制中政策引致性扭曲的特征

了应付不断强化的国际竞争力,跨国公司除了向发展中国家转移生产能力外,还大规模采取外部采购的办法,来维持其在核心生产环节的竞争力。这一变化的深刻之处在于:(1)发展中国家工业化的主要任务,从以往推进产业升级转变为推进产业链条的升级;(2)发展中国家政府推进工业化的政策,从以往产业差别待遇和扶持为主转变为创造一个有利于发挥比较优势的投资环境;(3)发展中国家加工组装方面的比较优势容易形成路径依赖从而不利于技术创新,——关于此点将在下一章再作更深入分析。

不难看出,东道国的政策引致性扭曲主要源于三方面原因:一是跨国公司的强势谈判地位;二是发展中国家之间对 FDI 的相互竞争;三是对跨国资本形成技术依附之后的路径依赖。事实上,20 世纪 90 年代以来中国各地方政府的招商引资政策都折射出上述三个因素的影响。在一段时间里,有不少学者认为,"中国作为世界的加工车间没有什么不好",中国应该积极参与国际"价值链分工"——希望据此实现经济崛起[①]。但是,过度强调参与"价值链分工"的好处,而看不到它的不利性,尤其是强调要吸引所谓的国际 500 强大企业,甘愿做人家的加工组装车间,从而从根本上放弃了自主创新的责任,从思想上解除了"自主创新"的武装,这在相当程度上助长了引资中的低技术化倾向[②],——加工组装业的过度发展尽管反应了中国的比较优势但也在一定程度上扭曲了这种比较优势,其政策扭曲的负效作用值得关注。

---

① 见第 1 章引言。

② 技术外溢理论认为,贸易和技术外溢有可能将国民经济的发展引入错误的方向,使贸易各方的长期发展速度都受到影响。技术创新的大幅度进展需要两个必要条件,即对知识产权的保护和鼓励对科研的投资。参见海闻:《国际贸易理论的新发展》,载于《经济研究》1995 年第 7 期。

4.4.4 发达国家的体制套利活动

当今国际经济一体化的一项主要内容是把一个国家的经济与社会体制与贸易伙伴国的经济社会体制进行"调和",这种机构的一体化就是"体制套利"行为,并且它是由政府政策有意引导的结果。例如,所有 WTO 会员资格要求必须采纳一套特定的体制规则:如贸易和产业政策的非歧视原则,与 WTO 一致的专利版权保护,等等。对于发展中国家来说,加入 WTO 意味着必须落实一些新的规则,比如在关税限制措施、数量限制、服务业、补贴、与贸易有关的投资措施(TRIMs)以及知识产权等方面的规则,这种体制融合有助于这些国家克服过去施政风格存在的种种缺陷,带来一定程度的政策预见性,如透明度、遵循规则的行为,以及非歧视性政策等。但也存在一些反作用,如提高劳工标准(提高最低工资水平、限制使用某些类型的童工等),有关知识产权保护的协议,提高发展中国家的环境保护标准等。在实践中,由于存在着体制套利行为,所以体制的融合、调和或贸易带来的所谓"深度一体化"本身不一定会产生令人满意的结果。究竟结果如何,最终取决于大环境,特别是有关国家政府是否有能力利用大环境增加体制融合的正面效果。以《与贸易有关的知识产权协议》(TRIPs)为例,该协议借口保护专利持有人的产权,致使穷国向富国转移支付几十亿美元甚至上百亿美元的垄断利润[1]。

发达国家对中国的"体制套利"活动始于中国加入 WTO 之后。例如,发达国家一方面利用"二四二条款"、"特殊保障条

---

[1] [美] 丹尼·罗德里克著,王勇译:《新全球经济与发展中国家:让开放起作用》,世界知识出版社 2004 年版,第 17~23 页。

款"、"非市场经济地位"等协议限制中国具有比较优势的产品进口保护其国内市场,另一方面却又敦促中国遵守知识产权保护协议、进一步开放国内市场,如敏感的服务业领域等。

以知识产权保护为例,众所周知,中国企业在国际化进程中,依靠的是所谓成本优势和国内市场地位,并非出自技术革新。由于缺乏核心技术,"有品无牌"的多产多销难以获得高额利润,反而是生产越多损失越大。2004年,欧美企业对中国DVD影碟机厂家征收知识产权保护专利费,每台12到18美元,使本来就利润微薄的中国影碟机行业开始全线萎缩。毫无疑问,保护知识产权是维持发达国家高额垄断利润与竞争优势的关键。根据入世承诺,中国严格遵守保护知识产权协议是理所当然的。

无独有偶,中国的所谓"非市场经济地位"问题也成为发达国家实施"体制套利"活动的杠杆。2004年6月美国商务部长埃文斯在北京向美国商会和总统出口委员会发表演讲时就着重强调,"中国必须显著减少政府对经济的微观控制,大幅增加透明度,那样才能实现向市场经济的过渡。"[①] 言下之意无非是希望中国向美国开放关键领域的投资、并购活动,——这是其承认中国市场经济地位的一个重要前提。

此外,发达国家还运用新的非关税壁垒如人权、环境标准等措施阻碍中国产品进口。如2005年9月中旬,美国FDA(食品和药品管理委员会)就以"未通过电磁辐射认证"为由,拒绝中国百余电子企业产品进入美国市场。进入2006年,欧盟所有国家将全面执行两大环保指令WEEE和ROHS,日本、美国的部分州也在出台类似的法令。据估计,受这两个法案影响的出口产品将达560亿美元,可能导致中国产品成本上升10%~15%,

---

① 美国商务部长埃文斯:《国企换市场地位》,凤凰网2004年6月28日。

政策引致性扭曲：开放效益的体制因素

甚至直接导致一些产品出口停滞①。

随着中国加入WTO后五年过渡期的即将结束，美欧等发达国家对中国的"体制套利"活动也逐步进入高峰期。2006年伊始，美欧等发达国家便相继发表声明要求中国全面履行世界贸易组织成员资格的义务。美国贸易副代表卡兰·巴蒂亚（Karan Bhatia）表示，在中国加入世界贸易组织4年后，美中贸易关系进入了新的阶段，"在贸易关系的各方面，无论是多边的、地区的还是双边的，中国必须像一个成熟的伙伴那样行事，借用一个说法，就是'负责任的利益相关者'（responsible stakeholder）。"他宣称"中国加入WTO的学徒期结束了"。② 德国总理默克尔在2006年5月访华期间，也郑重提醒中国应承担世贸组织成员资格的相应义务，指"这种成员资格不是白来的。"③ 不难看出，在后WTO过渡期中国将面临来自发达国家巨大的"体制套利"压力。

就"体制套利"的实质来看，它通过迫使东道国遵循WTO规则，而导致东道国的"体制性扭曲"——偏离东道国最优的体制安排而带来利益流失。

4.4.5 结论

国际垄断因素的存在是造成对外开放过度激励政策的重要根源。但我们必须看到这一现象的两面性：一方面，由国际垄断因素导致的政策引致性扭曲固然使资源配置不当，要素与价格发生

---

① 《欧盟指令使小家电出口成本上升》，中国家电网2005年12月26日。
② 克里斯托弗·斯旺（Christopher Swann）、爱德华·奥尔登（Edward Alden）：《美国：中国须按WTO规则行事》，载于英国《金融时报》2006年1月26日。
③ 伯特兰·贝努瓦（Bertrand Benoit）：《默克尔：中国应做负责任的世贸成员国》，载于英国《金融时报》2006年5月24日。

第 4 章　区域发展导向型体制中政策引致性扭曲的特征

扭曲，从而造成利益流失；但另一方面，也应注意到其发生的前提是由于资本大量进入中国，——其积极意义在于扩大了中国经济的总要素投入量因而有正面作用。从这一视角出发，其政策指向是明确的，即肯定外资的正面积极作用，同时又要注意并克服其不利性一面。后文对该问题将作深入分析。

总之，区域发展导向型体制下地方政府面对国际垄断势力在谈判中处于弱势地位而产生政策引致性扭曲，从而使政策引致性扭曲具有了外部干预的"非自主性"特征。

本章小结

分权体制下的地区竞争既是我国经济增长的基本推动因素，同时地区恶性竞争又通过政策引致性扭曲导致对外开放利益流失。受区域发展导向型体制的约束，政策引致性扭曲有四个基本特征：首先是区域发展导向型体制下的财政分权与政绩观，激发了地方政府对税收的追求与对以 GDP 增长为核心的政绩追求，从而使政策引致性扭曲呈现出"地方政府公司化"特征；第二是改革过程中，部分领域改革滞后，例如要素市场与金融市场的改革滞后加剧要素扭曲等，从而使政策引致性扭曲具有"非市场性"与转轨特征；第三是政府职能的越位、缺位、错位，如替代企业招商引资、对外资监管不力、对跨区域公共产品供给存在搭便车行为等，这使得政策引致性扭曲具有了政府职能"失灵"的特征；第四是区域发展导向型体制下地方政府面对国际垄断势力在谈判中处于弱势地位而产生政策引致性扭曲，从而使政策引致性扭曲具有了外部干预的"非自主性"特征。

后面的章节将从中观与宏观两个层面研究区域发展导向型体制下的开放效益，并将就消除扭曲提高对外开放效益提出对策。

第5章

区域发展导向型体制下开放效益的损失：中观视角

本章共分两节。地方政府竞争下的过度外资、外贸优惠政策造成不必要的国民利益流失，主要表现为超国民税收优惠待遇下的税收利益流失；要素价格扭曲下的生产扭曲与利益流失；以及政府监管缺位下的利益流失。此外，地方政府对非经济目标的追求也导致政策引致性扭曲，而其对福利的净效应并不确定。

5.1 过度外资、外贸激励政策下的利益流失

改革开放以来，外资、外贸对中国经济实力的提升确实起了重大作用，但在衡量外资、外贸对中国经济增长的贡献时，也必须将中国为利用外资和发展对外贸易而付出的成本计算在内。

一般认为，对外商投资企业的超国民税收优惠待遇是导致开放利益流失的一个主要方面。但除此之外，由于我国的资源、要素价格的市场化改革尚未完成（在一些领域甚至尚未启动），仍然延续了计划经济的价格制定模式，与国际相比价格较低，——这被一些人误以为是所谓的比较优势，在地方政府掌握要素价格定价权的背景下，使粗放型模式不仅没有逐步转换，反而愈加凝固化，由此导致利益外流。此外，区域发展导向型体制下的地区

第 5 章 区域发展导向型体制下开放效益的损失：中观视角

竞争，使得对外资的监管不到位，如环境污染、资源破坏等社会成本未能计入外资生产成本从而产生利益的流失。

5.1.1 超国民税收优惠待遇及其利益流失

我国的外商投资税收优惠始于 20 世纪 80 年代初期对经济特区和沿海经济开放城市的海外投资企业的优惠政策。我国对对海外投资企业的税收优惠政策突出了我国的开放战略与产业政策需求：首先是在经济特区和沿海开放城市的经济技术开发区的税收政策比其他地区更优惠；二是对高新技术企业和出口型企业的税收政策更优惠。这一政策的积极效应在于：一是通过优惠政策吸引外资大量流入而扩大生产要素投入总量，实现经济的快速增长；二是通过有选择的税收优惠引导海外直接投资流向指定地区、经济领域和产业。因此，就政策引致性扭曲的总体净效益来看，生产扩大后产生的总收益大于对外资优惠政策成本，总体净效益为正。如图 5-1 所示。

$B'B$ 为不存在对外资税收优惠政策的生产可能性曲线。外资优惠政策扩大了生产中资源的投入量，从而使生产可能性曲线由 $B'B$ 向外扩展到 $C'C$。以 BC 数量的产品 1 表示的产出的增加，就是激励型外资优惠政策的经济增长效应。

AC 数量的商品 1 代表向外资支付的相当于优惠政策的等量利润。此时 $U_3 > U_0$，即对外资优惠政策的总体净效应为正。

外资企业与国有和民营企业税收的差距本质上应视为中国付出的成本，因为税收是政府提供公共产品的条件，外资企业得到了不低于国内企业的公共产品，却提供相对较少的税收，其差额就是中国引进外资的成本[①]。根据一些研究，1996 年，外国税收

---

① 张幼文：《正确评估国力，提高开放效益和对外谈判主动性》，载于《外交学院学报》（外交评论）2005 年第 5 期。

政策引致性扭曲：开放效益的体制因素

优惠导致大约 1300 亿元人民币的损失（包括关税），占 GDP 的 1.5%。这意味着由于这些税收激励，预计每年将有超过总税收 10% 的税收流失了。① 再从外商投资企业的工业增加值占全部工业增加值比重以及其缴纳税收占全部税收的比重的比较来看，如表 5-1 所示，前者大于后者，加上外资企业在中国获得更好的社会与公共服务，显示外商投资企业应有的赋税义务是未充分履行的。这从另一个侧面显示了对外资税收优惠的成本规模。

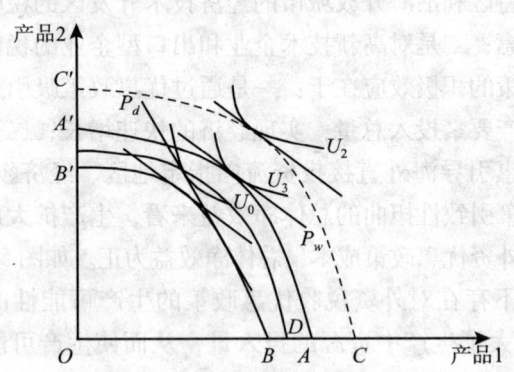

图 5-1 超国民税收优惠下的福利效应

表 5-1 外商投资企业工业增加值与纳税水平 单位：%

年　度	2003	2004	2005
外商投资企业实现工业增加值占全部规模以上工业增加值的比重	27.22%	27.8%	29%
外商投资企业缴纳税收占全国税收总额的比重	20.86%	20.8%	21%

数据来源：根据各年《统计年鉴》提供数据计算。

---

① 胡鞍钢、胡光宇主译：《世界经济中的中国：国内政策的挑战》，清华大学出版社 2004 年版，第 549 页。

第 5 章 区域发展导向型体制下开放效益的损失：中观视角

然而，我们有必要区分两种对外资税收优惠的成本。一种是由中央政府为实现对外开放战略目标而给于外资的优惠政策，这一类型的税收优惠带来的总体净效益为正（$U_3 > U_0$）。另一种是由于地区恶性竞争而导致的过度税收优惠下纯粹税收流失，净效益为负。具体而言，各地区在错误的政绩观的引导下，相互恶性竞争，对 FDI 的税收优惠一再突破国家规定的外资企业可以享受基本税 15% 以及"两免三减半"的政策底线。如在一些地方，招商引资成为地方政府压倒一切的政治任务和头等大事。有些沿海地区甚至提出"一切为了招商引资"、"不对外商说一个不字"等口号，致使外商的条件越提越高，所得税、营业税由"三免两减半"变成了"五免三减半"，个人所得税也要免交。上海某园区为吸引一家台资企业入园，曾开出"所得税 10 年全免，免税期后税率优惠 15%"等优惠条件[①]。还有的地方等企业把地方上实得的所得税先在地方财政上"入库"，然后再从"库"里取出来，按照事先约定的比例以"企业发展奖励基金"的名义返还给企业，一事一议，个案操作。这实际上等于将每年新增税收的地方留成部分全部或绝大部分返还给工业园区的建设主体[②]。

对外资税收优惠的恶性竞争甚至导致在沿海地区出现了所谓"候鸟型"的外商。这类外资几乎不进行任何基建类的固定资产投资，只租用开发区的标准厂房，等免税期限一到，拉着设备换地方，继续享受若干年免税待遇[③]。根据陈华亭（2005）的计算，地区恶性竞争导致在所得税方面，内资企业的实际税负要比外资企业高出一倍或以上。外资企业名义税率是 15%，但实际

[①] 黄庭满：《"透视'地方政府经济圈'现象"》，www.cbiq.com 2004 年 12 月 24 日。

[②] 车晓蕙、陈钢：《沿海地区引资陷入"让利黑洞"》，载于《经济参考报》2003 年 11 月 7 日。

[③] 新望：《苏南模式的终结》，三联书店 2005 年版，第 212 页。

政策引致性扭曲：开放效益的体制因素

只有11%，在一些地方甚至仅有7.5%；内资企业名义税率为33%，实际为22%，国有大中型企业则高达30%[①]。外资企业在职工工资的税收抵扣方面也享受了特殊的优惠，内资企业则要同时缴纳个人所得税和企业所得税。在流转税方面，对外资企业投资总额内的设备进口实行关税和增值税减免。从政策手段来看，对外资的税收优惠主要采取事后的直接减免方式，较少使用间接税收优惠手段，如折旧备抵、投资补贴等（魏后凯，2006）[②]。

事实上，由于几乎所有的省份（地区）都通过提供地方税收减免彼此竞争着吸引海外直接投资，实际的结果是抵消了这些措施对海外直接投资选择投资地的影响。实际上，各省之间对海外直接投资提供税收优惠方面的竞争导致了著名的"囚徒困境"。"在海外直接投资市场上，当一个国家与其竞争对手之间彼此竞争着增加优惠措施时，就出现了'囚徒'悖论：当优惠措施处于稳定的水平时，没有哪个国家的状况比较好一些；相对不变的优惠措施将会产生和以前一样的市场份额。实际上，该国家和其竞争对手的状况都更糟糕，因为企业所得被转移到在这些国家无市场占有的公司了。"（Guisinger, 1985）[③]

从几何图形来看，DA 数量的产品 1 表示过度税收优惠政策下向外资支付的等量利润。当 D 与 B 重合时，意味着外资流入所带来的经济增长效应全部被外资拿走。

[①] 陈华亭：《透视内外资企业所得税并轨改革》，载于《财政与税务》2005年第3期。
[②] 魏后凯：《中国利用外资的负面效应及战略调整思路》，载于《中国经济时报》2006年8月25日。
[③] Guisinger, S. and Associates., (1985). Investment Incentives and Performance Requirements: Patterns of International Trade, Production, and Investment, Praeger, New York.

5.1.2 要素价格扭曲与利益流失

在要素市场不完善的背景下,地方政府为吸引外资创造 GDP,利用对地区生产要素的定价权,人为压低要素价格,要素扭曲在事实上构成对外商生产成本的"补贴"。因此,当生产要素在不同产品间存在着价格差异时,存在着要素市场扭曲,即生产要素在不同产品的生产中替代率不相等,$MRS_{LK}^1 \neq MRS_{LK}^2$,这时生产不在最有效的生产可能性曲线上进行。但考虑到国内闲置要素经过外资流入而投入生产活动,从而使生产可能性曲线向外扩张,因此这里实际上是涉及一个经济增长效应在国内要素与国外要素之间进行收入分配的问题。究竟净效益如何,取决于要素扭曲程度。

从要素收入分配的角度考察,要素价格扭曲程度与要素收益成反比。要素扭曲程度越高,国内要素收益就越低,国民利益流失就越严重。

设外资的生产函数为:$Y = Y(N_F, N_D)$,其中 N_F 表示外资投入要素,N_D 表示国内闲置要素。$\frac{\partial Y}{\partial N_D}\frac{dN_D}{dN_F}$ 表示每增加一单位外商投资带动国内闲置要素投入生产所增加的产出。进一步,设外资的成本函数为:$C_F = C_F(N_F, N_D)$,那么,$\frac{\partial C_F}{\partial N_D}\frac{dN_D}{dN_F}$ 表示每增加一单位外商投资带动国内闲置资本投入生产活动所导致的成本的上升。$\frac{\partial Y}{\partial N_D}\frac{dN_D}{dN_F} - \frac{\partial C_F}{\partial N_D}\frac{dN_D}{dN_F}$ 代表每单位外商投资所获得的收益。当国内要素价格扭曲越严重,即要素价格被压得越低时,则上述差额就越大,即单位外资所获利润越高,其中一部分显然是我国要素收入向外资的"让渡"。

政策引致性扭曲：开放效益的体制因素

从图 5-2 可以直观地看到，AA 为外资流入之前的生产可能性曲线，此时国内存在着大量闲置生产要素；当外资在廉价要素优惠政策吸引下流入后，国内闲置要素得到利用，从而促使国内生产可能性曲线向外扩张到 BB。从收入分配的角度看，CB 数量的产出是对外资的补偿，包括对外资的政策优惠——国内要素收益的让渡；AC 则是国内要素所得。当要素扭曲越来越严重时，CC 线就越靠近 AA 线，国民利益流失就越加严重。

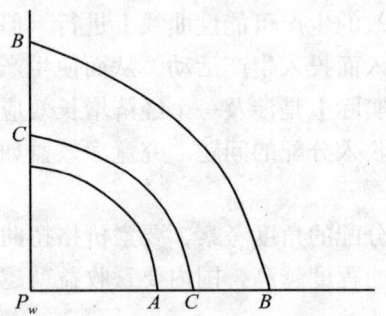

图 5-2 要素价格扭曲下的福利分配

对外开放过程中，由于地区恶性竞争而造成国内要素价格严重扭曲从而利益流失，主要表现在以下几个方面。

1. 土地价格扭曲与利益流失

在各地招商引资活动中，对外商提供的土地价格往往并不是由市场决定的，同时各级政府出让土地的价格也基本没有构成原则，而是根据一些地方政府发展本地经济的需要或者主要领导的意图决定。以长三角为例，各地为抢外资曾经将地价压到极低的程度：苏州将地价从原来的每亩 20 万元降到了 15 万元以下，——低于大约在每亩 20 万元左右的土地开发成本，周边的

第5章 区域发展导向型体制下开放效益的损失：中观视角

江苏吴江以及浙江宁波和杭州则将地价直接压到了每亩5万元，无锡甚至降到2至3万元，连上海一些郊区也拿出了每亩5至6万元的低价①。在长三角地区，对于汽车企业以及一些世界500强企业，许多地方政府通常实行的是"零地价"或只是象征性地收取一些费用②。

因此，通过压低土地价格推动招商引资活动已经严重蚕食了我国土地要素应得的收益，造成巨额土地使用费的流失。据国土资源部的统计，2005年全国新增建设用地出让纯收益应该为763亿元，而中央和地方实际收缴的新增建设用地土地有偿使用费只有214.5亿元，其中中央部分约为70亿元。这意味着2005年全国新增建设用地使用费流失近550亿元③。按照2005年社会固定资产投资资金来源和构成，利用外资所占比例为4.2%（见表5-2），因此，在招商引资活动中，通过土地优惠让与外资的利益大约为23亿元。

表5-2　按资金来源和构成分全社会固定资产投资（2005年）

	按资金来源分			
	国家预算内资金	国内贷款	利用外资	自筹和其他资金
投资额（亿元）	4154.291	16319.01	3978.799	70138.74
构成（%）	4.391853	17.25221	4.206326	74.14961

数据来源：《中国统计年鉴》2006。

这部分利益的流失，在实质上相当于图5-2中生产可能性曲线 CC 向 AA 线的移动，是我国土地要素报酬在地区恶性竞争下对外资的收入转移，是人为过度让利。

---

① 车晓蕙、陈钢：《沿海地区引资陷入"让利黑洞"》，载于《经济参考报》2003年11月7日。
②③ 周雪松：《国土部等掀土地市场整肃风暴》，载于《中国经济时报》2006年10月25日。

政策引致性扭曲：开放效益的体制因素

事实上，土地价格过度扭曲不但造成国民利益大量流失，也引发一系列相关负面效应出现。

第一，由土地价格过度扭曲致使"土地密集型"招商引资现象的泛滥，威胁到将来招商引资的可持续性。一份关于苏州引资情况的调研通报指出，按照苏州目前经济的增长要求，每年仍需要新增项目用地6万亩左右，GDP每增长1个百分点，就要消耗4000亩土地，以目前14%的增长率发展速度来看，到2020年苏州工业用地就没有余地了。目前，类似苏州的在率先发展的东部沿海城市和地区面临无地招商窘境的情况并不鲜见。

第二，"土地密集型"招商引资还刺激了企业投机与地方政府寻租行为的发生。一些企业通过与地方政府"搞好关系"，以对土地的过度需求实现土地的大量囤积，在拿到土地后想办法更改用途，从中牟利。这一现象是近年来工业用地存在虚假供不应求的重要原因。

第三，间接导致房地产市场价格扭曲。对工业用地的低价优惠造成地方财政负担，这促使地方政府想方设法从住宅、商业等用地方面找补回来。近年来，东部各城市政府普遍引进了土地储备制度，土地出让金实际成为政府的第二财政。尽管如此，在土地批租上的恶性竞争导致地方政府寅吃卯粮，需要后续的好几届政府填窟窿。为平衡地方财政，商业用地、住宅用地在地方政府的默许下价格拍得越来越高，形成工业用地价格偏低与房地产价格偏高的反向互动关系，而承受高价的却是当地的居民。

第四，整体上看，"土地密集型"招商引资不利于我国粮食生产安全。相关统计研究表明，改革开放以来我国农村耕地快速大规模减少：从1979年到1997年，国家从农村征收了2亿7千万亩土地，用于城区扩容、修路、建工厂和开发区建设。从2000年到2005年，我国耕地净减少面积达一亿一千多万亩（其中包括 1550 万亩是非农建设占用耕地)①,显示耕地减少速度在惊人地加快。

2. 资源、能源价格扭曲与利益流失

自然资源的所有权属于国家,资源使用者是从国家手中取得资源的初始使用权的。目前我国各种资源使用者(包括国有和其他所有制形式)的资源初始使用权,大多不是在公开市场竞争取得,没有经过公开市场竞争购买过程,主要沿袭的仍是过去计划经济时代的取得方式,由政府授权分配使用,在事实上没有市场价格。一些经营机构使用资源,实际支付的是资源使用费或资源税,因而并不代表资源的市场价值,性质是政府税收或行政收费(王学庆,2006)②。例如石油、天然气、煤炭、各种矿山等高经济价值资源,企业只需支付很少的资源使用费就在开采;在很多地方如水等资源在被无偿使用。上述资源价格的形成机制,决定了目前我国资源价格严重偏离了其市场均衡价格。资源市场的开发与生产活动存在着一系列严重问题。

首先,自然资源被无偿或低价使用造成了开采使用过程中的巨大浪费,资源破坏严重。第二,资源市场存在价格"双轨制"引发市场混乱。一些企业取得资源使用权完全是通过"购买"得到的,资源取得使用的是"市场价格";另一些企业,取得资源使用权使用的是计划体制时无偿划拨或只付象征性费用的方式,获得资源的价格使用的是"计划价格",这些经营者往往尽量占用较多的自然资源,不但是因为它们占用了资源可以防止竞争对手使用,而且有时还将占用的资源使用权出售谋利。第三,

---

① 孔善广:《农村土地管理的"悖论"》,北京大军经济观察研究中心,www.dajun.com.cn 2006 年 7 月 15 日。
② 王学庆:《资源与要素价格改革的基本思路》,载于《中国物价》2006 年第 6 期。

政策引致性扭曲：开放效益的体制因素

高经济价值的资源，如油田、煤矿等，在使用、开采过程中，矿产资源本身只有很少的付费，给周围环境、土地、水、动植物资源造成的损害，各种外部成本没有收费，没反映进资源价格。高经济价值资源使用、开采的成本被严重低估。这样，使"资源类产品"价格偏低。

表 5-3　　原材料、燃料、动力购进价格指数

年份	总指数	燃料、动力类	黑色金属材料类	有色金属材料类	化工原料类	木材及纸浆类	建材类	农副产品类	纺织原料类
1989	126.4	124.7	130.3	127.6	124.4	111.4	122.7	128.9	128.5
1990	105.6	110.7	103.9	97.2	95.6	99.4	115.2	107.8	107.4
1991	109.1	112.9	112.5	101.2	99.8	105.2	101.2	106.8	108.9
1992	111.0	116.4	114.5	112.4	102.6	102.0	118.8	103.4	100.5
1993	135.1	136.7	174.1	115.8	114.3	128.6	140.9	112.2	107.1
1994	118.2	118.0	103.8	110.7	111.7	115.1	114.3	148.3	139.6
1995	115.3	108.7	98.2	128.3	127.1	115.8	102.6	143.1	123.6
1996	103.9	110.2	99.3	92.4	98.0	101.9	102.5	114.7	94.5
1997	101.1	109.3	97.4	96.3	97.1	100.9	99.7	102.0	94.7
1998	95.8	99.1	95.1	88.3	93.6	96.7	98.6	94.5	94.3
1999	96.7	100.9	94.5	98.9	97.6	100.4	98.8	89.8	96.8
2000	105.1	115.4	100.1	110.3	105.6	99.3	101.5	99.9	102.4
2001	99.8	100.2	100.5	95.6	98.4	100.4	98.6	101.2	99.7
2002	97.7	100.1	98.2	96.5	97.5	98.7	98.2	95.7	97.1
2003	104.8	107.4	107.9	105.3	102.8	100.3	99.7	106.7	101.4
2004	111.4	109.7	120.4	120.1	108.2	102.8	105.1	114.2	104.7
2005	108.3	115.0	107.5	114.0	108.3	103.5	103.1	101.7	102.4

资料来源：《中国统计年鉴》2006 年数据。

总之，我国能源、资源类产品的开发与生产活动因缺乏竞争性市场供求环节而价格偏低，这在很大程度上支撑了我国粗放型增长模式。从表 5-3 可以看出，我国能源、原材料等要素价格水平多年来基本没有变化，这与中国的高速经济增长是矛盾的。

第5章 区域发展导向型体制下开放效益的损失：中观视角

如上所述，当要素市场扭曲时，在这里资源与能源类产品的价格并不反应真正的市场成本价格，此时由于存在着生产垄断以及生产外部性，使 $P_d \neq \dfrac{MC_1}{MC_2} \neq DRT$，因此存在着生产扭曲。其利益流失主要体现在以下两个方面：

（1）从出口的角度看，由于 $P_d < P_w$，造成我国资源、能源类产品的大量出口；并在国内出口恶性竞争的背景下，形成资源、能源密集型产品出口过度，贸易条件恶化，从而造成国民利益的巨大流失（其图形表示可参见本章图 5-4：生产过度转换与过度出口）。以我国在国际市场上拥有绝对垄断力的稀土资源为例[①]，可以看到我国出口市场恶性竞争的恶果。

中国作为"稀土之都"占世界稀土产量 90% 以上，然而却长期处于垄断资源而无定价权的尴尬境地。数据显示，2005 年我国稀土年出口量已比 1990 年翻了 9 倍，但价格却下降了 55% 以上。据中国稀土信息中心等机构公布的数据，2005 年我国产稀土矿产品为 11.9 万吨，同比增长 21%，约占全球总产量的 92.7%，其中出口稀土及应用产品约 5.53 万吨，同比增长 11.43%。形成对比的是，由于我国稀土产品出口价格低廉，美国、澳大利亚、加拿大等部分拥有稀土矿的发达国家近年来纷纷限制或停止开发本国的稀土矿，转而从我国进口。据中国稀土学会常务理事张宏江介绍，目前国外 90% 以上的稀土上中游产品从我国进口。虽然需求量连年增长，过去七年内我国稀土产品价格反而持续低迷。

造成这种状况的首要原因是出口市场混乱，竞相压低价格。目前全国有稀土开采、冶炼等生产企业 100 多家，应用企业更是

---

① 任会斌、万栋：《我国稀土资源捉襟见肘，产品出口乱象纷呈》，载于《经济参考报》2006 年 12 月 14 日。

达 1000 多家,仅内蒙古就拥有稀土生产及应用企业 80 多家,分属冶金、有色、核工业等系统以及地方和民营企业,产业布局散,竞争秩序乱,给国外进口商规避配额限制以可乘之机。出口量连年上升而出口价格却不断下降,1990 年我国出口中低档稀土产品 6100 吨,每吨平均 1.36 万美元。2001 年之后价格下滑明显,2005 年出口量增至 5.53 万吨,主要为稀土金属、永磁体等加工产品,平均价却降至 7322 美元,降幅超过 55%。考虑到过去几年内美元大幅贬值,降幅则更大。据 2005 年底美国矿物部公布的数据显示,全球当时累计探明的稀土工业储量为 1.54 亿吨,其中我国拥有的比重已从早年的 90% 以上降为 58% 左右,资源优势大幅下滑。稀土是战略物资,经过半个世纪的开采、破坏、出口,我国稀土资源已大量减少,耗损过快的问题突出。有专家估计,考虑到环境保护、开发成本等因素,目前我国尚未开发的稀土工业储量仅剩不足 3000 万吨,按人均算已是稀土资源贫乏国家。

(2) 从吸引外商直接投资的角度看,各地方政府在竞争中人为压低资源、能源类产品价格,对外资进行实质上的生产补贴。例如,福建南平市 2003 年在引进一个外商投资的电解铝项目时,给出电价 0.4 元的优惠,但江西一个市给出更低的电价,结果这家企业选择在江西落户[①];一些地方财政不但对外资补贴土地差价,还补贴各种规费,广东清远市 2002 年单是补贴电价就拿出了 1 亿多元[②]。

从扭曲理论看,恶性竞争必然导致 $P_d < P_w = FRT$,产生对外扭曲,也因此吸引资源、能源密集型外资大量进入我国。加之

[①] 黄庭满:《透视"地方政府经济圈"现象》,www.cbiq.com,2004 年 12 月 24 日。

[②] 车晓蕙、陈钢:《沿海地区引资陷入"让利黑洞"》,载于《经济参考报》2003 年 11 月 7 日。

第5章 区域发展导向型体制下开放效益的损失：中观视角

我国粗放型经济的快速增长，进一步推升了我国国际资源、能源产品如铁矿石、金属铜、石油等的进口需求。由于国际资源、能源产品市场的寡头垄断性质，使得 $P_w \neq FRT$，即国际市场价格扭曲。因此，伴随着我国进口需求的上升，其国际垄断价格大幅攀升，我国进口资源的国际贸易条件显著恶化，从而经进口渠道产生利益流失[①]。如图 5-3 所示。

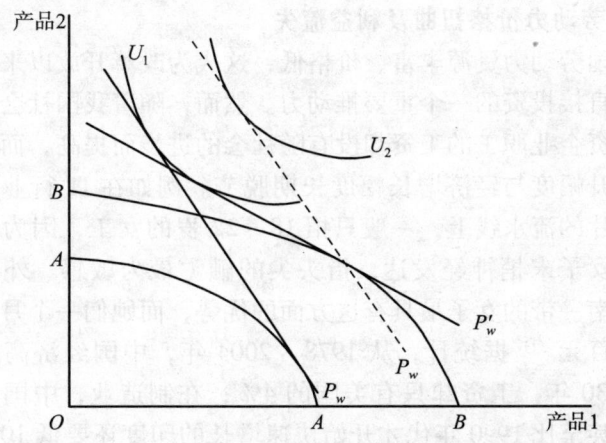

图 5-3 资源、能源价格扭曲与进出口收益流失

产品 1 代表资源、能源类产品。随着资源、能源密集型外资的进入，生产可能性曲线从 AA 向外扩张到 BB，同时国际贸易条件恶化：$P_w > P'_w$。代表福利水平的无差异曲线从 U_2 向 U_1 下降。国际价格扭曲越严重，福利水平下降越大。当 U_2 与 U_1 重合时，由外资流入所带来的福利效应被国际贸易条件恶化下的福利损失所抵消。

---

① 关于此点，将在后文关于外部经济失衡部分作进一步深入分析。

由此可见，资源、能源价格扭曲使我国遭受来自进口与出口的双重利益流失。

总之，从国内体制性扭曲来看，由于要素市场为政府管制，因此要素价格远远低于市场均衡价格。因此，要堵住开放中的利益流失，改变资源性产品紧缺之状态，走集约化道路，就必须完善要素市场，从而消除目前完全扭曲了的要素市场价格。

3. 劳动力价格扭曲及利益流失

我国劳动力资源丰富、价格低，这成为改革开放以来我国吸引外商直接投资的一个重要推动力。然而，随着我国社会加速进步，外资企业职工的工资却没有随社会的进步而提高，而是职工工资上升幅度与经济增长幅度长期脱节。例如在IT行业，一些生产芯片的流水线上，一般只招18~22岁的女工，因为这个年龄段的女子末梢神经发达，指头尖的触觉最为敏感。外商们发现，江南一带的女子最具有这方面的优势，而她们一个月的工资仅四五百元。① 据统计，从1978~2004年，中国经济高速增长了将近30年，工资却只有美国的4%；在制造业，中国的劳动力价格甚至比1990年代才开始快速增长的印度还要低10%；在开放改革的发源地珠江三角洲地区，民工的工资10年间没有上涨。用国家统计局局长李德水的话说，珠江三角洲地区民工的月均工资"只够一天吃四碗炸酱面"②。即便是高素质劳动力，其外资企业的工资也偏低，并未反映出社会或原国有企业为培训这类劳动力的成本。

人力资本理论告诉我们，劳动力价格是政治、经济、社会、自然等多种因素相互影响的结果。而我国廉价的劳动力价格并非

---

① 新望：《苏南模式的终结》，三联书店2005年版，第214页。
② 梁福之：《"劳动力成本优势"是对中国人力资源的粗暴掠夺》，http://guancha.gmw.cn，2006年8月23日。

市场经济作用的结果,而是一种人为的制度造成的。长期以来,我国的劳动力被当作一种纯粹的廉价的自然资源在使用,人力资源被打压至简单再生产的底线。有研究表明,对所谓的劳动力优势若以生产率因素加以考察,则完全是一种"泡沫优势":因为美国的劳动力成本仅仅相当于中国的1.3倍,日本相当于中国的1.2倍。而与韩国比较,我国的劳动力成本甚至比韩国还高20%[①]。劳动力价格扭曲无论从短期看还是从长期看,都将带来一系列不容忽视的消极后果。

从短期看,劳动力价格扭曲支撑了我国劳动力密集型出口导向发展模式。劳动力价格低成本竞争扩大了我国的出口市场份额,然而低价产品销售不仅增加了国际贸易摩擦与国外反倾销,也使本应成为我国劳动力工资收入的一部分价格转让给了外国的政府与居民。

从长期看,劳动力价格扭曲导致更为严重的后果。一是超低工资难以保障公民最基本的生存权与劳动者再生产权,从经济学意义上讲是在低于合理价格的水平上使用中国劳动力,从而使他们基本失去了自身发展的可能,不利于国家人力资源的培育壮大,相反是对人力资源的竭泽而渔。二是企业容易形成对超低价的劳动力"成本优势"的依赖,不能构成对企业技术创新和产业升级的压力,企业应对市场波动的办法永远都是压低工资或者裁员。这种状况可能将中国锁定于最低端的劳动密集型从属地位,而无法赢得真正的竞争优势。

5.1.3 对外商投资活动监管不利下的利益流失

对外商投资活动监管不利所导致的利益流失主要包括了两个

[①] 梁福之:《"劳动力成本优势"是对中国人力资源的粗暴掠夺》,http://guancha.gmw.cn,2006年8月23日。

方面的内容：一是外商投资活动中的生产外部性，如环境污染、资源破坏等行为所造成的社会成本，由于地方政府以外商投资项目数量为"政绩"而放松了对外资监管，从而不能有效将外资生产活动中的外在成本内部化而形成对国民利益的损害。二是外资的非法避税等行为所造成的利益流失。在图 5-2 中，因监管不利而导致的利益流失意味着代表国内所得收益的生产可能性曲线 CC 向左移动。

1. 外商投资活动中的生产外部性与利益流失

尽管外资企业导致的环境污染、资源破坏的外部成本造成国民福利下降，但对于地方政府来说，经济发展是头等大事，地方政府可以从吸引外国直接投资方面获得比保护环境更大的利益。这导致中国的环境标准低于 OECD 国家的标准，或者干脆对外资缺乏监管，环境措施经常是补救性的而不是预防性的（胡鞍钢、胡光宇，2004）。

在积极抓住国际产业转移时机的战略下，一批污染环境，严重消耗资源的产业进入了中国。在过去 20 年中，工业如化学、石化、皮革、印染、电镀、农药、纸浆和造纸、采矿和冶炼、橡胶、塑料、建筑材料以及药品生产，已经成为外国在华投资最具有吸引力的产业。它们经常被称为污染密集型产业，因为它们在污染物排放强度名单上常常排名最高。根据一项对工业部门进行的调查研究显示，1995 年约有 30% 的在华外国直接投资集中在污染密集型产业，其中有 13% 是高度污染密集型产业[①]。国家环保总局和国家统计局联合发布的《中国绿色国民经济核算研究报告 2004》指出，2004 年全国因环境污染造成的经济损失为

[①] Xian G. et al., (1999). The Interface Between Foreign Direct Investment and the Environment: The Case of China, Occassional Paper No. 3 Report for UNCTAD/DICM Project, www.cbs.dk/departments/ikl/cbem.

5118亿元，环境污染造成的直接经济损失与治理成本加起来占到2004年GDP的11.65%，而这仅仅是对部分行业的统计结果①。因此，尽管看上去中国的产业结构整体上提升了，但由于严重的资源破坏与环境污染却使中国粗放型对外开放道路变得愈加严峻和不可持续。

2. 跨国公司在中国的避税

地区竞争同样扭曲了对外商投资企业的税收监管行为。在某些地方政府看来，外企越多政绩越大。这种招商引资重于税收流失的做法实际是与错误的政绩观紧密相关的。一些外商投资企业正是充分利用了地方政府的这种心理实施逃税。一旦被调查，他们就到地方政府告税务部门的状，有的甚至扬言如果不停止调查，就要到其他地区投资。在这种情况下，地方政府往往出面干涉迫使税务部门做出让步，并认为这是在"保护"投资软环境。由于地方政府往往对外资企业的避税行为实行放纵，近年来跨国公司的偷逃税行为已经造成国民财富的巨大流失。

跨国公司一般通过转让定价，虚报亏损，实现避税目的。所谓转让定价是指集团内的关联企业之间，为了确保集团利益的最大化，在集团内部人为地控制定价。其一般的操作路径为，跨国公司在华子公司以高价从海外关联公司购买原材料，经过产品加工制造后，再以低价出售给海外关联公司。从而使跨国公司在华子公司出现亏损，而利润则被转移到海外关联公司。据商务部统计数字显示，中国在加入WTO后，外商实际投资额增幅高达15%。截至2004年8月底，累计批准设立外商投资企业494025家，全国累计实际使用外资金额5450.29亿美元。然而总数达

---

① "中国首份绿色GDP显示2004年环境代价超万亿元"，（中国）和讯网，2006年9月8日。

政策引致性扭曲：开放效益的体制因素

49万多家的外企中，根据2003年的年度所得税汇总情况，这些外商投资企业的平均亏损面达到51%~55%，年亏损金额逾1200亿元。研究表明，中国每年因跨国企业避税而损失的税收收入约为300亿元，而转让定价实现的避税总额在跨国公司避税总额中约占60%[①]。

转让定价不仅造成国家税收流失，还间接造成国有资产的大量流失。因为转让定价同时也侵占了本应分给中方投资者或合作者的那部分利润。中方投资人不但无法获利，而且需要赔钱弥补亏损。当无力出钱弥补亏损时，中方只能出售公司股权减少损失，结果是逐步丧失对公司的所有权，造成国有资产的大量流失。例如苏州的一家合资造纸企业，在与外方合资的七年当中，每年亏损将近1个亿，结果中方不但一分钱没有赚到，所持股权却几乎全部被外方收入囊中[②]。有关资料显示，在机械制造业内不成功的合资案起码占30%~40%，一些案例中，国企被外方控股后上交税费还不及贱卖国资损失的零头，通常外资还把一半以上的职工赶走下岗。国企原来的人员债务等遗留问题也丢给地方，对地方经济发展留下长期损害[③]。

此外，跨国公司还通过资本弱化的方式实现避税。所谓资本弱化，是指企业在一定条件下提高负债资产比率，借款利息费用可以在税前得到扣除，所以不少投资者就会降低资本投入，而以贷款方式为公司提供资金，从而达到避税目的。例如，2003年宝洁公司所涉及的境内巨额免息融资税款案，广州市国税局就对其做出了调增应补企业所得税8149万元的处罚。显然，对于这

[①] 李子擎：《界定难凸现执法困境，中国仍发高调反避税信号》，http://finance.sina.com.cn, 2004年10月18日。

[②] 石华：《外企在华每年避税300亿元，中国反避税困难不少》，载于《环球时报》2004年7月7日。

[③] 高梁：《警惕跨国公司借改制之机吞并我装备制造业骨干企业》，www.dajun.com.cn, 2005年12月19日。

类偷逃税行为的查处需要更强的检查力度。目前国内反避税队伍力量及人员素质仍相对较弱，加之很多地方政府在反外资避税上的认识存在偏差，反避税任重道远。

5.1.4 真实比较优势及其福利分析

过度外资、外贸激励政策所建立的比较优势掩盖了真实生产成本，在实质上是一种虚假的比较优势。无论是税收优惠还是要素扭曲以及对外资监管缺位下的利益流失，其负面影响都指向生产扭曲，从贸易的角度讲，生产扭曲又体现为价格扭曲。因此，我们就有可能运用第一章"价格扭曲下的贸易结构性错误"模型和"价格扭曲下的过度转换与过度出口"模型，来分析过度外资、外贸优惠政策下的所谓"比较优势"及其福利变动情况。

1. 外资优惠政策下的贸易结构性扭曲及比较利益的流失

尽管实际贸易过程是根据价格信号而发生的，但是比较利益的客观基础却是进出口商品生产成本比的内外差异。当对外资实行政策优惠时生产成本的扭曲导致价格扭曲，继而产生扭曲的贸易结构，使贸易过程产生虚假比较利益而造成损失。

如图 5-4 所示，设商品 1 为内资产品，并被确定在适合价格水平上，商品 2 为外资生产产品，价格被确定在偏低价格水平上，于是 $P_1 = MC_1$，$P_2 < MC_2$。边际成本比小于价格比，即 $\frac{MC_1}{MC_2} < \frac{P_1}{P_2}$。再设世界价格比介于二者之间，即 $\frac{MC_1}{MC_2} < \frac{P_{w1}}{P_{w2}} < \frac{P_1}{P_2}$。这样，本国的比较优势本来在商品 1，但却错误地表现为商 2。这种形式的价格扭曲用简明的公式表示是：$DRT < P_w < P_d$。

在扭曲的价格信号下，外资出口企业会更多生产商品 2 而进

政策引致性扭曲：开放效益的体制因素

口商品1，生产点从无优惠的初始均衡点 Q_0 转移到 Q_1。这里会产生两个效应：

一是社会福利损失。贸易后的消费点在 C_1，无差异曲线 U_1 低于无优惠时的 U_0。但是，考虑到外资的不断持续流入，以及国内农业等部门过剩劳动力资源的不断流出，——他们和外资的结合将推动生产可能性曲线向外扩张，从而在更大生产规模上实现外资与内资之间的利益分割（图中未画出）。因此，从总体上看，消费者福利并不在 U_1 所代表的水平上，而是高于 U_1 甚至于高于 U_0 所代表的福利水平，这是对外开放所带来的福利增加效应所致。进一步，这种情形意味着，开放利益在本国与外资之间的分配从而比较利益的流失为对外开放总体收益的增加所掩盖，从而产生虚假比较利益。

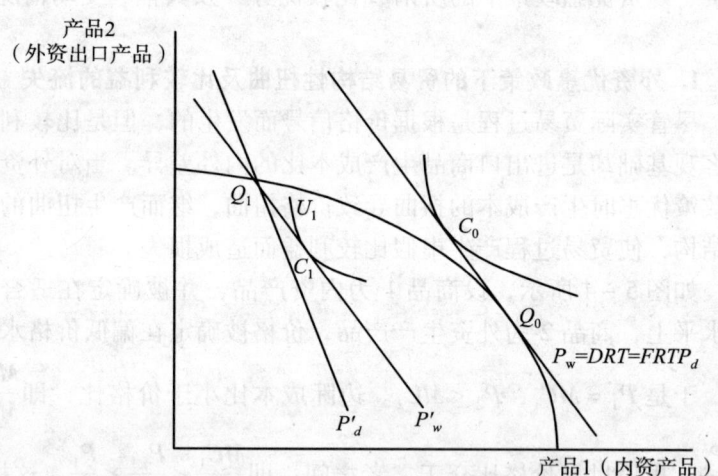

图5－4 外资优惠政策下的贸易结构性错误与比较利益流失

二是根据雷布钦斯基定理（the Rybczynski theorem），生产

第5章 区域发展导向型体制下开放效益的损失：中观视角

资源从商品1向商品2流动，从而形成外资对内资的挤出效应，导致出口结构的扭曲。[①]

在现实中，中国资源、能源总储量与庞大人口规模相比，是属于稀缺国家。但在要素市场扭曲以及对外资过度优惠政策下，中国反而成为资源、能源密集型产品的出口大国，似乎中国在此类产品的生产上具有比较优势，但实际上这恰恰是外资优惠政策下的贸易结构性错误所致，是虚假的比较优势。这种贸易结构带来的除国民利益流失外，也是不可持续的。

2. 过度优惠政策下的过度出口扭曲与利益流失

我国过度优惠政策的一大特征是与外资产品的出口导向密切相关的，因而价格扭曲形式表现为：$P_w > DRT > P_d$。在超优惠政策下，由于出口生产企业的成本大幅降低，价格信号过强而导致过度转换从而产生过度出口现象。如图5-5所示，产品的比较优势在产品1，所以出口商品1而进口商品2。如果无国内扭曲，生产会在 Q_2 点达到最优，这时，$DTR = FRT$。由于自由贸易会使国内价格比 P_d 等于国外边际转换率，并且只有到 $P_d = FRT$ 时生产转换才会停止，但由于 $P_d < DRT$，因而在无干预政策时生产转换不会停留在 Q_2，而会继续转向更多的商品1的生产，例如在 Q_1、Q_3 或 Q_4 点上，其结果必然是生产过度转换下的过度出口。

虚假比较优势：在鼓励出口的政策优惠下，出口规模的扩大不能及时反映出生产成本的上升，一方面消费利益仍然存在，另一方面生产利益随着出口规模的扩大在生产转换点超过了最优点 Q_2 之后，进一步转换只能是 $DRT > P_w$ 而带来生产性损失。这

[①] 当然外资对内资也有正的溢出效应，如技术、管理等。所以要判断外资的净效应并不容易，本书的分析侧重于外资对国内经济的负面效应，并不因此而否定外资的积极贡献。相反，是要通过对外资负效作用的关注以进一步提高对外开放效益。

政策引致性扭曲：开放效益的体制因素

样，总的利益就决定于损失的生产性利益与正的消费利益之和。如图 5-5 所示，尽管这时价格信号在方向上是正确的，即不但体现比较优势，而且还有成本优势，但是程度失真。部门和地方政府都会把产品 1 作为主要出口商品扶持。在出口扶持下，产品的成本提高的很慢，价格更不会很快上升到世界价格水平，生产转换规模很大。就生产转换的程度而言，价格比与成本比差距越大，转换的规模也就越大，直至递增的成本把低价优势消耗掉。在地区过度竞争的背景下，地方政府往往给予外资超低国民待遇，要素价格长期超低扭曲，生产成本上升缓慢，生产长期过度转换。当过度出口引起价格下跌使对外价格优势减小以至 $DRT > P_d = P_w$ 后停止；另一种可能的情形是，过度转换的可持续性受约束于环境、资源的容量以及外部市场的容量。

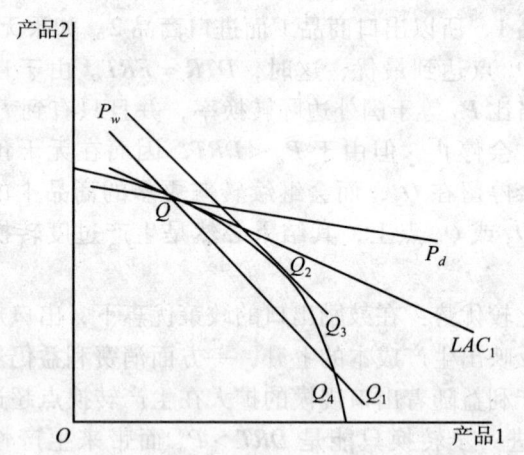

图 5-5　出口优惠政策下的生产过度转换与过度出口

5.2
非经济目标追求下的政策引致性扭曲

地方政府为了追求一定的"政绩"往往设立一些非经济目标,由此导致政策引致性扭曲。从福利标准和价值取向来看是有得有失的,如果为现实某些目标而引进扭曲所造成的损失小于或等于其所带来的收益,那么扭曲是可以接受的[①]。

5.2.1 巴格瓦蒂关于几种非经济目标的分析

在简单的贸易理论模型中,即只存在两种用于生产两类最终贸易品的初级要素,巴格瓦蒂把非经济目标区分为四个经典类型[②]:

Ⅰ产品的生产不应低于一定的水平;
Ⅱ产品的消费不应当超过一定的水平;
Ⅲ产品的进口(或出口)不应当超过一定的水平;
Ⅳ产品中使用的要素程度应当大于一定的水平。

这些是在各政策著作中出现的非经济目标。政策制定者一般出于意识形态或相关的理由而设定一个生产目标。如在一定的部门内,生产水平时常由于某种国防或相关原因而被视为具有战略意义;在发展中国家,消费目标时常受到要求减少奢侈消费品消费的约束,进口目标往往出于国防或"国家主权"的理由而被设定于减少外部依赖;在生产要素使用方面,一些发展中国家和

[①] 张幼文:《双重体系的扭曲与外贸效益》,上海三联书店1995年版,第298页。

[②] 亚蒂什·N·巴格瓦蒂,阿温德·潘纳加里亚,T. N. 施瑞尼瓦桑著,王根蓓译:《高级国际贸易学》,上海财经大学出版社2004年版,第290~296页。

政策引致性扭曲：开放效益的体制因素

发达国家希望更多的人在制造业中就业，而其他一些发达国家则希望更多的人留在农业部门；等等。巴格瓦蒂在 2×2 结构中讨论了三种常见的非经济目标。

1. 生产目标

对于在图 5-6 中表示的小型竞争性经济，如果传统的社会效用函数被最大化，P^{opt} 为最终生产点。在新的生产约束比如产品 2 的生产不低于 $\overline{Q}_2$，即 $Q_2 \geqslant \overline{Q}_2$。这个约束显然束紧在 $\overline{P}^{opt}$ 处。因此，我们必须偏离经济学家在 P^{opt} 处的最大值，完成此目标的最小成本方式将是利用生产税收补贴（对进口品生产补贴、减税或对出口品征税）把生产转移到 $\overline{P}^{opt}$，这将使所进行的消费处在由既定世界价格决定的 C_{ps} 处，在该点，相关的效用为 U_{ps}。相反，如果用关税把生产移动至 $\overline{P}^{opt}$，消费将不得不处在由扭曲的价格水平所决定的 C_t，这是由于消费成本增加的缘故，使福利水平进一步损失而下降到 U_t。生产税收补贴政策因此被证明优于那种满足生产约束的关税。因为当生产约束束紧时，相关的生产成本不可避免。然而，关税导致的便是对这种不可避免的成本增添了不必要的消费成本，因为对于生产者与消费者，关税同样地扭曲了价格。相反，生产税收补贴是一项"洁净"的工具——只影响生产。

在对进口品的生产要素进行补贴时，也能使进口品生产达到一定水平，但会导致生产低于有效生产可能性边界线。因为对在一个产业中使用的要素进行补贴意味着产业间要素的边际替代率不同，而只有当产业间这种要素替代率一致时，生产才能在生产可能性边界线上。这样，生产点在 P^* 而消费点在 C^*，效用水平低于生产税收补贴政策，也低于关税政策。

在我国区域发展导向型体制下，生产目标的设置往往表现为追求 GDP 增长率指标，下文作进一步分析。

第5章 区域发展导向型体制下开放效益的损失：中观视角

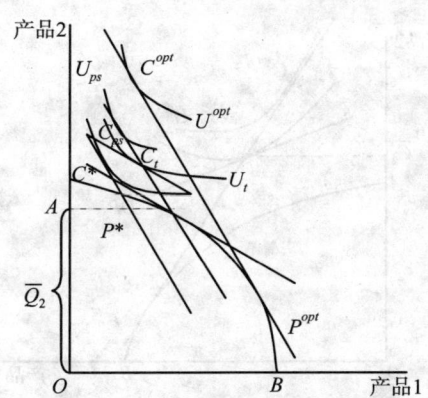

图 5-6 设定生产目标下的扭曲

2. 消费目标

依据对生产目标的类似分析可知，当非经济目标与消费相关时，消费税或消费补贴比关税更受偏好，因为关税将会给不可避免的消费成本增添不必要的生产成本。

在图 5-7 中，令非经济目标采用如下形式的束紧约束，即产品 2 的消费不会大于水平 $\bar{C}_2$。这种约束将会在 C_{cs} 处以最小成本满足。以任何其他方式做此事将意味着比 U_{cs} 处低的福利。在这种小型竞争性经济中，达到 C_{cs} 的方式是在自由贸易条件下以世界价格进行生产，但利用消费税或消费补贴可使消费者在一个适当的"扭曲"的价格比率 DP_c 而非以世界价格进行消费。

事实上，对于后进国家来说，适当限制奢侈消费品进口是必要的。高消费税不但可以把消费量限制在一定水平，而且可以增加财政收入，为调节其他扭曲增强财政补贴能力。当前，我国的消费结构存在着明显的两极分化趋势，一方面是大量高档奢侈品的进口，另一方面是大量低质甚至劣质、有害消费品充斥市场。比较好的办法是通过设置高档进口消费税来补贴低档大众消费品

政策引致性扭曲:开放效益的体制因素

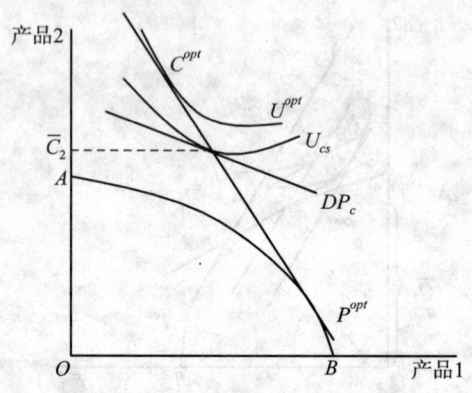

图 5-7 设定消费目标下的扭曲

的生产与质量提升,实现生产结构、产品质量的优化升级。①

3. 就业目标

图 5-8 说明了产品 2 生产中的劳动就业不低于 $\bar{L}_2$ 的情形。图 5-8(b)中的生产可能性曲线 AB 反映了埃奇渥斯-鲍利效率轨迹 O_1O_2。在图 5-8(a)中,随着人们由 A 移动至 Q,在图 5-8(b)中,人们将会由 O_1 向上移至 Q。然而在 Q 处,产品 2 的劳动就业下降至约束水平 $\bar{L}_2$。沿着生产可能性曲线由 Q 向 B 的任何进一步移动由此将会被排除,因为像存在自由贸易解 P^{opt} 情形一样,它将意味着 $L_2 \leq \bar{L}_2$。满足 $\bar{L}_2$ 约束的可行的生产可能性曲线因此可以简单地由在图 5-8(b)中沿水平线 QB^* 进

---

① 据统计,中国内地的奢侈品消费者目前已占总人口的 13%,约 1.6 亿人。处于社会"金字塔"上部的人群渴望用顶级品牌和消费炫耀财富和地位,一种追求奢侈消费的倾向正在蔓延。这些人群的奢侈消费正在由奢侈品消费向奢侈生活方式和体验均转化。2005 年全球奢侈品增长了近 15%,其全球资本市场总量已超过 1 万亿美元。而中国市场上奢侈品每年的增速均可达到 50%。参见陈佳贵:《2007 年:中国经济形势分析与预测》,社会科学文献出版社 2006 年版。

第5章 区域发展导向型体制下开放效益的损失：中观视角

行移动推出（这意味着资本而非劳动被从产品 2 的生产中转移出，并且又被转移到产品 1 的生产）。对应的可行的生产可能性曲线因此是图 5-8（a）中的 QB^*。由于只有资本在部门间可变动，而劳动在每一个部门固定并且分别为 $\bar{L}_2$ 与 $L-\bar{L}_2$，该曲线凹向原点。

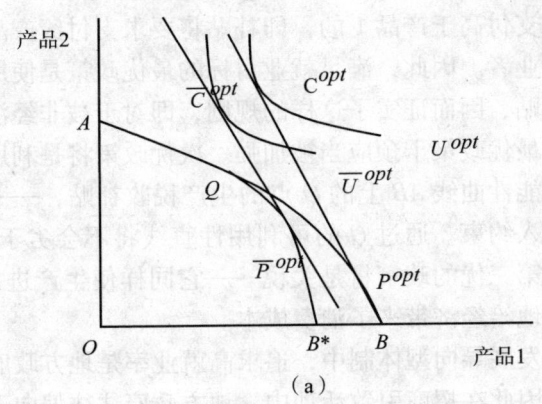

(a)

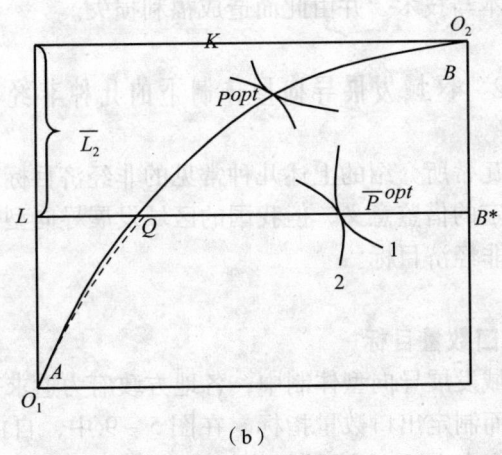

(b)

图 5-8 设定就业目标下的扭曲

因此,最优政策可推出。首先,注意到在可行的生产可能性曲线 AQB^* 的约束下,最优解现在与最大化有关。当世界价格给定时,这意味着生产处在 $\overline{P}^{opt}$ 点,消费则在世界价格水平上由 $\overline{C}^{opt}$ 表示。然而,由图 5-8(b)可知,在 $\overline{P}^{opt}$ 处运行,经济必定是以不同的要素价格比率为其特征的。易于看到,产品 2 的生产所要求的工资支付高于产品 1 的,即补贴将要求支付给产品 2 生产中的劳动就业者。因此,满足就业目标的最优政策是使用要素税收或要素补贴,因而证实了这样的规则,即对于被非经济目标关注的市场,最优政策干预应当被加强。次优政策将是利用使生产处在生产可能性曲线 AB 上的 Q 点的生产税收补贴,——这正好满足要素投入约束。通过 Q 的可利用性直线将不会劣于 $\overline{P}^{opt}$ 所代表的水平。第三优的政策将是关税——它同样使生产进入 Q 处,但其不必要地给经济带来了消费成本。

在区域发展导向型体制中,追求高就业率是地方政府的一个重要政绩,因此在招商引致活动中,地方政府往往偏向于劳动密集型的资本与技术,并由此而造成福利损失。

5.2.2 区域发展导向型体制下的几种非经济目标分析

巴格瓦蒂所介绍的上述几种常见的非经济目标对我国转轨经济具有一定的借鉴意义,但我国的区域发展导向型体制下有其自己的一些非经济目标。

1. 出口数量目标

在区域发展导向型体制中,各地方政府为追求一定数量的出口目标,而制定出口数量指标。在图 5-9 中,自由贸易条件下的均衡生产点在 Q_0,福利水平由 U_1 表示。现在地方政府制定了出口数量指标:大于自由贸易下的出口量,如不低于 $A_1B_1 =$

第5章 区域发展导向型体制下开放效益的损失：中观视角

$A_2B_2 = A_3B_3$。在出口相同数量目标约束下，政策干预效果最优或效用下降幅度最低的政策选择依次为：关税（U_2）优于生产税收补贴（U_3）优于要素税收补贴（U_4）。这是因为降低进口关税与实施出口退税对福利的影响有相互抵消的部分，净效用损失较小，而生产税收补贴则可能引起生产结构的扭曲而导致生产损失，福利水平下降最大的是要素税收补贴，因为它将导致生产偏离生产可能性曲线，如在 B_3 点。

在改革开放初期，我国经济发展急需外汇，因此鼓励出口换取外汇是突破经济发展瓶颈的重要战略举措，其积极效应大大超过了其由政策引致性扭曲所带来的福利损失。当我国已经积累起庞大的外汇储备，国内储蓄资金丰沛并闲置时，再继续推行过度出口激励政策，那么其福利损失效应就完全超过了积极效应，因此应适时废除出口数量指标，调整外贸激励政策，特别是不再将其作为地方政府政绩的一个表现。

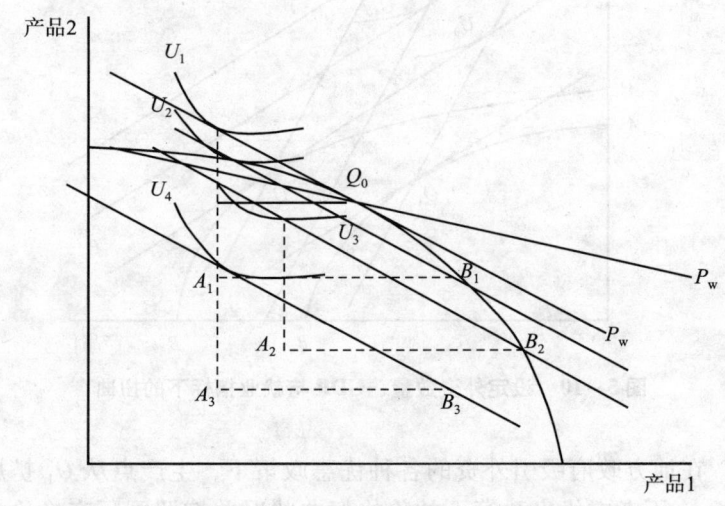

图 5-9 设定出口数量指标下的扭曲

2. 吸引外资数量指标、GDP 增长指标与就业指标

如图 5-10 所示：生产可能性曲线 AB 向外扩展到 $A'B'$，表示通过吸引一定外资数量而实现一定 GDP 增长目标，并同时达到一定的就业目标。其中产品 1 代表劳动、资源、能源以及土地密集型产品，产品 2 代表资本与技术密集型产品。这意味着在区域发展导向型体制下，地方政府往往将吸引外资指标与 GDP 增长指标、就业指标联系在一起，这三项目标追求的交集决定了外资与 GDP 增长的粗放型特征：以劳动密集、资源与能源密集、土地密集为比较优势的出口导向型增长，也即是粗放型增长。

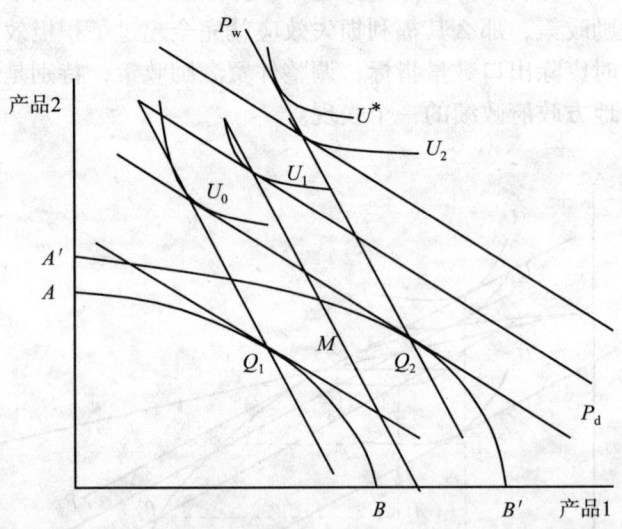

图 5-10 设定外资数量、GDP 与就业指标下的扭曲

在地方政府吸引外资的各种优惠政策下，生产点从 Q_1 扩展到 Q_2。不考虑优惠政策下的价格扭曲状况并按照国际交换价格

第5章 区域发展导向型体制下开放效益的损失：中观视角

最优福利水平为 U^*（假定出口不影响贸易条件，——关于此问题将在下面章节进一步讨论）。现在考虑各种使生产均衡点从 Q_1 扩展到 Q_2 的吸引外商直接投资的优惠政策，按照福利损失最小对干预政策排序：对外资税收优惠（U_2）优于要素扭曲（U_1）优于监管不严（U_0）。从图中可以看到，当对外资监管执法不严而导致利益流失，可能会使得社会福利水平没有变化（U_0），甚至还会低于优惠政策以前的福利状况（图中未标出相应福利曲线），例如对环境破坏监管不利所造成的损失大大超过经济增长福利。

如果地方政府的外资优惠政策引进的是资本与技术密集型外资，则经济增长的特征将如图5-11所示：产品1代表劳动、资源、能源、土地密集型产品，产品2代表资本与技术密集型产品。其与图5-10的关键区别在于国际贸易条件的改善（$P_w^1 < P_w^2$），因而相同条件下福利水平高于图5-10中的水平。然而，正如我们在第一章所讨论的，生产可能性曲线 $A'B'$ 实际代表了

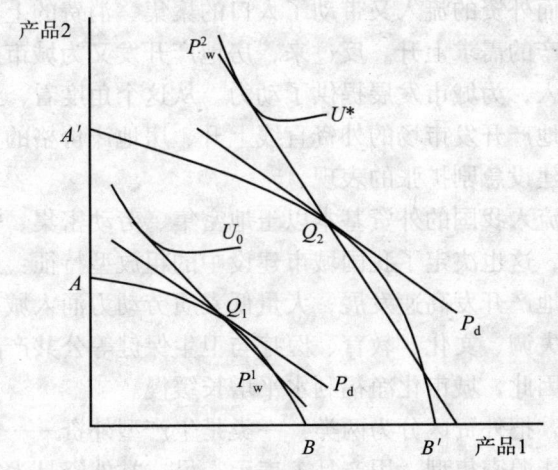

图5-11　资本与技术密集型外资的经济增长与福利效应

更高的技术吸收能力。在现实中，地方政府对外资的吸引并不是建立在更高吸收能力基础上的，而是建立在竞争性优惠政策基础上。因此，扩张后的生产可能性曲线只可能是图 5-10 中的形状。后面章节将要继续深入讨论地区竞争是如何导致包括提高技术吸收能力的公共产品供给不足的问题。

3. 城市建设目标

城市建设目标是地方政府的另一项非经济目标。改革开放以来我国的城市建设与招商引资有着直接密切的关系。两者实际是相互促进、互为条件的：地方政府通过招商引资为城市建设提供发展资金，反过来，城市交通基础设施建设为吸引外资提供了硬件条件。城市实际肩负着地区招商引资、创造 GDP、增加就业等多重经济任务，因此，城市建设是地区经济发展的集中体现。

如果城市能为外资提供优惠的投资条件，如廉价土地、水、电等生产要素，具备完善的交通运输条件，那么就能吸引大量外资进入；而外资的流入又带动了人口的聚集、消费的上升，特别是对房地产的需求上升。反过来，房地产开发又为城市提供了大量财政收入，为城市发展提供了动力。从这个角度看，近年来进入我国房地产开发市场的外资直线上升、房地产价格的大幅攀升就是城市建设急剧扩张的表现。

由于流入我国的外资基本以土地密集、劳动密集、资源能源密集为主，这也决定了我国城市建设中的粗放型特征：道路交通建设与房地产开发高速发展，大量低素质劳动力涌入城市，城市生态功能失调、文化、教育、医疗与卫生保健等公共产品供给相对滞后。因此，城市化净福利水平增长缓慢。

现在，把外资区分为两类：一类是生产型外资——土地、劳动、资源能源密集型，用产品 1 表示；另一类外资是为完善城市功能的服务型外资，用产品 2 表示；城市建设即意味着 GDP 增

第 5 章　区域发展导向型体制下开放效益的损失：中观视角

长——可以用生产可能性曲线及其扩展表示。则模型如图 5-12 所示。

生产可能性曲线 AB 代表了城市建设的初始状态，E_0 点在 45°线上，代表最佳吸引外资结构与规模——城市功能均衡发展，因此 U_0 就是其最高社会福利曲线。如果地方政府通过优惠政策招商引资并偏向于产品 1——生产可能性曲线 AB' 体现出这一特点，并且其组合点在 M，那么经过 M 点的 U^* 代表了其最高的社会福利水平，在理论上，其所能达到的最高社会福利水平是经过 E_1 点的 U_1，因此过度外资优惠政策增加产品 1 反而带来城市功能的下降，并导致人们福利的损失。

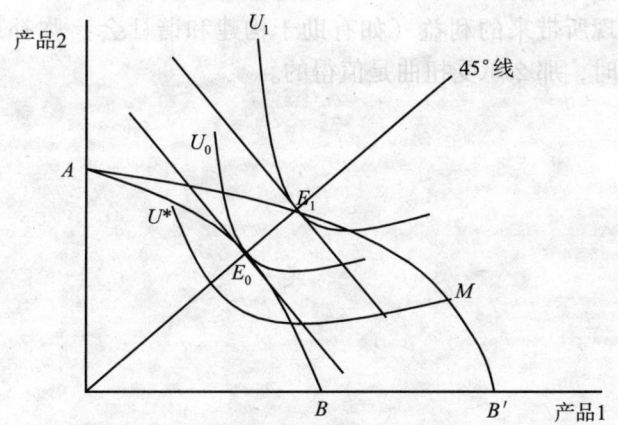

图 5-12　城市建设目标追求下的经济扭曲

综上所述，地方政府对非经济目标的追求一般会导致政策引致性扭曲，但其对福利影响的净效应究竟为正还是为负，并不确定，这与地方政府为追求非经济目标所采取的政策干预措施紧密相关。

政策引致性扭曲：开放效益的体制因素

本章小结

地方政府不仅通过过度税收优惠吸引外资，而且向外商提供廉价劳动力、资源、能源等生产要素，这种税收优惠与要素扭曲实质上是一种向外资的变相生产补贴。这不仅造成国民利益的流失，而且导致出口比较优势失真。从长期与总体上看，还将引发内外经济失衡与竞争优势方面的问题，——这是下一章进一步讨论的主题。地方政府由于追求非生产性目标一般也会造成政策引致性扭曲，当为实现某些政策目标而引进扭曲造成的损失可以为目标实现所带来的利益（如有助于构建和谐社会）弥补或者超额补偿时，那么承受扭曲是值得的。

第6章

区域发展导向型体制下开放效益的损失：宏观视角

本章重点内容：区域发展导向型体制在通过地区竞争获得经济活力的同时，也在宏观经济层面推动出现了外部经济失衡与内部经济失衡；并且由资源价格扭曲、要素价格扭曲、生产扭曲、对外扭曲等一系列扭曲叠加导致总体竞争优势被削弱。本章首先探讨政策引致性扭曲对外部经济失衡及其开放效益的影响，继而讨论政策引致性扭曲对内部经济失衡及其开放效益的影响，最后是关于总体竞争优势的讨论。

6.1
政策引致性扭曲：对外经济失衡与开放效益

从扭曲理论视角看，中国外部经济失衡的基本动力机制是，以要素自由流动为基本特征的经济全球化条件下，中国通过政策引致性扭曲增强了要素集聚能力——"双顺差"既是中国要素集聚能力提高的表现，但过度集聚又导致开放效益下降，则值得关注。

6.1.1 目前关于外部经济失衡的几种主要解释

据中国海关总署 2007 年 1 月 10 日发布的最新统计，2006 年我国对外贸易规模高达 17606.9 亿美元，比上年净增 3387.8 亿美元，增长 23.8%，实现贸易顺差 1774.7 亿美元。中国对外贸易发展增速已经连续 5 年保持在 20% 以上。在外贸顺差持续扩大的同时，我国外汇储备规模也快速扩大，截至 2006 年底我国外汇储备突破 1 万亿美元，达到 10663 亿美元。表 6-1 反映了 2001 年以来我国国际收支的"双顺差"情况。

表 6-1　　　2001~2006 年上半年国际收支顺差结构　　单位：亿美元

项目	2001 年	2002 年	2003 年	2004 年	2005 年	2006 年上半年
国际收支总顺差	522	677	986	1794	1938	1305
经常项目差额	174	354	459	687	1608	916
占国际收支总顺差比例	33%	52%	47%	38%	72%	70%
资本和金融项目差额	348	323	527	1107	630	389
占国际收支总顺差比例	67%	48%	53%	62%	28%	30%

资料来源：国家外汇管理局国际收支分析小组编：《2006 中国国际收支报告（上半年）》，中国金融出版社 2006 年 12 月版。

长期巨额贸易顺差已经给我们带来新的问题，如我国与主要贸易伙伴之间的贸易摩擦加大，出口企业遭遇国际贸易壁垒的风险增大；我国外汇管理面临更加放开的国际压力；国内经济面临通货膨胀的潜在风险等。而根据专家预测，我国积极利用外资的政策和特有的贸易结构，决定了我国贸易顺差现象还将长期存在（牟新生，2007）[①]。因此，要化解国际收支失衡所带来的压力，

---

① 牟新生：《关于当前我国对外贸易发展及其顺差问题的一些思考》，载于《求是》2007 年第 5 期。

第6章 区域发展导向型体制下开放效益的损失：宏观视角

提高对外开放效益，我们必须要搞清楚我国国际收支"双顺差"的机理。

关于外部经济失衡，目前流行的解释主要有以下几种。

（1）认为贸易顺差是国内经济不平衡，特别是储蓄大于投资的对外表现（裴长洪、林江，2006）[①]。该观点认为，从理论上说，贸易顺差是储蓄大于投资的必然结果，表现为国内资源的流出。从我国宏观经济的实际情况来看，我国的投资率很高，但储蓄率更高。例如，2005年全国新增的储蓄存款2万多亿元人民币，全国的居民储蓄存款余额已经超过了15万亿，再加上企业存款就更多。但是，新增贷款却只有1万多亿元人民币，这说明银行存在大量的存差。因此，贸易顺差从实际经济生活来看，也反映了以实物形态的资源流出，是国内经济实际情况的对外表现形态，或者说是国内经济不平衡的对外表现。该观点进一步认为，贸易顺差反映的资源流出主要是劳动要素，从我国的要素禀赋来看，目前的顺差对我们是有利的。现在美国一直迫使人民币升值，实际上跟2005年7月份相比，人民币现在已经升值了3.17%。即便人民币不断升值，如果国内储蓄率远远高于投资率的状况不改变，那么我们的出口增长速度快于进口增长速度的发展趋势依然会保持，大额贸易顺差的现象不会消失。

（2）从国际分工角度看，中国的贸易顺差实质上是一种"转移顺差"，反映了国际产业转移所形成的"美欧消费、亚洲加工"的全球贸易格局[②]。该观点认为，中国现在实际上是亚洲生产链上的一个重要环节。我们对美国有大量顺差，但对所有亚洲经济体（包括澳大利亚）都是逆差。中国和美国的顺差，不

---

① 裴长洪、林江：《如何认识我国贸易顺差》，载于《世纪经济报道》2006年10月7日。
② 《我国贸易顺差继续猛增，专家指可能"徒有其表"》，新华网，2006年7月14日。

政策引致性扭曲：开放效益的体制因素

是由于对美国出口太多，而是由于从美国进口太少（其中一个原因是美国对许多高科技产品禁运）。中国的出口中，生产资料、原材料、机器设备、技术，一大批东西是在国外制造的，只是在中国加工，有的甚至是最后一道加工，然后贴上一枚"中国制造"的标签。大量的"中国制造"，其实是"亚洲制造"。从这个角度看问题，美国的逆差问题，至少要与整个亚洲的贸易"总顺差"相联系加以分析，而不能仅与中国的顺差相联系。

（3）从经济周期的角度看，净出口与 GDP 增长率呈反向关系，中国经济过热的时候，净出口下降，甚至出现逆差，反之则顺差（樊纲，2006）[①]。在过去 27 年中，中国的净出口（贸易差额）在多数时间里面是平衡的，贸易顺差在多数时间里即使有也是小额的。2005 年有点特殊，因为中国的宏观调控使国内需求下降，使进口增幅大幅度下降，加上 2004 年世界范围内各种生产资料的价格上涨导致中国一些部门发生过度进口，使 2005 年的进口增长特别慢，因此出现了千亿顺差。但是多数时间里，进出口差额在中国 GDP 的比重是相当小的，而且中国经济增长和贸易顺差和进出口的关系是反向的。中国经济过热的时候，净出口下降，甚至出现逆差，1992 年、1993 年时，经济高增长，中国的贸易进出口是负的，到了 2003 年、2004 年，同样，顺差是下降的，2004 年头 9 个月是逆差。相反当经济增长低到 7%、8% 的时候，顺差是最大的，上一次记录最高的是 1998 年的 430 亿美元顺差，当时中国通货紧缩，是经济增长最低的年头。这些都说明，中国经济的增长主要是由于国内需求、而不是国外需求的波动所决定的。中国经济的周期是由国内因素造成的，不是国际因素造成的。

（4）认为目前外汇储备快速增长有相当成分的投机因素在

---

① 樊纲：《经济的内外平衡，中国面对的挑战》，新华网，2006 年 8 月 12 日。

第6章 区域发展导向型体制下开放效益的损失：宏观视角

起作用[1]。2002年以后中国经济重新高增长，市场上开始形成人民币升值的预期，导致资本流入大幅度增长，外汇储备每年以2000亿美元的规模扩大。这让人民银行在2005年开始采取一系列控制资本流入的措施。正是这些管制措施，导致一部分资金转向贸易渠道，用高报出口价、低报进口价，或者资金进入先行、出口货物延迟交付等方法，隐蔽地实现资本流入，即"掩藏在经常账户中的资本流动"。渣打银行经济学家王志浩最近在美国《商业周刊》上发表文章，估计在2005年中国1000亿元的货物贸易顺差中，有2/3即600多亿元属于这种隐蔽的资本流入[2]。

以上几种观点都从某一侧面在一定程度上解释了外部经济失衡的根源，但是并未能从全球化高度、从中国对外开放的体制、模式出发抓住对外失衡的实质。

6.1.2 政策引致性扭曲与外部经济失衡

与以上分析角度不同，本书从全球化与政策引致性扭曲的角度考察，在这里我们要特别考察政策引致性扭曲影响"双顺差"的路径。

---

[1]《巨额外汇储备增加中国金融影响力》，载于中国社科院经济研究所《经济走势跟踪》2006年第77期（总第707期）。

[2] 从国际收支账户来看，2004我国货物贸易顺差590亿美元，经常账户顺差690亿美元，但是外汇储备净增长2000多亿美元，显见其中的一大部分是由资本金融账户的顺差造成的；2005年在新增外汇储备2000亿美元当中，经常账户顺差与资本账户顺差所起的作用有了突然的"颠覆性"的变化：即原来基本上资本账户顺差占70%，经常账户只占30%，而2005年则是经常账户占了70%，资本账户占30%；2006年上半年，中国的固定资产投资的增长速度又有了较大的提高，达到30%，GDP的增速也提高到近11%。通常在这种情况下，进口需求会有所增长，贸易顺差会有所下降。但是，情况恰恰相反，我们的贸易顺差反倒进一步增加，这无论从理论上还是我们中国自己的历史经验来看都是说不通的。参见：《我国贸易顺差继续猛增，专家指可能"徒有其表"》，新华网，2006年7月14日。

政策引致性扭曲：开放效益的体制因素

1. 国际收支失衡的形成机制与实质

就国际收支失衡的形成机制而言，有两大基本因素起着决定性作用。首先，20世纪90年代以来，以要素自由流动为特征的经济全球化的快速发展，推动并加快了产业国际转移步伐，改变了国际分工的内容与格局。具体来说，经济全球化条件下，要素的国际自由流动促进了不同国家的生产要素在某些国家的集聚，在这些国家形成某一种或几种产业，并面向世界生产和出口。要素集聚促成了生产型国家和消费型国家的形成，生产型国家集聚世界生产要素，生产产品并出口；消费型国家为生产型国家提供生产要素，进口产品来消费。由此，以往各国主要是使用本国生产要素生产产品并出口，而现在则出现了各国生产要素在某些国家的集聚，并进行面向世界的生产和销售（张幼文、梁军，2006）[①]。

其次，中国通过改革开放消除要素自由流动的体制性障碍，运用政策引致性扭曲——对外资、外贸的各种优惠政策，吸引（集聚）来自世界的大量资本、技术、标准、品牌、优秀人才、跨国生产经营网络等广义要素，逐渐培育起强大的要素集聚能力，使自己发展成为"世界工厂"。

这样，基于要素自由流动的国际分工便具有了如下特征：一方面，全球化要素流动使中国及其他亚洲国家集聚了大量的国外要素，与其低成本劳动力相结合进行生产出口；另一方面，跨国公司构造了全球的低价供应平台，美国等发达国家从国际投资中更多获利，从而导致这些国家更高的消费和更大的贸易逆差。具体来说，要素和生产在中国等亚洲国家的集聚，必然导致其出口

[①] 张幼文、梁军：《中国发展对世界经济体系的影响》，载于《世界经济研究》2006年第10期。

第6章 区域发展导向型体制下开放效益的损失：宏观视角

能力的迅速提高和贸易顺差的持续扩大，中国等亚洲国家迅速提升的出口能力，实际上是美国等发达国家各类高级要素在这一地区集聚的结果。同时，美国等发达国家在中国等亚洲国家的投资增加了其高级要素的收益，扩大了其财富积累和进口的能力，由跨国公司构建的全球廉价产品供应平台使其进口产品价格维持在较低水平，而金融资产升水使其储蓄更加减少，消费更加扩大，从而更进一步增加了这些国家的贸易逆差。

因此，当前全球经济的失衡在很大程度上源于新型国际要素分工——其具体表现为要素集聚，是要素集聚这种全球化经济的特有资源配置方式发生作用的必然结果。也就是说，国际收支失衡是经济全球化时代的常态而非偶发现象（张幼文、梁军，2006）。

站在这一高度再来审视中国的"双顺差"，我们就可以发现，从根本上讲"双顺差"是中国要素集聚能力提高的表现。这首先是由于中国通过改革开放不断消除要素自由流动的体制性障碍，建立起日益完善的市场经济体制，顺应经济全球化趋势，从而获得不断增强的要素集聚能力。其次，对于中国要素集聚能力我们还需要区分两种扭曲情况。一是国内体制改革的滞后性，即体制性扭曲的存在加重了政策引致性扭曲的偏向性。例如，由于我国投融资体制改革滞后、金融市场不发达，利率尚未完全市场化，不能反映资本真实有效成本。例如，$\frac{MC_1}{MC_2} < \frac{R_1}{R_2}$，一方面激励国有企业过度投资，造成生产扭曲；另一方面，中小企业特别是民营企业融资受歧视，融资渠道有限且成本较高，从而激励这部分国内企业不得不到境外融资，或寻求与外资合作——这在一定程度上加剧了资本流入。二是对外资、外贸过度激励政策，如在第4章中所讨论的一些地方不计成本，以牺牲国家税收、农民工利益和环境、土地为代价招商引资，使得低技术、高耗能、高

政策引致性扭曲：开放效益的体制因素

污染外资大量进入。由于近年来我国新一轮"投资热"主要集中在钢铁、水泥、电力、电解铝、汽车等制造业和出口加工贸易部门，由此形成的生产能力已超出国内需求，必然导致相关生产的出口扩大、进口减少，从而在经常项目顺差大幅增加。

此外，对外资、外贸的过度激励还表现在长期以来人民币对美元汇率估值偏低，这实际是一种汇率扭曲。汇率经常被作为一种政策调节工具来使用，因而汇率扭曲是不可避免的，在这个意义上说，汇率扭曲主要是工具性政策引致的。在出口导向型发展战略下，汇率低估并维持稳定以刺激出口凝固为制度性安排。因此，从根本上说，汇率扭曲既是政策引致性的又是体制性的扭曲。

综上所述，对于我国"双顺差"的实质需要把握两点：（1）中国的要素集聚能力是适应经济全球化要求，在改革开放条件下运用政策引致性扭曲逐步培育形成的。因此，中国的"双顺差"具有顺应经济全球化要求的一面，是全球化经济机制的必然反应。（2）受国内体制性扭曲以及过度政策激励的影响，使要素集聚过度强化，从而造成扭曲反而带来资源配置效率的下降——关于此点在第4章已有述及，并在下文中进一步阐释。

2. 国际收支失衡的国民利益分析：从海关贸易统计到国民贸易统计

对国际收支的统计，传统的方式是海关贸易统计，是以货物是否跨国境为核算基础的。但是，跨国境的商品交易并不必然使得商品的所有权在不同国家的国民之间发生国际转移。以所有权为基础的贸易统计用来衡量商品在不同国家的国民之间的贸易状况。不同国家的国民之间的贸易属于"国民贸易"，因此以所有权为基础的贸易统计亦可简称为"国民贸易统计"。国民贸易统计是以商品所有权是否在国民之间进行跨国转移为核算基础的。

第 6 章 区域发展导向型体制下开放效益的损失：宏观视角

其关键之处在于确定商品所有权的国民属性，如果拥有商品所有权的是个人，则个人的国民属性决定了商品所有权的国民属性；如果拥有商品所有权的是机构，则机构的国民属性决定商品所有权的国民属性。当商品交易伴随着其所有权在不同国家国民之间转移时，则不论商品是否跨国境，均属于国民贸易；如果商品交易没有伴随其所有权在不同国家国民之间转移，则不论商品是否跨国境，均不属于国民贸易，而属于内部贸易。

经济全球化的深入发展已经使得传统贸易统计体系不能反映已经变化了的国际贸易形势，并且夸大了全球经济不平衡的程度。基于要素所有权为基础的贸易统计体系能够较好地反映当前的国际贸易格局，反映真实的贸易不平衡程度（李月芬，2006）①。

国民贸易统计对于判断当前中国外部经济失衡下的开放效益具有重要意义。首先，国民贸易统计能够衡量中国国民参与对外贸易的程度。海关统计不能区分中国的对外贸易中有多少是中国国民参与的，有多少是外国国民参与的。以跨国境为核算基础的海关统计能够衡量一国"国境"的对外贸易开放程度，而国民贸易统计则能衡量一国国民的对外贸易开放程度。第二，商品贸易对应着收入的流动。商品出口对应着收入流入，商品进口对应着收入流出。海关统计反映的是收入的跨国境流动，而国民贸易反映的是国民收入的流动。从收入角度看，国民收入比国内收入更能反映国民福利。因而，国民贸易更能反映一国的福利变化。第三，通过国民贸易统计与海关统计的对比可以很好地判断外资企业和国际生产网络对中国经济和中国对外贸易的影响。也有利于判断外资企业和国际生产网络对中国的贸易总额、贸易差额和

---

① 李月芬：《中国亟待建立一个以所有权为基础的贸易差额统计体系》，载于《国际经济评论》2006 年第 1～2 期。

贸易结构的影响。同时还有利于揭示二者对中国未来贸易格局的影响。第四，通过比较国民贸易统计和海关统计，可以解释中国的贸易不平衡到底有多少是中国自身造成的，有多少由外国国民造成。

中国国民贸易统计的重点主要有两个（姚枝仲、刘仕国，2006）[①]。一个是外资企业在中国的贸易行为。其中包括外资企业跨国境的贸易行为以及在中国境内的贸易行为。外资企业跨国境的贸易行为属于海关统计的进口或者出口，但是不一定都属于中国的国民贸易；外资企业在中国境内的贸易行为，虽然不属于海关统计的进口或者出口，但是可能属于中国的国民贸易。另一个重点是加工贸易中的进出口国民不一致的问题。比如，中国国内企业从日本进口零部件100美元，加工后以150美元的价格销售到美国。这笔加工贸易将产生150美元的中美贸易顺差。这个数字显然夸大了中美之间的实际贸易顺差。如果按照增加值来核算商品的跨国贸易的话，这150美元顺差实际上100美元属于日本，只有50美元属于中国。

根据姚枝仲与刘仕国（2006）对中国近年来的海关贸易统计与基于要素所有权的国民贸易统计的比较研究，发现中国与世界其他国家之间从海关统计到国民贸易统计的估算值存在着日趋扩大的背离。海关统计的中国跨境贸易虽然从1998年到2004年均有三四百亿美元的贸易顺差，但是，中国的对外国民贸易却一直逆差，且逆差规模正在迅速扩大。1998年中国的国民贸易逆差还只有210亿美元，但是到了2004年逆差规模已经达到1387亿美元之巨。海关统计贸易差额与国民贸易差额之间的差异也从1998年的643亿美元扩大了2004年的1706亿美元。

---

① 姚枝仲、刘仕国：《中国国民对外贸易差额》，载于《国际经济评论》2006年第9~10期。

第6章 区域发展导向型体制下开放效益的损失：宏观视角

其对中美间贸易差额的统计研究也发现，海关统计的中美贸易差额大大偏离了以所有权为基础的中美贸易差额。

2004年，中国海关统计的中美贸易顺差为802.7亿美元。其中在华外资企业（包括美资企业）对美国出口822.7亿美元，从美国进口233.3亿美元，实现对美贸易顺差为589.4亿美元。另外，在华美资企业还在中国境内销售了大量商品。在华美资企业在中国市场上的销售额在扣除中国中间产品投入和中国要素服务收入后的价值等于绕过关税壁垒的美国对华"出口"。如果不算中国的要素服务收入，2004年这部分"出口"价值约有200亿美元。这样，在海关统计的中美贸易差额802.7亿美元中，扣除在华外资企业与美国的贸易差额589.4亿美元中属于外资的部分，和中国境内美资企业的对中国国民的"净出口"200亿美元，2004年中美国民之间的商品贸易差额要比统计上的802.7亿美元少得多。如果考虑到由于中国代替亚洲其他国家对美国的贸易顺差和在华美资企业购买产品中的非中国产部分，在中美贸易中，中国国民对美出口是否是顺差还未可知。相关数据显示，海关统计的中美贸易顺差从1998年的210亿美元扩大了2004年的804亿美元。但是，中美国民贸易却一直基本平衡，真正属于中国人的中美贸易顺差其实并不存在。但目前以海关统计为基础的中美贸易差额已经成了中国对外不平衡尤其是对美贸易不平衡的国际焦点，并成为国际上要求人民币升值，纠正美国经常账户逆差和全球不平衡的理由之一。

就外资企业在整个中国跨境贸易和国民贸易中的作用而言，在海关统计的对外贸易中，外资企业的进口和出口都在逐步升高，2004年外资企业的出口占中国出口总额的57%，进口占58%。这两个比例在2005年都提高了1个百分点。外资企业在中国贸易顺差中的作用也逐渐加大。1998年外资企业的对外贸易顺差还只占中国整个对外贸易顺差的10%，2004年则贡献了

44%的份额，2005年更是达到了56%。可见目前中国的跨境对外贸易主要是由外资企业推动的。另一方面，外资企业在中国的购买和销售在中国国民贸易中的比例也占绝对多数。2004年外资企业在中国的购买占中国国民贸易出口总额的59%，外资企业在中国的销售占中国国民贸易进口总额的69%。可见，中国的国民贸易也主要是外资企业推动的。

显然，比较跨境贸易差额与国民贸易差额的差异，可以清楚地看出，外资企业是制造中国对外不平衡的真正"载体"（平台）。

6.1.3 外部经济失衡与开放效益

毫无疑问，国民贸易统计逆差更真实地反映了中国对外开放中的国民收入流失程度[1]。但同时也应该看到，外资企业为中国经济发展注入了动力，推动了中国的市场化改革，吸收了大量的劳动力，引入了新的技术和管理方式，等等，具有诸多正面影响。然而，必须指出的是，外资的正面溢出效应也是有条件的，例如，外资可能会垄断国内市场、抑制国内创新能力，等等。也就是说，即便抛开外贸效益不去讨论，外资在对东道国具有积极效应的技术溢出、人才培训等方面也并不具有确定性，而是存在着两面性（本章6.3节将对此进一步讨论）。

从政策引致性扭曲角度衡量的外部经济失衡对开放效益的影响，可以从两个层面来考察：一是利益的直接流失层面；二是潜

---

[1] 姚枝仲与刘仕国所估算的国民贸易是指国民货物贸易，没有包括服务贸易。实际上，外资企业在中国本土的生产和销售活动中还进口（购买）了大量中国国民的服务。这些服务包括劳动服务、资本服务以及政府的服务。外资企业在中国境内购买的劳动服务需要向中国的劳动者提供工资，购买的资本服务需要向中国的资本所有者提供利息或者红利，购买的政府服务需要向中国政府缴纳税费等。因此，中国国民服务和货物贸易差额可能要比单纯的国民货物贸易差额要小得多，相应的国民收入流失可能也要小得多。

第6章 区域发展导向型体制下开放效益的损失：宏观视角

在的经济损失风险方面。

1. 外贸利益的直接流失

第一，是过度出口导致贸易条件恶化而带来损失。由于国际原材料和石油价格不断上扬，纺织品出口井喷和价格下降，初级产品巨额逆差和工业制成品巨额顺差的共同作用，导致我国贸易条件不断恶化。根据《贸易与发展报告》，2000~2004年，中国贸易条件恶化6%左右；2003年中国贸易条件恶化的损失，相当于当年GDP的1.1%，2004年这一比重扩大为2.1%[①]。

第二，外贸增长的财政负担成本不断上升。尽管我们的贸易是顺差，国民收益却未必是最高的，因为加工贸易利润一般只有3%~5%，并且占了出口规模的一半以上。自2005年以来，人民币升值已经高于3%，也就是说，中国的外贸出口在很大程度上是靠财政政策支持的。1999~2004年我国出口退税年均增长32.1%，而同期财政收入年均增长19%。出口退税与财政收入之间的年均增长缺口超过10个百分点，如果外贸继续保持高速增长，则必然会导致国家财政负担加大，例如，2004年中国外贸增长背后，是高达4200亿元人民币出口退税政策的支持。1999~2004年，31个省市的财政收入年增长率略高于20%的仅有北京、江苏、浙江、上海和重庆五个省市。[②] 因此，这种出口退税机制将带来出口增长越快、地方政府负担越重的问题，长期内必然导致地区间不平衡的进一步扩大。

第三，反倾销所造成的损失。根据世贸组织发表的声明，2006年上半年度的成员国家总共提出了87件反倾销申诉。其中

[①] 李玉举：《中国外贸增长面临的六大挑战》，载于《中国信息报》2005年10月20日。
[②] 李玉举、李玉萍：《我国外贸发展步入高成本期，相关问题不断浮现》，新华网2005年8月9日。

中国排名第一,32宗针对中国的产品,2005年同期,中国产品被申诉的案件为23宗。中国台湾和美国并列第二。针对美国和台湾产品的申诉案件则各为6宗①。反倾销所造成的直接损失主要为大量本该支付给本国劳动者的钱被外国的政府拿走了。

2. 潜在的经济损失风险

所谓潜在的经济损失风险,是指外部经济失衡对经济发展的可能变化方向的影响,以及这种方向的调整所带来的经济损失。这里主要讨论三种潜在经济损失。

一是外汇储备资产损失风险。截至2006年6月底,中国的外汇储备已高达9411亿美元。一定规模的外汇储备有助于保持汇率的稳定,保证正常的进口和偿债支出,并有效应对外部冲击导致的金融风险。但是,中国当前的外汇储备规模已经远远超过了最优规模。持有过多外汇储备的潜在成本也是不容忽视的。从中国巨额外汇储备参与国际循环的过程看,顺差可能给中国带来巨大福利损失。第一,我国外汇储备有很大一部分的表现形式是美元资产,近年来美元一直承受比较大的贬值压力,而且从长期趋势来看,它可能还会继续贬值。在此背景下使用外汇储备购买美元资产必然导致外汇资产缩水、收益率降低、风险提高。第二,中国一方面用大部分外汇储备购买诸如美国国债等外国资产,另一方面又鼓励引入FDI(外商直接投资)设立企业,本质上看FDI给中国造成的负资本权益就通过中国持有美国国库券的债权增加而抵消,也就是说,流入中国的FDI是由中国储蓄通过迂回的方式提供融资的,外资企业代替中资企业利用了中国储蓄并同时挤出国内投资(何帆,2006)②。第三,在我国外汇储备

---

① 《世贸组织反倾销调查中国排名第一》,英国BBC新闻,2006年11月28日。
② 何帆:《遏制外汇储备激增应从源头做起》,载于《人民日报》2006年7月31日。

第6章 区域发展导向型体制下开放效益的损失：宏观视角

参与国际资本循环的过程中，增持的是海外债权资产，而对方则用出让债权得到的资金收购我国企业与银行，增持的是股权资产——两者的收益差距悬殊：债券的收益率只有 3.5% 左右，而股权的收益率超过 10%。这种交易不仅恶化了我国的贸易条件，而且还可能带来巨大直接损失。第四，央行通过货币对冲保持人民币低估被认为是对出口商的"有效补贴"①，对人民币升值预期在一定程度上刺激了国际投机资本的进入。据统计，2005 年中国的外汇储备增加 2090 亿美元，其中贸易顺差、FDI（外商直接投资）和热钱流入分别占 49%、29% 和 22%（何帆，2006）。大量投机资本进入股市、房地产市场，对我国的宏观经济稳定构成威胁。

二是来自发达国家的体制套利风险。近年来，贸易摩擦呈现出一些新特点，如贸易摩擦领域从货物贸易向服务领域扩大，贸易摩擦的对象不断扩散，由美、欧等发达国家向印度、南非等发展中国家蔓延等。但关键的变化还是贸易摩擦向制度层面的转移，这囊括了环境保护、劳工标准、知识产权保护、技术壁垒、竞争规则等诸多方面。我们把制度层面的贸易摩擦称为中国加入 WTO 后发达国家对中国实施的"体制套利"。发达国家的"体制套利"活动对中国经济的影响可以从正反两个方面来考虑。就其正面意义来说，有助于促进我国涉外经济体制的进一步完善，和进一步提高企业竞争力。例如，对中国企业的反倾销，一方面抑制了中国的比较优势发挥，但另一方面也迫使企业进行技术、品牌创新，实现产业升级，从而提高竞争力。在这里，我们更加关注的是其负面影响及由此带给中国经济的风险。首先，以发达国家最为关注的保护知识产权为例，近年来西方国家一方面

---

① 伯南克：《人民币汇率构成"补贴"》，载于英国《金融时报》2006 年 12 月 18 日。

政策引致性扭曲：开放效益的体制因素

大肆渲染中国严重侵犯知识产权，制造声势，另一方面则加紧了跨国公司独资化趋势，甚至提出中国政府不能强迫跨国公司转移技术，否则将诉诸 WTO 规则加以解决①。这在客观上必然导致技术转移速度放慢，使我们在改革开放以来所一直强调的通过吸引跨国公司来华投资实现技术溢出的目的受挫。其次，干扰中国经济的改革次序，冲击经济稳定增长。金融、保险等高端服务业是中国经济体制改革相对滞后的部门，其国际竞争力低下，而且随着"入世"后过渡期的到来，中国政府正在失去对这些发展滞后部门的保护与补贴性支持，这意味着一旦向外资开放这些部门，外资的竞争优势就可能迅速转化为市场占有率和巨大经济收益。因此，近年来在与发达国家的贸易摩擦背后，实际是有关金融业等高端产业开放问题的战略博弈，其中人民币自由浮动、资本自由流动是发达国家对中国落后的金融体制实施"体制套利"活动的关键。最后，在国内存在经济的结构性失衡以及缺乏必要的防范机制的背景下，"体制套利"活动可能引发国内经济冲突。

三是国际经贸摩擦日益激化，粗放型发展模式突然失速的风险。中国庞大外汇储备是依靠对外资的优惠政策、粗放型的出口增长模式实现的，这种模式只注重短期效益、单纯价格竞争，其背后是环境破坏和粗制滥造。GDP 主导的粗放型发展模式，加剧了中国经济增长与世界经济的摩擦和国际社会的担忧。例如，以政策优惠刺激大量外资流入，在客观上形成了与各国，特别是东南亚各国的国际资金竞争关系，在现象上使一些国家感到中国的发展对它们不利；对出口数量指标的追求导致了各地、各企业之间的廉价竞争，不仅国家利益流失，而且国际市场已经无法承受巨大的供给压力，导致越来越多的国家对我国商品实施反倾

---

① 伯特兰·贝努瓦（Bertrand Benoit）：《默克尔：中国应做负责任的世贸成员国》，载于英国《金融时报》2006 年 5 月 24 日。

销,贸易争端大量由我国的廉价竞争策略而引起。劳动力密集型发展战略已经进入了瓶颈,这使得中国已经发展起来的地区不可能持续扩大、未发展起来的地区不可能模仿继续走这种发展道路①。这种开放模式的不可持续性,还表现在外资将可能因为周边国家更便宜的劳动力成本而再次发生转移。从多样化的对外开放形式看,中国目前的开放集中在几种初级形式上,不能真正实现全方位、多层次、宽领域的进步,对外开放水平是不可能实现持续提升的。甚至在一定条件下经济有可能突然失速。

6.2 政策引致性扭曲:内部经济失衡与开放效益

内部经济失衡的表现是多方面的,如国内储蓄大于投资、过度失业、通货膨胀等。但在区域发展导向型体制下,通过地区"过度竞争"下的政策引致性扭曲而引致的内部经济失衡主要表现为地区差距拉大、地方保护主义下的公共投资不足,以及产业结构失衡等,它们都在不同程度上以不同路径影响了对外开放效益。

6.2.1 地区发展不平衡与开放效益

中国的对外开放战略是从沿海向内地逐步推进的——这一点我们在前面章节已经作过细致讨论。尽管从 20 世纪 90 年代初期开始在全国范围内实行对海外直接投资的开放政策,但中西部和东部地区之间经济发展差距直到 2004 年仍在扩大,见表 6-2。

---

① 张幼文:《开放经济发展目标的动态演进——答华民教授的商榷意见》,载于《国际经济评论》2006 年第 1~2 期。

政策引致性扭曲：开放效益的体制因素

1998年国家推行了"西部经济大开发战略"。这一战略强调基础设施发展、环境保护、工业重整、科教发展以及经济改革及对外开放。为了改善企业环境投资，促进该地区经济发展，中央政府开始大力投资于西部基础设施建设。作为该战略的一部分，鼓励东部地区的企业尤其是海外投资企业投资于中西部地区并开展经营。中央政府还实行一系列优惠政策以吸引更多的海外直接投资流向中部和西部地区。然而这一战略的效果并不显著。值得注意的是，地区经济发展不平衡，地区收入差距扩大，不仅影响到国内的消费需求，影响社会的公正性，而且成为影响经济可持续发展，导致社会不安定的因素。

表6-2 我国东、中、西部人均GDP和相对比例的变化

单位：元/人，当年价格

人均GDP（元/人）	1980年	1990年	2000年	2004年	2005年
东部	598	2240	11334	23734	23768
中部	391	1338	5982	9878	10608
西部	308	1156	4687	8030	9338
中部/东部	65%	60%	53%	42%	45%
西部/东部	53%	52%	41%	34%	39%

资料来源：1980年、1990年及2000年的数据取自王小鲁、樊纲：《中国地区差距的变动趋势和影响因素》，《经济研究》2004年第1期。2004年、2005年数据根据《中国统计年鉴》（2005、2006）计算。

本书认为，沿海地区经济起飞对中西部地区所构成的"虹吸"现象是地区差距持续扩大的主要原因，主要表现在如下几方面：

（1）现实的发展基础使沿海比内地形成了比当年更好的开放条件。与沿海相比，内地的吸收外资环境仍然较差，基础设施

第6章 区域发展导向型体制下开放效益的损失:宏观视角

不足,社会与经济管理的机制效率更不能适应扩大开放的需要。如果不能解决对外开放环境上的差异,那么沿海与内地在发展水平上的差异就还会继续扩大,从而进一步加剧整个国家经济发展的不平衡(张幼文,2005)[①]。徐现祥与李郁(2005)通过实证分析证明,整体而言,我国省区经济绩效差异的一半以上与由制度、政策等构成的经济发展软环境的差异有关[②]。此外,林毅夫等(2003)运用 OLS 估计证明经济发展战略选择对资本积累、技术进步和经济发展的影响,并能够解释各省区经济绩效的差异与其自身发展战略选择相关,并且我国省区间的经济差距越来越主要是由于沿海内地间的差距造成的[③]。

(2)已经发展起来的东部地区,如外商直接投资高度集中的珠三角、长三角和环渤海湾地区,资本的网络化发展、产业集群的出现大大降低了企业的交易成本,在某种程度上阻碍了资本向中西部地区的流动。

(3)决定资本流动的重要因素之一是投资的预期资本回收率,在东部地区引资优惠政策仍然存在的情况下,资本预期利润率并没有显著变化,造成流入东部地区资本持续大于西部地区。事实上,市场力量还促使各类生产要素在三大地区之间的非对称流动:固定资产投资数据表明,投资和资本从相对不发达的西部地区向东部地区流动以寻求更高的回报率。投资转移也受到计划下的银行体系贷款分配的影响。统计表明,固定资产投资中东部地区所占份额明显增长,从 26.9%("三五"时期,所有阶段中最低的)到 54.2%("八五"时期,所有阶段中最高的);而西

[①] 张幼文:《对外开放效益评估的主题与思路——以科学发展观对"新开放观"的探索》,载于《世界经济研究》2005 年第 8 期。
[②] 徐现祥、李郁:《中国省区经济差距的内生制度根源》,载于《经济学(季刊)》2005 年第 10 期。
[③] 林毅夫、刘培林:《中国的经济发展战略与地区收入差距》,载于《经济研究》2003 年第 3 期。

部地区份额降低,从34.0%("三五"时期,所有阶段中最高的)到14.7%("八五"时期,所有阶段中最低的)①。

根据魏后凯(2006)的计算,截至2005年,中国各地区累计实际利用外商直接投资6125.1亿美元,其中,东部10省市占81.2%,中部6省占7.6%,西部12省区市占4.5%,东北3省占6.7%。与1979~2000年相比,2001~2005年东部10省市实际利用外商直接投资所占比重下降了1.4个百分点,西部12省区市下降1.2个百分点,而中部6省和东北3省分别增加了1.7个和0.9个百分点。从2001年到2005年的增幅来看,东部10省市实际利用外商投资额的增长速度还是最快的,为年均7.9%,而同期中部6省只有4.5%,西部12省区市只有0.3%,东北3省则为负增长,为-1.3%。尤其是在2005年,东部10省市实际利用外资所占比重提高了7.8个百分点,而中部6省和东北3省分别下降了3.4个和4.8个百分点(见表6-3)②。

值得强调的是,地区实际利用外资增长速度的差异在很大程度上反映了当地的投资环境的差异。而从地区竞争的角度考虑——对于中西部地区而言,在招商引资的软硬环境不如东部沿海地区的情况下,为了吸引外资、发展地区经济从而取得更大政绩,只能寄望于拼自然资源资源、拼环境、拼优惠条件。这样的后果只能是经济增长带来更大的福利损失,从而陷入贫困化增长。

因此,由于对外开放战略的空间非均衡性而导致各地区政策引致性扭曲在初始状态的差异,继而地区过度竞争不但导致地区差距的"自我扩大",还造成对外开放效益的整体下降,这由地

---

① 胡鞍钢、胡光宇主译:《世界经济中的中国:国内政策的挑战》,清华大学出版社2004年版,第599页。
② 魏后凯、刘长全:《中国利用外资的负面效应及战略调整思路》,载于《河南社会科学》2006年第9期。

第6章 区域发展导向型体制下开放效益的损失：宏观视角

区过度竞争中对外资的过度让利而实现。因此，除非有外部力量如中央政府施以援手，适时调整招商引资政策，打破过度竞争，否则是不可能依靠外商投资去主动寻求地区差距的缩小。

表6-3　　　　中国各地区实际利用外商直接投资情况

年份	实际利用外资金额（亿美元）						地区分布（%）			
	地区合计	东部10省市	中部6省	西部12省区市	东北3省	地区合计	东部10省市	中部6省	西部12省区市	东北3省
1999	399.4	333.6	30.6	18.4	16.8	100	83.5	7.7	4.6	4.2
2000	403.3	328.4	29.6	18.5	26.8	100	81.4	7.3	4.6	6.6
2001	463.7	387.2	34.3	19.2	32.0	100	81.6	7.4	4.1	6.9
2002	534.6	420.3	44.0	20.2	40.1	100	80.1	8.4	3.9	7.6
2003	529.2	425.5	53.2	17.2	33.3	100	80.4	10.1	3.3	6.3
2004	605.2	466.9	61.5	17.4	59.4	100	77.1	10.2	2.9	9.8
2005	603.2	512.6	40.9	19.4	30.4	100	85.0	6.8	3.2	5.0
1979~2000	3394.4	2776.3	232.1	172.4	213.7	100	81.8	6.8	5.1	6.3
2001~2005	2730.7	2195.3	234.4	105.2	195.8	100	80.4	8.6	3.9	7.2
1979~2005	6125.1	4971.5	466.5	277.6	409.5	100	81.2	7.6	4.5	6.7

资料来源：商务部公布的统计数据。

6.2.2 跨区域公共产品供给与对外开放效益

区域发展导向型体制下的公共产品供给，从消费范围讲可分为三类：一是全国性公共产品供给，只能由中央政府提供；二是跨地区的公共产品，即由几个相邻地区（省）共享的公共产品，本着谁消费谁付费的原则，由相邻省（地区）协作提供；第三类是地区公共产品，由本地区居民提供。一般而言，具有强烈溢出效应的跨地区公共产品的供给，会受到区域发展导向型体制下地方保护主义与地方政府公司主义的制约，从而影响对外开放效益。

政策引致性扭曲：开放效益的体制因素

1. 具有正溢出效应的跨地区公共产品供给

当公共产品具有正的跨地区溢出效应时，其供给会因为其他地区（省份）"免费搭车"而引起地区（省际）之间的冲突。这个冲突不仅不会增加公共品的供给，反倒会削弱供给。通常情况下，靠地区（各省）之间谈判并不能有效解决这个冲突，这是因为谈判主体都不愿亮出自己的真实偏好，他们会伪称某产品对我省（地区）来说不重要，并以此为据拒绝负担公共品生产费用[1]。转轨过程中，地方政府的公司主义化倾向强化了其在跨地区公共产品供给方面的"搭便车"心理。

例如，某地为本地的青少年提供了良好的公共教育，但他们中一些人后来移居他乡，别的地方实际上就从该地培养的人才中获取了好处[2]。特别对于落后地区来讲尤其不愿将稀缺的财政资源投入到教育中去。这显示基础教育是一种全国性公共产品，应该由中央政府负责提供；对于溢出效应相对小的教育产品由地方政府提供。又如某地的污水处理厂污染了一条河流，住在下游的人们实际上为该地的污水处理付出了代价。一般说来，当提供某种地方性共享物品或服务会造成正面外部效应时，各地将削减这方面的开支，希望揩人家的油，其结果是这种共享物品或服务的供给不足。

平新乔对"地方政府预算外资金支出偏向"的实证研究表明，1994~2003年间，地方政府越是拥有预算外财政资源，则以"师生比"定义的教育质量便越低[3]。也就是说，不管是预算

---

[1] 王绍光：《分权的底线》，载于《战略与管理》1995年第2期。
[2] Burton Weisbrod., (1964). External Benefits of Public Education, Princeton: Princeton University, Industrial Relations Section.
[3] "教育质量"是用"师生比"来度量，是指使用小学教职工与在校小学生的比例来衡量教育的效率，也就是教师负担学生比率的倒数。一般而言，教师负担的学生数较多，则教学质量相对要差一些。

第6章　区域发展导向型体制下开放效益的损失：宏观视角

外收入变动的方向还是预算外支出的规模，对于政府提供教育这种公共品效率的影响是一致为负的。当预算外支出所占比重越大时，地方政府提供教育这种公共品的效率更低；反之，提供教育这种公共品的效率越高。而根据 1994~2003 年的分省面板数据计量发现，在其他条件相同的情况下，地方政府"预算外收入"增加时，地方政府修建公路的效率更高；同时，当预算外支出所占的比重越大时，地方政府修建公路的效率更高；反之则反是。这意味着地方政府在支出结构上重视道路设施等与"招商引资"有关的公共服务，而在具有正溢出效应的基本公共品服务上则提供不足[1]。这一实证结果与我们上面的理论分析是一致的。

再如长期以来一直为社会所诟病的农民工城市化问题。东部沿海地区的经济高速成长离不开中西部地区大量农民工所做出的贡献。从经济学的角度讲，劳动力自由流动对经济增长意义重大。但劳动力自由流动需要流入地提供公共物品。如住房、医疗保健、公共卫生、养老保险、子女教育，等等，这实际上相当于流入地为其他地区（流出地）提供跨地区公共物品，特别是在户籍制度下。然而地方保护主义以及地方财力约束下，流入地政府并不情愿提供相应公共物品，在存在显著地区收入差距的情况下，特别是在地区收入差距能够弥补公共物品短缺的背景下，更是如此。这实际上可以解释改革开放以来我国有巨大数量的农民工长时期处于城市的边缘——服务于城市而却得不到相应城市居民所应享受的公共物品。这一状况事实上降低了对外开放效益。例如，近年来在东部沿海地区出现的农民工短缺现象，从一个侧面反映了跨地区公共产品供给不足的后果，随着地区收入差距的缩小这一现象会更加突出。

---

[1] 平新乔：《中国地方预算体制的绩效评估及指标设计》，北京大学中国经济研究中心讨论稿系列，No. C2006018，2006 年 10 月 10 日。

2. 具有负溢出效应的地区公共产品供给

当提供某种地方性共享物品或服务会造成负面外部效应时，各地将不考虑社会总成本，只打自己的小算盘，我行我素，其结果是提供这种共享物品或服务的成本与收益不成比例。

以跨区域公共治理这一地区公共产品供给为例。地方保护主义导致地方政府在面对跨区域公共治理问题时，采取了损人利己的战略。例如，长三角地区，淀山湖在江浙沪二省一市交界处，作为黄浦江上游，上海为了保持其水源不受污染，要求环淀山湖及黄浦江上游的上海各区县在周边不再发展工业。然而淀山湖镇是以招商引资闻名全国的昆山的一个工业重镇，为发展地方经济，淀山湖的工业污水仍源源不断流入淀山湖，这一问题长期得不到解决。类似问题如环太湖的污染治理等在全国多有存在，由此引起的环境破坏带来难以估量的经济损失。

从总体上讲，地方保护主义与地方公司主义会扭曲跨地区公共产品的供给，降低开放效益。对于外溢效应强的基础设施、教育、科技创新等，地方政府缺乏兴趣，在这些领域的公共产品供给不足将直接制约对外资技术、管理等正效溢出的吸收能力的提高；而对于跨地区的环境保护、污染治理等公共产品供给不足，直接导致开放效益的下降。

6.2.3 产业结构失衡与对外开放效益

长期以来，我国地方政府在其施政范围的行政区划内发挥着经济发展的主体作用，是事实上的资源配置主体、投资活动的主要组织者。地方政府的这一作用使其经济行为有着强烈的行政导向性。在以GDP为目标的政绩观导向下，或追求短期内见效快的项目，或盲目追求优先产业；在制度供给上，地方政府制定的

第6章 区域发展导向型体制下开放效益的损失：宏观视角

经济发展规则和政策则凸显行政区本位特征。这一决策模式使地区重复建设、产业布局雷同，外向性经济同构性严重。因而从总体上看，造成整个产业结构的失衡并相应降低对外开放效益。

1. 政策引致性扭曲：开发区建设中的"打工型经济"

工业园区建设的经验来自西方发达国家，以意大利最为典型。其本意是各个地区在长期发展过程中，结合各自的传统文化和背景，形成以行业为纽带，以分工专业化协作为基础的特有的地区专业化模式。改革开放以来，各地方政府以各种优惠政策大力吸引外资推动园区经济建设。这一政策在改革开放初期确实推动了我国外向型经济的快速发展，但当地方政府把工业园区建设当作一种政绩"经营"的时候，招商引资背离了园区产业专业化要求而形成扭曲。很多地区的开发区逐步形成一种以外资为主的"园区经济"，这种"园区经济"在很大程度上已经蜕变为"打工型经济"和"飞地经济"。

目前我国所建立的工业园区中，外资看重的是当地政府所给予的政策优惠，如廉价劳动力、廉价土地、免税政策，等等，短期因素起了主要作用。就其实质而言，政策优惠偏向于资本，并导致要素扭曲。而由要素扭曲所造成的开放中的利益流失我们在前面章节已经做了相关论述。在这里再从产业园区的视角进一步考察过度优惠政策下要素扭曲的后果。

以苏南为例，除昆山以外的大多数开发区都如同"杂货铺子"，拣到篮子里就是菜。由于缺乏产业分工协作和内在联系，开发区难以发挥积聚效应，也难以形成基本的或有竞争力的技术和效率标准。形成一种所谓的"打工型经济"。即便是苏南信息技术产业的代表昆山开发区，也完全是外资带来的，而且目前基本上是属于信息技术的外围产业，以装配鼠标、显示器、笔记本电脑、手机、数码像机为主业。至于里面的核心部件从何而来，成品又将到哪里去，非本企业高级主管人员者一概不知，外资与内资实际上是"两张皮"的"飞地经济"（新望，2002）①。

所以，单看园区外资对 GDP、就业、税收的贡献度是难以对外资主导的"园区经济"的贡献有真正科学准确判断的。而从园区产业结构的科学化、合理化角度去观察就能发现其中的扭曲现象。

2. 政策引致性扭曲：产业链分工与开放效益

随着跨国公司发展，21世纪的国际产业分工出现了"垂直分工"形式，跨国公司生产某一产品时，根据比较优势将每个工序分割置于不同地区。劳动密集型的生产环节日益集中于工资水平低廉的发展中国家，研究、销售等附加值高的工序分布于发达国家。"垂直分工"会给发展中国家带来一个问题，那就是这些国家可能永远得不到一个完整的产业，得到的只是产业链中的低附加值部分。这样，产业升级可能不会在自由竞争条件下发生，发展中国家的经济增长将不得不依赖于不断集中的劳动密集生产环节。其后果是，一方面劳动者福利难以增进，本国资源、环境压力越来越大；另一方面，一国过于集中的产成品出口还会成为贸易保护主义针对的目标②。如果出现这种情形，那么这属于"贫困化增长"。这里以苏州出口加工业的国内增值率的变化为例，见表 6-4。

然而，产业链分工具有两面性。除上述可能发生的消极作用外，另一种可能的积极性在于，发展中国家通过积极参与国际产业链分工，加入国际生产链条并逐步扩大国内产业链，吸收跨国公司的先进技术与管理，最终走出贫困化增长。究竟出现那种情

---

① 新望先生在 2002 年 10 月 13 日于南京大学商学院"斯密论坛"的演讲。
② 卢波：《中央经济工作会议指点新局》，新华网，2004 年 12 月 20 日。

第6章 区域发展导向型体制下开放效益的损失：宏观视角

况将取决于发展中国家加入产业链分工的政策引致性扭曲。

表6-4　苏州出口加工业的国内增值率的变化

年份	加工贸易进口（亿美元）	加工贸易出口（亿美元）	国内增值率（％）
1996	18.72	24.3	29.81
1997	23.75	34.3	44.40
1998	23.72	38.78	63.49
1999	32.64	52.73	61.55
2000	58.76	78.62	33.79
2001	65.00	90.81	39.71
2002	114.73	140.36	22.34
2003	291.50	261.47	19.12
2004	416.71	358.36	14.0

资料来源：刘志彪、张晔：《中国沿海地区外资加工贸易模式与本土产业升级：苏州地区的案例研究》，载于《经济理论与经济管理》2005年第8期。

（1）当前我国产业链分工中的困境："有出口无产业"。在各地区招商引资优惠政策的刺激下，跨国公司大规模向中国转移制造业，我国的产业链分工发展迅速。统计数据显示见表6-5，从2000~2004年，我国加工贸易顺差占总顺差的比重分别是89.1％、91.6％、88.2％、99.3％和98.6％；而各年外资企业在加工贸易总顺差中所占的比重分别为63.6％、67.9％、70.1％、74.1％和77.8％[①]。2005年，中国全年实现外贸顺差为1019亿美元，但是中国的加工贸易实现顺差却高达1424.5亿美元，一般贸易顺差353.7亿美元，不言而喻，其他的贸易方式更是逆差。数据同时显示，在2005年中国1019亿美元的贸易顺差中，在华外商投资企业的贸易顺差净值达844亿美元，占到总额的83％。2006年贸易顺差总额1775亿美元，加工贸易顺差1889

---

① 陈旭敏：《未来谁为中国"制造"》，载于英国《金融时报》2006年9月7日。

亿美元。

不仅显示中国在对外贸易利益分配中仅是分配到利润的一点残羹，更多财富都流入了跨国公司的腰包，而且从产业的角度看，这属于"有出口无产业"的现象①。这种贸易结构必然导致对国际市场的高度依赖。事实上，中国的外贸依存度从1978年的10%提高到1990年的30%，即便受东南亚金融危机的冲击影响，1999年外贸依存度依然保持在34%的高位。在加入WTO之后，外贸依存度继续显著提高，2003年升至60%，2004年为70%，2005年这一数值进一步上升到80%。作为比较，美国在90年代的外贸额相当其国民生产总值的20%，日本的比例是25%。虽然美国和日本是全方位开放的经济，它们对外贸的依存程度都远远小于中国②。合理的外贸依存度是产业结构均衡的表现，而过高的外贸依存度则是国内产业结构失衡的表现。

表6-5 外资在加工贸易中的比重

比重	2000年	2001年	2002年	2003年	2004年	2005年	2006年
加工贸易顺差占总顺差比重	89.1%	91.6%	88.2%	99.3%	98.6%	139.8%	106.4%
外资企业在加工贸易总顺差中所占比重	63.6%	67.9%	70.1%	74.1%	77.8%	81%	80.4%（1~5月）
外资企业加工贸易顺差占进出口总顺差的比重	56.7%	62.2%	61.8%	70.6%	76.7%	63.3%	63%（1~5月）

资料来源：翟志宏：《外资加工贸易持续推高中国外贸顺差》，《国际商报》2006年6月29日；国研网数据。

---

① 张幼文：《正确评估中国国力，提高开放效益和对外谈判主动性》，载于《外交学院学报》2005年第5期。

② [美]黄亚生著，钱勇、王润亮译：《改革时期的外国直接投资》，新星出版社2005年版，第397页。

第6章 区域发展导向型体制下开放效益的损失:宏观视角

这种贸易结构的不利影响还表现在,一方面它极易受国际市场波动的冲击;另一方面,在国内外向型经济高度同构的背景下[①],数量的持续扩张导致在海外市场特别是我国出口比较集中的市场上,我国商品数量增长过快,从而各地区出口企业在国际市场上相互恶性竞争,导致大量贸易利益流失[②],同时还引起较多的反倾销诉讼。

"有出口无产业"是过度外资、外贸激励政策下要素扭曲、生产、对外扭曲的综合反映,同时一系列的政策引致性扭曲也导致了"有产业无技术"局面的出现。

(2)"有产业无技术"下的"贫困化增长"。以加工贸易为主意味着,国内价值链太短,不利于技术创新,甚至可能陷入"产业低端锁定"状态而难以自拔。据统计,2005年,中国仅有万分之三左右的企业拥有自主知识产权"核心技术",对外技术依存度达50%[③];在我国出口商品中,拥有自主品牌出口产品的企业不足20%,自主品牌产品出口不足10%,这就是"有产业无技术"的状况。这种状况将导致"贫困化增长"。

作为跨国公司国际价值链的一个环节,我国的加工贸易仅仅属于跨国公司的劳动力密集型的装配车间,属于价值链的低端,因而其利润被压得极低,如"微笑曲线"所示见图6-1。

发达国家跨国公司依靠动态的研发优势、品牌优势和全球营销优势保持其竞争优势,通过知识产权和 WTO 协议攫取高额回报,位于价值链的两端;而中国的加工贸易则处于"微笑曲线"

---

① 例如,从长三角三省市近几年主要出口行业的产值看,名列前几项的主要行业中就有三项至四项是完全相同的。
② 地方政府的财政利益使在一定程度上全国的比较优势不再作为一个整体而存在,而是以一个个地区而存在,因而各地难以形成统一的谈判协商机制,在外贸出口上过度或恶性竞争,本来作为整体而存在的国际比较利益是可以全部留在国内的,但现在由于地方保护主义、恶性竞争而使比较利益流失。
③ 《中国企业"走出去"投资海外受到世界欢迎》,新华网,2006年9月9日。

(价值链曲线)的中间——最底端,因而只能获得微薄的利润①。

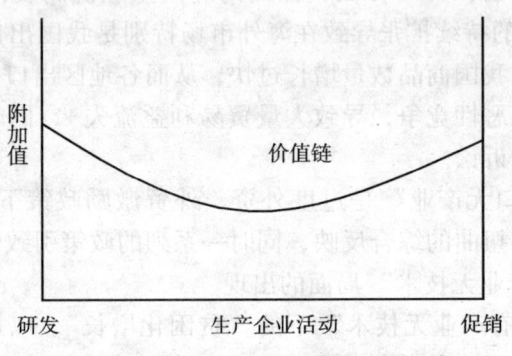

图6-1 现代的价值链曲线

裴长洪(1998)给出了具有代表性的两个案例:

A. 彩电业的价值曲线分布:

	零散件生产	→	装配加工	→	批发	→	O	→	彩电零售价格
增加值	30		10		14.5		35.5		100

B. 纯棉衬衫加工业的价值曲线分布:

	纯棉布原料生产	→	衬衫加工	→	批发	→	零售	→	棉布衬衫零售价格
增加值	13		2		21.3		63.7		100

这两个行业是中国主要出口产业,产业进入壁垒不高,自主生产、委托加工生产和外商直接投资生产同时存在,产业链分工特征明显。上述数据清晰展现了价值链曲线两头高、中间低的

---

① 《宏碁:"微笑"的战略曲线》,《电脑报》电子版2001年第23期;"微笑曲线"的最初定义来自于中国台湾宏碁总裁施振荣先生。他认为现代PC行业有一个基本规律:PC产业中设计和生产芯片和基础软件是利润高的一头,应用和系统集成也是利润高的一头,而中间组装整机的附加值最低,形成一条向上弯曲的曲线,形象地称为"微笑曲线"。

第6章 区域发展导向型体制下开放效益的损失：宏观视角

"微笑"特征①。

随着中国加工制造业能力的快速扩张，我国制造的产品在世界出口产品中已经占到6.4%的份额，但其中85%是外国的品牌。事实上，品牌的研发，是商品附加值最高的部分。如果这个部分缺失，则意味着"中国制造"能力越强，利益流失的就越多。从这个角度看，我国存在着出口高增长而收益低增长的"贫困化增长"现象。

3. 产业结构失衡：服务业滞后性发展与开放效益

改革开放以前，我国在优先发展重工业以及重生产、轻消费的计划方针下，服务业长期受挤，严重落后；改革开放以来，虽然其发展有所加快，但整体上仍然落后于制造业。据统计，到2004年，中国第三产业增加值占GDP的比例是40.67%，2005年下降到40.26%。而按照世界银行的数据，2004年中国第三产业增加值只占35%；同年，印度和低收入国家占52%，中等收入国家占56%②。中国的服务贸易仍然处于初级阶段，其主要表现是，服务贸易集中于传统服务部门，运输出口服务的迅速增长就是证明，而全球服务贸易增长最快的却是金融、保险、咨询、电信等技术和知识密集行业。从1982～2005年，中国的服务贸易年平均增长15.9%，明显低于同期货物贸易的增长率，服务贸易出口额在全部出口总额中的比重一直保持在10%以下，不到全球平均水平的一半，服务贸易长期逆差，2006年上半年的逆差就达56.9亿美元。③

---

① 裴长洪：《利用外资与产业竞争力》，社会科学文献出版社1998年版，第219、226页。
② 世界银行：《2006年世界发展报告：公平与发展》，清华大学出版社2006年版。
③ 《中国外汇储备万亿美元背后藏部门权力竞争》，http://www.newssc.org，2007年1月27日。

政策引致性扭曲：开放效益的体制因素

我国服务业滞后于制造业发展的原因，主要源于两方面的扭曲性因素。

一是改革开放以来，我国的发展激励政策主要集中于加工制造业，对服务业发展产生"挤出效应"。（1）在过去二十多年中，制造业部门经历了相对成功的价格、所有制等市场化改革，激励机制不断完善，其盈利能力和对经济资源的吸引力增强；（2）而对外贸易和国外直接投资的快速发展，使制造业部门更快地获得了市场、技术和管理经验，也增强了对经济资源吸引力；（3）我国对外向型经济实施了一系列优惠和鼓励政策，包括汇率低估、税收优惠、贷款倾斜、低地价、低水平劳工保护等，这也使制造业部门对经济资源的吸引力增强。因此，对服务业发展相对滞后性是由于对制造业实施有偏向性的政策引致性扭曲的结果。

二是我国现代服务业中的国内垄断因素，造成价格扭曲，阻碍了该产业的发展。现代很多服务业部门，尤其是医疗、教育、环境、金融、通讯、交通等部门的市场化改革严重滞后，行政性垄断现象非常突出。行政性垄断不仅使得这些部门的内部激励机制得不到有效改善，降低了对经济资源的吸引力，而且在严重的行政垄断保护之下，外面的资本和劳动面临着很高的进入成本。也就是说，由于现代服务业部门的垄断因素扭曲了要素价格，从而降低了资源配置的效率——不仅降低了服务业部门内部的资源配置效率，也降低了整体经济的资源配置效率。

由于服务业滞后性发展而导致的对外开放效益的影响主要表现在以下几个方面。

第一，在我国加入WTO之后，我国服务业不得不向国外垄断企业开放，外部垄断因素形成对国内服务业的扭曲性影响。这又表现为两点。一是直接的利益流失。有专家将外商直接投资于中国的历史划分为三个阶段，并认为2005年以来进入中国的外

第 6 章 区域发展导向型体制下开放效益的损失：宏观视角

商直接投资出现了新的趋势，即从规范性的实业投资逐步转向金融性投资及以资本运作为主要模式的投资，显示外商直接投资正向第三阶段演化，其特点是，正在进入中国的外资，或者说最具有代表性的外资，不是以制造业或者实业为基础的公司，而是金融资本。因此，这个阶段可以称为金融资本投资阶段①。显然，这是一种从产业资本与金融资本的角度区分外商直接投资的发展阶段。这种划分更容易使我们观察到外资——金融资本进入中国是如何赚取利润的。金融资本直接看重的并不是中国广阔的市场或者廉价的劳动力，而是金融回报，而且往往是比较短期的金融回报。它们看到的是人民币升值的可能性，看到的是中国土地价值的空间，也看到了在中国通过企业重组、企业兼并甚至企业破产等资本运作所带来的潜在巨大利润。此类公司往往并没有技术和管理的特殊技能，相反，他们的投资方向经常是购买已经形成的资产，因此，其投资不是绿地投资，而是"金色投资"（类似购买即将成熟的庄稼）。现实中有代表性的案例是凯雷对徐工的收购。对于当今中国的企业而言，无条件接纳金融投资者，必然造成利益流失与经营风险。二是外资服务型企业具有强大的竞争优势，从而很容易在国内市场形成垄断，从而抑制国内企业的发展。特别是知识型现代服务业不但是高增加值的，而且许多事关现代经济主导权。由于中国与发达国家在这一领域的相对水平差别更大，因而开放所可能带来的现代服务业外资垄断的可能性也更大。也就是说，如果国内产业存在垄断现象，那么引进外资将强化国内市场的扭曲。

第二，从长期看，服务业发展滞后，将制约制造业水平的提升，特别是现代服务业的发展对于促进制造业升级起着关键性作

---

① 李稻葵：《外商投资进入资本运作时代》，载于《新财富》2006 年 9 月 15 日。

政策引致性扭曲：开放效益的体制因素

用。以国际经验看，20世纪80年代以来，西方国家以生产性服务业得到迅猛发展，发达国家超过50%，欧盟达到52.3%，日本达到54%，成为带领制造业升级的重要力量①。随着专业化分工的深化和专业服务外置化趋势的发展，制造业竞争力越来越依赖于设计策划、技术研发、物流等生产服务业的支撑。可见，当经济发展到相当程度时，发达的现代服务业可以为发展新技术产业提供创业的氛围，现代服务业的发展可以与现代工业制造业形成良性互动机制。我国服务业的滞后性已经严重制约了制造业的升级。例如，有些地方多年来一直追求发展现代制造业，但实际上他们只是在做一些铸、锻、金属加工等粗活，至于现代装备的心脏——设计、数控部分，则完全从国外进口。这就失去了发展现代制造业的原意②。可见，服务业滞后性发展已经制约了制造业的开放效益，单纯制造业开放是不能实现水平升级的。目前中国沿海地区经济发达的省市总体上处于工业化中期，珠三角地区已进入工业化中后期。今后15~20年，我国正处于服务业加速发展的阶段。能否抓住时机，伴随经济的发展大力发展现代服务业，是目前中国多数地方面临的最重要问题。

第三，服务业发展滞后与我国当前的外部经济失衡密切相关。从资源配置的角度看，服务业滞后性发展意味着资源配置过度向加工制造业倾斜，因此，造成过度出口。而同时，过度顺差又不能依靠大量进口服务产品平衡，因为这会产生新的扭曲。

6.2.4 结论

区域发展导向型体制下，地方政府只关心本地区经济增长的

---

① 杨军：《中国服务业现状与政府作为》，载于《南风窗》（半月刊）2006年第3期。
② 吴敬琏：《中国增长模式抉择》，上海远东出版社2006年版，第155页。

第6章 区域发展导向型体制下开放效益的损失：宏观视角

公司主义化倾向及其有限理性，意味着地方政府既不关心跨区域（或国家整体）经济结构是否均衡，同时却又采取过度激励政策引进外资促进本地区经济增长，因而必然导致内部经济失衡。

6.3 政策引致性扭曲对竞争优势的影响

对招商引资的过度地区竞争严重影响了外资与内资公平竞争的市场环境，在市场与技术创新等方面形成外资对内资的一定"挤出效应"；同时，外资对国内骨干企业的兼并也削弱了国内技术吸收能力与技术创新能力。从总体上看，是对国家竞争优势的削弱。

6.3.1 扭曲与外资的适度规模

2004年我国吸收外国直接投资606亿美元，位居全球第二，有人开始质疑中国外资是否太多；2005年，中国实际利用外资603亿美元，截至2006年11月底，中国累计设立外商投资企业近59万家，实际使用外资金额达6766亿美元，来华投资的国家和地区近200个，世界500强企业约480家在华投资[1]。毋庸置疑，外资在我国经济中正发挥着越来越大的作用。正如有学者所指出的，在中国关于对利用外资的思考一直以来就存在着争论，而且几乎是每隔七八年就掀起一次波动（韩彩珍，2006）[2]。特别是到2006年底，中国官方外汇储备量已居全球首位，对中国是否需要继续利用外资的质疑更加激烈。理由是中国的外汇并不

---

[1] 中国实际使用外资累计达6766亿美元．www.gutx.com，2006年12月22日。
[2] 韩彩珍：《中国利用外资过度了吗?》，载于《中国外资》2006年第6期。

缺,还需要继续利用外资吗?

针对中国是否存在利用外资过度的问题,韩彩珍(2006)提出了三项标准。指标一,"外资依存度",即外国直接投资存量占当年 GDP 比重。截至 2004 年底,中国累计实际使用外资 5621 亿美元,但其中只有一部分转化为存量资产,如果考虑外商投资企业的中/终止运营、资产折旧和撤资等情况,按 IMF 界定的方式测算,截至 2004 年底中国累计实际吸收外资存量总值仅为 2133 亿美元,占当年 GDP 比重为 13%。因此 5600 多亿美元的外资存量实际上是被夸大了。指标二,当年吸收外商投资占当年固定资产投资的比重。根据该指标,1994 年中国的外商直接投资占全社会固定资产投资的比重曾达到 17.08%,此后呈现下降的趋势,2003 年这一比重为 7.95%,而当年世界平均水平为 7.5%。指标三,衡量一个国家利用外国直接投资的多少,还要看相对规模。在 140 个国家与地区参与的排名中,中国的业绩指数值 1988~1999 年为 0.9,名列第 61 位;2003 年为 3.8。但同期英国为 9.5%、德国为 10.1%,远高于中国。中国人均吸收外商投资只有 41 美元,发达国家人均 534 美元,世界人均 107 美元。根据以上三项指标,尽管近年来中国每年吸收外商投资的绝对量规模很大,但按相对指标来看,中国吸收外商投资还有相当大的空间。按照当代世界经济的发展规律,中国今后市场开放将不断扩大,参与国际分工的程度将不断加深,吸收外国直接投资的规模和向海外投资的规模只会进一步增长,而不会下降。因此,中国并不存在利用外资过度的问题。

然而,仅仅从总量数量指标来观察外资规模是否适度恐怕有失偏颇。黄亚生(2005)[①] 根据资本形成的内外比例结构判断,

---

① [美] 黄亚生著,钱勇、王润亮译:《改革时期的外国直接投资》,新星出版社 2005 年版,第 408 页。

第6章 区域发展导向型体制下开放效益的损失：宏观视角

整体上中国经济发展对外资的依赖在不断增大，中国已经形成"外资依赖症"，国家经济安全风险上升。黄亚生指出，"外资依赖症"的"症"，不是指外资对内资的简单比例，而是指外资对有效率的内资的比例。如果有效率的内资指的是民营资本，根据黄亚生的测算，2003年中国外资对有效率的内资的比例是0.587；如果将集体企业也算作私营的性质，那么2003年中国的外资对有效率的内资的比例是0.29。也就是说，中国的外资对有效率的内资的比例介于0.29~0.587之间。以2002年的FDI/固定资产投资比例的数据来看，与中国比较接近的三个国家是新加坡（0.34）、荷兰（0.33）和爱尔兰（0.71）。而这三个国家是世界上公认的外资依赖国，并且它们都是很小的国家。一般来讲，大的国家相对独立，较少依赖外资，比如在20世纪90年代，美国FDI/内资的百分比只有6.2%，而流向美国的外国直接投资绝对数额比中国大；加拿大是8.3%；巴西是5%。20世纪90年代，韩国的这个比例是1.1%；中国台湾地区是2.8%。中国的FDI/内资的比例超出东亚经济的好几倍。这意味着，中国吸引外资的规模过大了。

本书在这里提出另一个合意外资规模指标：当通过政策引致性扭曲吸引大量外资对内资形成显著"挤出效应"、外资对国内技术创新能力形成抑制、在国内市场形成垄断力量破坏公平竞争的市场环境，这时，我们就认为外资超出了适度规模。显然，外资规模是否过度并不是一个总量概念可以说清楚的，而应该是一个按照行业、地区以及发展水平的不同而加以区别的概念。其中，与发展水平相对应的是对外资技术溢出的"吸收能力"——其反面对应的是外资对内资的"挤出效应"，如果外资技术、管理水平超出了本地区企业的吸收能力，或者外资技术低于本地区企业技术水平，那么这种外资从质的方面讲是不适度的，与外资量的规模没有实质性关系。可见，抛开外资的"质"

（技术、管理水平及其溢出）与本地区企业的技术吸收能力而单纯讨论所谓的外资适度规模是没有任何实际意义的。

6.3.2 扭曲与公平竞争市场环境

改革开放以来，为了加快经济发展而通过一系列对外资优惠政策设计逐步形成了一个相对有利的吸引外资的制度与政策环境，外资规模逐年上升。然而，区域发展导向型体制下的地区过度竞争导致了内外资企业难以进行公平市场竞争，内资企业受到一系列人为的政策性歧视，处于竞争劣势，长期积弱不利于内资企业的发展壮大。

对外资实行"超国民待遇"是我国改革开放初期的国策，对于促进经济体制改革与促进经济增长曾经起到过巨大作用，但短期政策长期化不仅导致开放利益流失——这在前面已经讨论，而且也不利于构建内外资企业之间的公平市场竞争环境。事实上对外资企业实行"超国民待遇"，就是对内资企业实行"非国民待遇"，这必然大大抑制内资企业的竞争能力。

以所得税扣除标准为例，内外资企业存在很多的差别。在2006年7月1日之前，内资企业职工发工资扣除一般是800块钱，个别地方比如北京、上海、深圳可以上浮20%，剩下部分要交企业所得税。而外商企业扣除标准是据实扣除。这一规定在2006年7月1日之后执行新的标准，即内资企业在计算缴纳企业所得税时允许扣除的计税工资标准由目前的人均每月800元上调到1600元，同时停止执行按20%比例上浮的政策。尽管这一调整是向公平税负迈进了一步，但由于差距并未完全消除所以对内资企业的负面影响仍然存在。

内外资企业税收负担的差异意味着内外资企业引进人才、留住人才的成本不同。对于企业竞争而言，关键是技术，技术的核

第 6 章 区域发展导向型体制下开放效益的损失：宏观视角

心是人才。因此，在人才竞争方面显然是不利于内资企业的，长期以往必然造成内资企业养不起人，用不起人，高精尖人才会聚集到外资企业[①]。如果这种状况不加以改变，那么对国家创新能力与竞争优势的提高将会是一个巨大障碍。

对外资的"超国民待遇"还体现在：外商投资企业专门享受的再投资退税、进出口经营权、贷款优先、土地使用费优惠等优惠待遇，以及出口退税、水电、运输优先安排，物资优先供应及其价格优惠等等优惠待遇。

对外资的一系列"超国民待遇"往往是由地区恶性竞争带来的。例如，为了争夺外商资源，在长三角、珠三角许多城市都活跃着一些来自全国各地的"招商游击队"。拥有 1.5 万家外资企业的东莞市，每年有 300 多个招商团组上门举行招商推介会，有的将招商办事处直接安插到了散布很广的 30 多个乡镇。这些"招商游击队"怀揣各地优惠的引资政策，行踪隐蔽，尽量避开地方政府的视线，时常到外资企业进行"敲门招商"。上海也出台了一项不放弃制造业的举措，在市郊的嘉定、青浦、松江三个区设立试点园区，规划用地总面积 173 平方公里，通过打造"商务成本盆地"来增强对外资的吸引力，同时制定一系列财税优惠政策，与周边地区竞争。招商引资中，"大上海"不让"小昆山"的现象，使区域内产业实现互补提升的要求无法真正实现，"错位发展"成为空谈[②]。

各地方政府通过优惠政策扩大招商规模追求政绩的做法，只能使其陷入"囚徒困境"：只重数量、不计成本的恶性竞争导致外资的巨大成本优势，进而转化为对内资的竞争优势，是对公平市场竞争环境的严重破坏。

---

① 《孙钢、刘桓做客搜狐谈"两税合一"》，搜狐财经，2006 年 3 月 6 日。
② 车晓蕙、陈钢：《沿海地区引资陷入"让利黑洞"》，载于《经济参考报》2003 年 11 月 7 日。

政策引致性扭曲：开放效益的体制因素

除政策引致性扭曲这一影响公平竞争市场环境的主要因素以外，另外两个因素亦不容忽视。

1. 体制扭曲：地方保护主义与"市场分割"

地方保护主义存在的一个重要基础是分权体制下相对独立的地区政策与地方利益，这不可避免地导致了国内市场的分割。黄亚生（2005）从投资的角度讨论了地方保护主义对公平竞争市场环境的破坏：地方保护主义人为地提高了外资讨价还价的能力，因为国内企业只能在它们所在的地区选择投资项目，所以它们往往不能选择最优的项目进行投资。而外国企业不受这个限制，它们可以在全国范围内选择项目①。

显然，地方保护主义下的市场分割限制了国内企业的成长空间，这实际有利于外资在全国市场上对内资企业的各个击破，以及廉价实现对内资企业的兼并，并最终实现对国内市场的垄断。

2. 跨国公司的非直接生产性寻租活动

从公平竞争市场环境的角度考察，跨国公司的直接非生产性寻租活动从两个层面对其产生影响。

一是随着跨国公司在中国的整体力量增大，跨国公司企图对中国法律、政策的制定施加影响而获得竞争优势。例如，早在2005年1月14日，便有54家在华跨国公司针对两税合一可能对自己产生的影响，联合向国务院法制办提交了一份报告，要求"取消对外资企业优惠政策应有一个5~10年的过渡期"。

---

① ［美］黄亚生著，钱勇、王润亮译：《改革时期的外国直接投资》，新星出版社2005年版，第400~401页。此外，法国巴黎国际研究和发展中心经济学家庞塞特曾专门对中国国内地区垄断所造成的经济损失进行专题研究，他的研究成果表明，中国各省之间的关税在1997年大约相当于46%，而在此10年前大约相当于35%；中国国内地区贸易壁垒大约相当于欧盟各国之间，或是加拿大和美国之间的水平。参见黄庭满：《透视"地方政府经济圈"现象》，www.cbiq.com，2004年12月24日。

二是对中国政府官员的腐蚀。近年来,外资企业向中国高管行贿案件频繁发生。如《文汇报》2006年11月10即报道IBM曾向中国建行原董事长张恩照行贿事件。据统计,中国在最近10年至少调查了约50万起腐败案件,其中64%与国际贸易或外商有关。世界银行更估计,每年向发展中国家出口金额的5%(500亿~800亿美元)都流向了当地的腐败官员①。香港《大公报》2006年11月23日的一篇文章中列举了跨国公司对中方高管输送利益的十种表现。跨国公司对官员的行贿行为,扭曲了中国的市场经济运行机制,破坏了中国的公平竞争环境及市场秩序,进而压缩了国内企业的利润与生存发展空间。

显然,要建立一个内外资公平竞争环境,就需要我们适时调整对外资的"超国民待遇",消除体制性扭曲并加强对跨国公司的监管。

6.3.3 扭曲与外资对内资的"挤出效应"

要素禀赋的增加与技术进步是经济增长的两个源泉,吸引外商直接投资,在理论上就是增加资本要素,并且资本要素的流入还伴随着技术进步。这是我们改革开放以来坚持引进外商直接投资的一个重要原因。然而,以政策引致性扭曲激励外资具有两面性,其负面影响在于内外资企业长期处于不平等的国内竞争地位,从而产生外资对内资的"挤出效应",这里又可以分为几种情况。

1. 外资对内资"挤出效应"的产权特征

对外资的"超国民待遇"实质上可看作是对外资提供生产

---

① 《中国反腐,警惕外来"颜色革命"》,早报网,2006年11月11日。

政策引致性扭曲：开放效益的体制因素

补贴，由此造成生产性扭曲——在优惠政策激励下外资过度流入而占用大量资源，从而产生对内资的"挤出效应"。特别是对于类似土地这样稀缺资源的占用，其挤出效应最为明显。据王志鹏和李子奈（2004）的研究，在全国范围内，FDI 对国内投资存在显著的挤出效应，FDI 每增加 1 个单位将挤出 0.754~0.821 个单位的国内投资。其中，在东部地区外资的挤出效应最明显[①]。我们理解东部地区已经进入一个新的发展阶段，即超越了过去通过外资激活闲置资源的阶段，东部地区已经进入结构性资源稀缺阶段。此外，杨柳勇等（2002）也实证检验了 FDI 挤出效应的大小[②]；刘金钵等（2003）对上海地区的实证研究表明，外资流入也存在明显的挤出效应[③]。因此，可以认为，当前外资的大量进入确实对内资产生了挤出效应。

（1）外资对民营资本的"挤出效应"。以吸引外资著称的苏州模式与昆山模式，通过开放背景下极为"慷慨"的招商引资政策——例如昆山市政府曾经把"亲商、安商、富商"作为政府的执政纲领，政府的整个工作都围绕招商引资及稳定外商投资展开，并出台了很多优惠政策，一方面，这些地方的经济获得了高速增长，甚至是超常规增长；但另一方面，这些地区的民营经济发展相当滞后，迄今为止，上海、苏州、昆山均是如此。究其原因，正是这些地方将好的土地等生产要素优先供给外资企业，对外资企业实行"超国民待遇"——从而加重了民营企业在竞争中的劣势地位，使其发展空间受到人为挤压。

长三角的发展模式近来似乎正在温州重演。尽管温州的民营

[①] 王志鹏、李子奈：《外商直接投资对国内投资挤出效应的重新检验》，载于《统计研究》2004 年第 7 期。
[②] 杨柳勇、沈国良：《外商直接投资对国内投资的挤出效应分析》，载于《统计研究》2002 年第 3 期。
[③] 刘金钵、任荣明：《外商直接投资对上海国内投资的挤出效应》，载于《工业工程与管理》2003 年第 3 期。

经济当然已经十分发达,但目前温州正大力模仿苏州模式,吸引跨国公司到本地投资。为此温州地方政府出台了种种优惠政策,比如跨国公司可以低廉价格方便地获得土地;而当地民营企业早就面临着这种资源约束。在政府优惠政策下,外商投资企业获得这些资源,就意味着民营企业被排挤,丧失了本来可以享有的进一步发展空间[①]。

(2)"挤出效应"的畸形表现。这里又可以区分两种情况。一是近年来,国内民企掀起一股变身"外企"潮。许多民企在国外设立"壳公司",再设法将境内企业资产注入其中,摇身变为"境外企业"后再以"外资"身份返回。大量中国民企优质资产借此实现了海外大转移。其所造成的巨额国民财富流失被学者称为"在国内吃了'草',却将'牛奶'无条件挤到了国外"[②]。有统计显示,仅在英属维尔京群岛注册的企业中,就约有近20万家与中国企业有关,近来国内引进的外资中此类假外资已经占到了三分之一强[③]。显然,这么多优质资产以"变性"方式转移海,是与当前经济发展政策环境中的"外资崇拜"与"内资歧视"有着更为密切的关系的[④]。二是内资企业被迫选择与外资合并,或情愿被外资兼并,其目的也是为了获得优惠政策。如徐工机械、苏泊尔等案例。

2. 外资对内资"挤出效应"的产业特征与技术特征

以要素价格扭曲为基本特征的优惠政策,还导致"外资的

[①] 陈万日:《八大走势将主导2007年中国制革业格局》,载于《北京皮革:中外皮革信息版》2007年1期。
[②] 郭之纯:《民企怎能"国内吃草、国外挤奶"》,载于《广州日报》2005年11月4日。
[③] 包永辉:《江苏外向型经济调查:企业变身国内吃草国外挤奶》,载于《经济参考报》2006年6月20日。
[④] 当然,这里也有相关法律不完善,以及一些民营企业发展过程中有"原罪",希望通过"变身"——达到变相洗钱的目的有关。

负筛选"，即高能耗、高污染外资对低能耗、低污染外资的挤出，劳动密集型外资对技术密集型外资的"挤出"。也就是说外资对内资的"挤出效应"具有鲜明的产业与技术特征。

（1）外资对内资"挤出效应"的产业特征。江小涓等（2001）通过对 FDI 与中国各工业行业相关关系的实证分析，得出 FDI 在某些行业存在挤出效应[1]。据王永齐（2005）的研究，在总量上，外资对国内资本的挤出效应并不明显，但从产业结构上看，相对挤出效应却是存在的，而且外资也倾向于在相对挤出效应较大的行业投资[2]。杨柳勇、沈国良（2002）发现，外资进入的行业主要是那些竞争性行业或市场化程度较高的产业，在这些产业中，外资企业因享受优惠政策更加剧了外商直接投资的挤出效应[3]。刘金钵、任荣明（2003）的测算表明，内外资投资方向大体相同，产业构成相关系数高达 0.94。据郭克莎（2000）的统计，进入中国的 FDI 中大约有 60% 分布在产品过剩、生产能力闲置突出的消费品工业，投向重工业的外资只占 40%[4]。

可见，就外资分布的产业特征而言，建立在要素价格扭曲基本上的外资优惠政策，使内外资之间的竞争性超过了它们之间的互补性。

（2）外资对内资"挤出效应"的技术特征。我国招商引资的优惠政策实际上多年来延续了以弥补国内资金短缺为首要目的的政策倾向。这意味着各地招商活动对外资技术含量基本没有要

---

[1] 江小涓等：《外商直接投资对中国工业增长和技术进步的贡献》，载于《中国工业经济》2001 年第 6 期。
[2] 王永齐：《外商直接投资对国内资本形成的挤出效应分析》，载于《世界经济文汇》2005 年第 6 期。
[3] 杨柳勇、沈国良：《外商直接投资对国内投资的挤出效应分析》，载于《统计研究》2002 年第 3 期。
[4] 郭克莎：《跨国公司的对外扩张战略与中国大型工业企业的国际化经营》，载于《管理世界》2000 年第 2 期。

求,因而港澳台中小资本占据了绝大部分。然而,外资即使没有先进的生产技术与管理经验的支撑,仍能够依靠优惠政策所赋予的成本优势而获得市场竞争力。这样,一些生产效率并不高的外资企业通过各种"超国民待遇"在国内市场获得竞争优势,挤压了相对具有更高效率的国内企业。其结果是导致产业整体效率出现下降(魏后凯,2006)[①]。

3. 外商直接投资挤出国内银行储蓄(内资)

外商直接投资挤出国内银行储蓄(内资),有政策引致性扭曲的原因,但更大程度上恐怕是由于国内金融体制改革滞后而形成的金融体制性扭曲所致。

具体而言,国有商业银行的贷款倾向于向大中型国有企业与外资贷款,也即形成了对地方政府与民营企业的歧视。而对于地方政府与民营企业而言,从融资成本的角度考虑,FDI 比从国内银行融资成本(包括交易成本)更低。因此,根据成本—收益对比,地方政府与民营经济更喜欢 FDI。从而,出现了外资"挤出"中国银行储蓄(内资)的现象——与之相伴的现象是中国外汇储备的急遽上升,内外经济失衡。因此,金融体制性扭曲是我国一方面国内资金过剩,另一方面 FDI 不断大量流入的一个重要原因。

6.3.4 扭曲与创新能力

商务部发布的《2005 跨国公司在中国报告》中指出,大量外商直接投资带来的结果是核心技术缺乏症。我们在 20 世纪 90

---

① 魏后凯:《中国利用外资的负面效应及战略调整思路》,载于《中国经济时报》2006 年 8 月 25 日。

政策引致性扭曲：开放效益的体制因素

年代初即提出了以市场换技术的策略，然而市场是让出去了，技术特别是核心技术却并没有换回来。也就是说，通过吸引外商直接投资并没有明显提高我国的技术创新能力，甚至还在一定程度上受到了削弱。究其原因，这与我国招商引资过程中的一系列政策引致性扭曲密切相关。

1. 要素扭曲削弱创新能力

要素扭曲，特别是劳动力价格扭曲是导致我国技术创新能力不足的重要原因。

首先，由于劳动力太廉价而使得投资技术要素的投资不经济。企业投资于低技术劳动密集型产业就能获得丰厚利润，因而企业技术创新压力不足——这实际上是鼓励低技术企业发展。特别是要素扭曲下的外商投资政策优惠，是对低技术外资企业流入的鼓励，也就是说，外资企业不需要先进生产与管理技术就可以在国内市场取得竞争优势，从而大大降低了通过引进外资增加技术溢出的可能性。

其次，由于知识型劳动力相对价格不合理，过低从而得不到鼓励性的发展而长期短缺。其后果一是抑制了东道国的技术吸收能力，致使跨国公司对东道国的技术转移或技术溢出效应不明显；二是在国内企业与跨国公司进行人才竞争时处于劣势地位，从而抑制内资企业的创新能力。

2. 外资并购国内技术骨干企业削弱创新能力

在与外资合资、合作问题上，我国地方政府以外商投资数量、GDP 增长速度等为指标的错误政绩观，是导致地方政府对重点骨干国有企业往往采取一卖了之做法的主要原因；加之政府相关政策法规不明确，舆论导向不清晰，行业协会缺少有效的管理手段等，结果是外资轻而易举就完成对中国企业的兼并活动。

第6章 区域发展导向型体制下开放效益的损失：宏观视角

与此同时，跨国公司则充分利用了地方政府的行为扭曲，乘机有选择地并购地方行业龙头或骨干企业，从而对我国的整体技术创新能力构成严重威胁。正如有专家所指出的，"如果听任国家多年培育的骨干企业被跨国公司吞并，我国工业的核心和关键部分被外资控制，国家将失去对工业发展和技术进步的主导权，我国经济独立和政治独立的基础将被侵蚀殆尽，中央增强自主创新能力、振兴装备制造业的方针将失去前提。"[①] 国家统计局局长李德水在2006年两会期间亦指出，"跨国公司近年来大举并购我国发展潜力较大的行业龙头企业，而且要求必须绝对控股，以此达到消灭和控制我国的民族品牌的目的"，提出要"谨慎对待垄断性跨国并购"。如果任由外资继续大规模并购中国企业，将使中国被动资本化，走上当年阿根廷的老路。[②]

具体而言，外资对内资企业的并购可以分为三个层次。

第一是对地方国有行业龙头企业的并购。如近年来发生的卡特彼勒收购厦工集团股份、新加坡威斯特与英国伯顿联合收购大连第二电机厂、德国FAG公司兼并西北轴承，以及锦西化机、杭州齿轮厂、常州变压器厂等地方龙头企业的被兼并，等等。[③] 这些被跨国公司廉价收购的我国国有骨干企业，无不曾经拥有自己的独立品牌、核心技术和制造能力以及可观的国内市场份额等，但现在都随着收购兼并而丧失，从而直接打击了我国的自主创新能力与行业国际竞争力。

第二是对具有成长潜力的市场中端高科技公司的兼并。以电气设备行业为例。这个由设备自动化以及发电设备等组成的行业

---

① 高梁：《警惕跨国公司借改制之机吞并我装备制造业骨干企业》，www.dajun.com.cn，2005年12月19日。
② 管清友：《专家称外资并购拉美化将使中国失去经济自主权》，和讯网，2006年3月24日。
③ 高梁：《警惕跨国公司借改制之机吞并我装备制造业骨干企业》，www.dajun.com.cn，2005年12月19日。

政策引致性扭曲：开放效益的体制因素

产值高达 600 亿美元。但由于中端市场的产品成本通常比高端市场平均低 20%～30%，同时行业平均利润也比较低，例如，2005 年，中国排名前 1000 家电子企业的平均净利润率仅为 2.5%。微薄的利润使跨国公司难以在中端市场立足。因此，近五年来，在跨国企业专攻高端市场的同时，瞄准中端市场的中国公司已将其整体市场份额从 55% 扩大至 65%；而自 2001 年以来跨国企业整体的市场份额从 45% 下降至 35%。根据对 1000 家中国高科技公司进行的调查显示，这些企业的平均增长速度是跨国企业的三倍；2004 年其占有中国高科技市场份额的 67%，预计在 2010 年前中国公司将获得中国高科技市场 80%（价值约 2600 亿美元）的市场份额[1]。

因此，如果跨国公司失去快速发展的中端市场，那么它们迟早要在高端市场上面对中国公司的强有力竞争。"如果不能打败它，就收购它"这已经成为高科技跨国企业在中国面临本土公司激烈竞争时的经典策略。2005 年，一家工业电子产品跨国生产商收购了一家中国公司，后者在中端市场的份额高达 30% 并且每年以 25% 的速度增长。为了确保合并后客户和雇员不会流失，吸引管理层继续效力，这家跨国公司允许管理层原班人马留任，继续执行日常管理和控制。收购后的 2006 年第一季度该公司销售额增幅超过了 60%[2]。这一收购案意味着，跨国公司挤占高端市场，中资公司占领中低端市场的格局正在被打破。

一旦跨国公司通过收购在中端市场较为成功的新兴中国公司，并针对中国市场迅速构建具有竞争力的中间产品系列，那么中国就难以成长出大批具有国际竞争力的大企业，创新能力将在长期里遭受严重抑制。

---

[1][2] 夏小禹：《如果不能打败它，就收购它吧》，http://chinese.wsj.com/big5，2006 年 6 月 27 日。

第6章 区域发展导向型体制下开放效益的损失:宏观视角

第三是外资对一般优质企业的兼并。例如,永煤与巴西淡水河谷的合作,双汇与高盛的联姻,新加坡丰隆集团对新飞电器与新飞家电的并购,法国家电制造商 SEB 集团收购浙江苏泊尔公司等。这种兼并被称为是对内资的"斩首式"并购[①]。根据国家工商总局在 2004 年发布的一份报告,外商投资企业在中国的不少行业已经形成了垄断或寡头垄断。例如,在软包装行业,本地企业所占的市场份额不足 5%,而在感光材料行业,85% 的市场份额已被外资企业占据。外资企业的垄断使本地企业被迫退出市场,原有的研发队伍解体、人才流失,对我国自主创新能力的培育造成了负面影响。

此外,一些不成功的合资、合作案例表明:最终都纷纷变成外商独资企业,而加强了技术控制。以汽车行业为例,在入世"狼来了"的影响下,国有汽车公司基本都与外国汽车巨头建立了合资企业,但是,从车型选择到零配件的采购权均掌握在外方手中。中国企业从短期业绩的角度考虑,基本抛弃了过去积累的汽车开发力量,中方所得有限。结果中国成为国际汽车业转移剩余产能、获取巨大利润的市场。根据中国汽车工业协会调查,中外双方出资为 2∶1,但利润所得却为 1∶2,同时也造成中国汽车产能过剩的问题。中国整车生产厂家达到 145 个,但是,年销量超过 10 万辆的汽车整车厂只有 10 家[②]。这表明,外资企业还通过合资、合作以及兼并,恶化中方企业在分工链条中的地位,国内企业往往主要从事加工环节,技术含量与附加价值都较低。这也在一定程度上抑制了国内创新能力。

从总体上看,并购不仅使中方丧失了技术创新的平台,还失去了原有的市场份额以及多年来辛苦打造的自主品牌。行业骨干

[①] 《中国舆论猛批外资并购国企》,早报网,2006 年 9 月 6 日。
[②] 王勇:《入世五年扭转西方偏见,经济增长过于依赖外资》,载于《环球时报》2006 年 12 月 14 日。

企业被并购还使整个行业失去了技术支撑，因此，一个关键企业的"倒下"实际意味着一个行业的"倒下"。可见，外资对内资的"斩首式"并购其负面效应是多方面的。

显然，外资的"斩首式"并购不仅仅是一个市场竞争环境扭曲与反垄断的问题，而且更为重要的是一个国家竞争优势丧失的问题。一直以来，地方政府总是热衷于帮助外资企业兼并内资企业，以取得所谓"引资"政绩，这不能不再次让我们关注转变政绩观、转变政府职能的问题。

再从技术扩散与技术吸收的角度看，王××和布郎姆（Wang and Blomstrom, 1992）指出技术扩散是内生于跨国公司与东道国企业的博弈过程的：东道国企业对外资企业的技术吸收缩小了内、外资企业之间的技术差距，因而迫使跨国公司子公司为了维持东道国国内市场份额，必须引进或开发新技术，结果导致新一轮的技术外溢，即存在技术外溢的正反馈。因此，其政策建议是明确的，即东道国政府一方面要对外资企业投资产业导向进行规定，但更重要的是如何提高本国企业的竞争力、本国产业结构，来迫使外资企业加大其先进技术转移速度和研发力度。从这一角度出发，我们有理由担心跨国公司对国内骨干企业的兼并，将极大地削弱本国对外资技术溢出的吸收能力。因此，我们有理由制定严格的政策，审查外资对内资企业的兼并行为。

3. 跨国研发中心对中资企业创新能力的"挤出效应"

目前发达国家财政研发经费的投入占 GDP 的比重达 2% 以上，其中美国、日本、韩国接近 3%，在全球研发的投入量当中，美国、欧洲、日本等发达国家就占了 86%。从国际技术贸易方面来看，发达国家获得了全球技术转让和许可收入的 98%。凭借科技优势和建立在科技优势基础上的国际规则，发达国家以及跨国公司形成了对世界市场，特别是高技术市场的垄断，并从

第6章 区域发展导向型体制下开放效益的损失：宏观视角

中谋取大量的超额利润①。因此，通过在发展中国家设立研发中心实现技术垄断与高额利润是发达国家跨国公司的长期全球战略。

中国经济的高速增长蕴藏着巨大的潜在利润，从而吸引跨国公司在中国大量设立研发中心并增加在华研发投入。截至2006年11月底，外商投资在华设立的各类研发机构超过800个，根据联合国贸发会议调查，中国已经成为跨国公司设立研发中心的首选地。跨国研发中心进入中国固然会产生一定的技术、管理、人才培训等方面的正面溢出效应，但其对中资企业创新能力的"挤出效应"不容忽视。

首先，"挤出效应"来源于跨国研发中心对国内创新资源的争夺，特别是人才的争夺。如前所述，知识型劳动力的价格扭曲导致中国企业特别是国有企业不能高价使用知识型劳动力从而被外资企业大量使用。目前，外资研发领域主要集中于与我国各行业的人才储备丰富及知识产权保护较好领域相重叠的部分，如电子、机械、汽车、IT、电信、化学和医药等行业，研发活动侧重于产品适应型和应用技术。这种分布结构意味着外资企业与国有、私营企业的人才竞争，增加国内企业的人才压力。在华外资研发机构中除少量高级研究人员来自国外，大多将视野撒向中国各科研院所和高校，高级技术人才由以往"出国"流向发达国家的"明流"，转为在家门口为老外"打工"的"暗流"。如朗讯公司旗下的贝尔实验室，是目前在中国设立的最大的跨国公司研究机构，在上海和北京两地共有500多名科研人员，具有博士和硕士学位的人达到了96%。如果说外企在华设立生产中心还在分"市场销售蛋糕"，那么其研发中心的到来，更大的威胁在

---

① 李希琼：《中国企业必须以创新打破跨国公司垄断》，载于《中国经济时报》2006年8月3日。

政策引致性扭曲：开放效益的体制因素

于国内的"创新人才蛋糕"被瓜分①。由于现代技术越来越少采取技术人员个人经验和知识的形式而采取专利形式，因而国外研发机构在中国科技人员身上所产生的"学习效应"是不能高估的，至少在短期内不能发挥作用的（张幼文，2005）②。

其次，跨国研发中心面向中国市场构筑在华技术垄断。

（1）专利申请。从跨国公司在华研发中心的类型看，根据功能和技术层次跨国公司在华研发中心大体可分为三大类：一是基础开发型，技术成果面向全球市场或从事基础研究，一般为全球性研发中心；二是应用开发型，主要从事面向中国市场的产品应用开发，一般为区域性研发中心；三是技术支持型，主要从事测试服务、产品维修等从属于公司主营业务的技术服务。目前跨国公司在华设立的研发中心大部分以应用开发为主③。据世界知识产权组织发布的 2004 年全球专利申请排行榜，中国已经成为继日本、美国、欧洲和韩国之后的第五大专利申请国，中国在 10 年内的专利申请量已增长 7 倍。然而，2004 年中国专利申请中的一半是由外企提出的；从专利的种类来看，包括发明专利、实用新型和外观专利，其中前者的技术含金量更高，但是中国专利申请中只有大约 1/3 是发明专利，其余的都是技术含量不高的实用新型和外观专利④。

显而易见，跨国公司是近年来我国专利申请数量快速增长的

---

① 龚震、华青海：《外研发中心纷纷登陆：跨国公司练就中国功夫》，载于《金融时报》2006 年 1 月 11 日。
② 张幼文：《正确评估中国国力提高开放效益和对外谈判主动性》，载于《外交学院学报》2005 年第 5 期。
③ 商务部：《跨国公司在华投资研发中心发展迅速》，http://www.sme.gov.cn/index.html, 2006 年 2 月 9 日。目前，在华的全球性研发中心有：微软亚洲研究院、诺基亚杭州研究中心、上海贝尔阿尔卡特研究中心、松下研究开发（中国）有限公司等。
④ 寇维维、段聪聪：《中国专利申请数居世界第五》，载于《环球时报》2006 年 10 月 19 日。

主要推动力,并且占到半壁江山。由于中国大多数企业从事加工生产,真正掌握核心技术的中国企业也就有万分之三。而且很多企业研发能力低,投入少,所以只能从最简单的创新做起。这意味着中国自主创新能力非但不强而且有被跨国公司置换的危险。

(2)技术依附。还必须看到,外资研发吸附力加深了国内产业的技术依赖。跨国公司通过设立研发中心,将产业链竭力向下游延伸,尽管这在一定程度上优化了中国市场上的资源配置,提高了产业的本土化程度,但其强劲的吸附力也强化了跨国公司对中国产业的整体控制。从知识产权角度看,外资研发机构将形成更多适合于中国市场的知识产权与核心技术,使外资企业相对于中资企业具有更为明显的竞争优势,从而增大国内企业走科技创新发展道路的难度。

最后,减少技术外溢。跨国公司技术控制手段严密花样繁多,减少了技术外溢效应。其做法通常是,通过产业内分工体系实现技术控制;以独资或控股形式防止先进技术溢出;通过设计"研发链"上的位置实现技术控制;通过专利和技术标准及技术的逆向扩散实现技术控制;以合作成果的知识产权归属来实现控制,等等。商务部调查显示,有46%的跨国公司倾向于建立独资的研发中心,其首要原因就在于技术控制。而在合资企业中,外方更注重追求研发机构或合资公司的控股权,取消中方原有的研发机构,或把中方的相关机构置于附属地位,封堵在华技术扩散渠道。

4. 创新能力:高新技术产业进出口结构分析

外资对我国技术创新能力的抑制,从对高新技术产业进出口结构分析中可以得到一定的证明。

从高技术产品进出口的技术领域来看,2005年我国高技术产品的进出口依然集中在计算机与通信技术和电子技术两个领域,进出口额所占比重分别达到81.5%和92.4%。高技术产品

政策引致性扭曲：开放效益的体制因素

进出口总额总体趋势如图 6-2 所示，在 2003 年以后出口逐步超过进口呈现顺差。

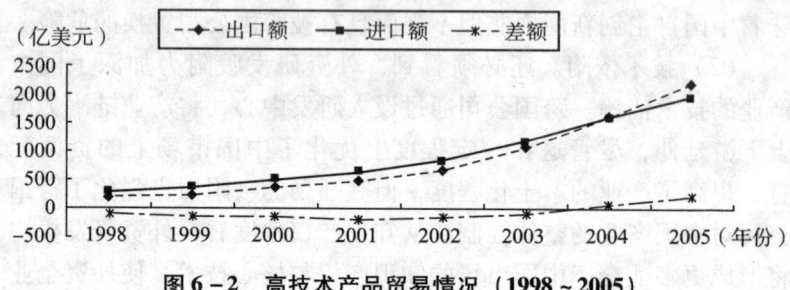

图 6-2　高技术产品贸易情况（1998~2005）

资料来源："2005 年我国高技术产品进出口分析"，http://www.most.gov.cn2006/09/14。

尽管上述数据显示中国的高新技术产业成长速度很快，但通过对出口结构的具体结析，我们发现至少有两个问题令人担忧。

（1）外商独资企业在高新技术产品进出口中占据主导地位。2005 年，在我国高技术产品进出口的各类企业中，三资企业的进、出口额均在 1500 亿美元以上，所占比重分别达到 88.0% 和 79.9%，其中外商独资企业的进出口在全部高技术产品的比重均超过了 60% 以上。相反，其他内资企业的比重则始终处于下降的趋势，2005 年国有企业和其他内资企业的出口占我国高技术产品出口总额的比重分别为 7.4% 和 4.6%，进口比重分别为 14.3% 和 5.8%。整个"十五"（2001~2005 年）期间，中国高新技术产品出口额增长 3.7 倍，其中外商投资企业高新科技产品出口由 2001 年的 378 亿美元增至 2005 年的 1920 亿美元，增长了五倍，占同期全国高科技产品出口总值的 86.2%[1]。

---

[1]《中国实际使用外资累计达 6766 亿美元》，新华社北京 12 月 21 日电。

第6章 区域发展导向型体制下开放效益的损失:宏观视角

随着外商独资企业进出口份额逐年提升,内外资企业在我国高技术产品进出口贸易上的差距进一步拉大。

(2) 进料加工贸易出口在高新技术出口中占据主导地位。随着高技术产品需求量在全球的急剧增加,很多发达国家的跨国公司为了满足市场需求,不断扩大生产规模。越来越多的外资企业将高技术产品的加工基地转入我国,如IBM、戴尔、惠普、诺基亚、摩托罗拉等都在我国设立了众多的生产加工基地。

2005年在高技术产品出口总额中,一般贸易和来料加工装配贸易出口所占比重分别为8.1%和14.2%,而进料加工贸易的出口比重仍然高达75.1%,主导优势十分突出[①]。1996年至今,进料加工贸易一直保持着我国高技术产品出口的主导地位。从增长速度来看,9年间一般贸易和来料加工贸易的出口年均增长速度分别为28.8%和34.4%,低于高技术产品出口总额的平均增长速度(37.2%);而进料加工贸易出口的平均增速达到39.5%,分别高于一般贸易和来料加工贸易年均增速11个和5个百分点,2005年进料加工贸易出口的产品中有87.3%集中在计算机和通讯技术领域[②]。如图6-3所示。

由此可见,我国高技术产品出口始终以进料加工贸易为主要形式,并保持着较高的增长势头,而代表企业技术创新实力的一般贸易不仅所占比重较低,出口增速也明显不及加工贸易的增长速度。

---

① 高技术产品出口的贸易方式主要有一般贸易、进料加工贸易和来料加工贸易等形式,其中一般贸易指我国境内有进出口经营权的企业以单边进口或单边出口货物的交易方式;进料加工贸易指我国境内企业用外汇购买进口的原料、材料、辅料、元器件、零部件、配套件和包装物料,加工为成品或半成品后再外销出口的交易方式;来料加工贸易指由外商提供全部或部分原材料、辅料、零部件、配套件和包装物料,必要时提供设备,由我国境内企业按外方的要求进行加工装配,成品交外方销售,我方收取工缴费,外方提供的作价设备价款,我方用工缴费偿还的交易方式。
② 2005年我国高技术产品进出口分析。http://www.most.gov.cn,2006年9月14日。

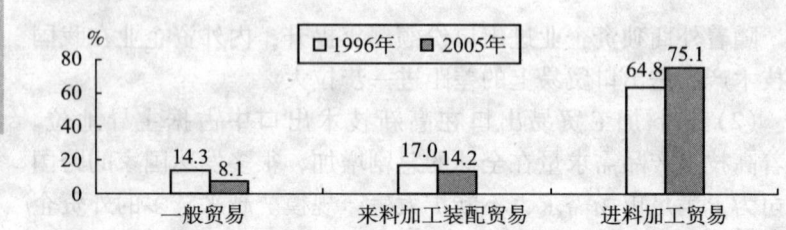

图 6-3 高技术产品出口的主要贸易方式分布（1996年、2005年）

资料来源："2005 年我国高技术产品进出口分析"，http://www.most.gov.cn2006 年 9 月 14 日。

（3）从高技术产业价值链分工的视角看，我国处于分工的底层。从出口来看，1996 年以来，出口美国、欧盟和日本三个国家（地区）的高技术产品占当年我国出口的全部高技术产品总额的比重一直在 50% 以上，2005 年的比重为 53.4%。从进口来看，1996 年我国进口的高技术产品主要来自日本、欧盟和美国，占我国全部进口高技术产品总额的比重合计高达 70%。截至 2005 年，美国、欧盟和日本等发达国家依然是我国高技术产品最主要的消费市场；然而，我国进口的贸易伙伴正在向多元化发展：2005 年来自东盟的高技术产品进口占当年高技术产品进口总额的 19.7%，其次为日本、我国台湾地区和韩国，分别为 15.4%、14.8% 和 13.1%；欧盟、美国则分别降为 9.5% 和 8.1%。

高技术产品进口来源地向新兴工业化国家以及周边的发展中国家转移，意味着我国正在向价值链分工的底层移动；同时，美、日、欧盟等消费市场则不断为新兴工业化国家所挤占。

5. 结论

政策引致性扭曲一方面刺激外资大量流入，特别是近年来跨国研发中心进入中国速度大大加快，另一方面，政策引致性扭曲

第6章 区域发展导向型体制下开放效益的损失：宏观视角

也导致要素扭曲下的内资企业技术创新能力受到削弱，而错误的政绩观则加剧了这一趋势。从长期看，如果不能建立一个积极的有利于内资企业的创新环境，那么我国高新技术产业乃至整个产业都将加深对外资的依附性，威胁我国产业安全。

6.3.5 扭曲与竞争优势

迈克尔·波特（Michael E. Porter）在《国家竞争优势》中指出：国家经济的基本目标是提供人民高水平的生活。要实践这个目标并非依赖模糊不清的"竞争力"，而是借助运用劳动与资本等国家资源所得到的生产率，生产率又是每一单位劳动与资金的产出价值，并且由产品的质量、特性（这两个决定产品价格）以及生产效率来决定[1]。这意味着一个国家追求比较优势乃至国家竞争优势的核心是提高生产率，特别是劳动生产率的提高。因此，通过政策引致性扭曲建立在要素扭曲基础之上的低成本优势是虚假的比较优势。

这是因为，在要素价格扭曲下的成本比较优势，尽管有利于实现贸易盈余、GDP 增长以及创造就业机会，但是却掩盖了其不利于生产率的提高，不利于国民福利的提升，相反甚至造成贫困化增长的实质。因为一个国家如果以低工资与弱势货币扩张出口规模，但同时又依赖进口精密高层次产品，纵使创造贸易顺差或贸易平衡，该国的生活水平却无法提升。同样，创造就业机会也不等于国家竞争力，因为只有提高生产率的工作才能转换为较高的国民所得。因此，这种所谓的比较优势是一种"虚假的比较优势"，即偏离了以提高效率、提高国民福利为目标的比较优势。

---

[1] ［美］迈克尔·波特著，李明轩、邱如美译：《国家竞争优势》，华夏出版社 2002 年版，第 6 页。

政策引致性扭曲：开放效益的体制因素

长期以来，地方政府错误地将贸易顺差、GDP 增长率、高就业率作为竞争优势的体现。然而，如果比较优势是虚假的，那么竞争优势也是虚假的。正如波特所指出的，以生产成本或政府补贴作为比较优势的弱点在于，更低成本的生产环境会不断出现。今天以廉价劳力看好的国家明天可能就会被新的廉价劳动力国家取代。由于新科技的快速发展，以往被认为不可能的、不经济的资源异军突起，同样也让以传统资源见长的国家，一夕之间失去竞争力；并且除了传统优势不断消逝之外，还因为资产的投入而被套牢[①]。这意味着，以要素扭曲为支撑的竞争优势是不可持续的。

一个国家真正的竞争优势来自于企业与行业的竞争优势，也就是生产力发展水平的优势。一国兴衰的根本在于能否在国际市场竞争中取得优势地位，而国家竞争优势的关键又在于国家能否使主导产业具有优势，并使企业具有适合的创新机制和充分的创新能力。因此，必须对目前的政策引致性扭曲进行深入调整，以建立一个公平竞争环境，提高企业、产业创新能力，建立真正的国家竞争优势。

本章小结

地方政府的有限理性导致地区恶性竞争，并在宏观上造成总体经济的内外失衡及相应开放效益的下降；同时，地方政府有限理性下的地区过度竞争也不利于建立国家总体经济竞争优势。

---

① ［美］迈克尔·波特著，李明轩、邱如美译：《国家竞争优势》，华夏出版社 2002 年版，第 14~15 页。

第7章

区域发展导向型体制下的对外开放效益提高

区域发展导向型体制下，政策引致性扭曲推动了我国经济高速增长与对外开放，但也导致不必要的国民利益流失以及虚假比较优势，并对建立竞争优势产生不利影响。因此从根源上消除或减少政策引致性扭曲，是提高对外开放效益的必要条件。

扭曲理论关于消除扭曲的"直接针对性"原理指出，应当在问题的根源上进行干预，所采用的政策工具，应能够尽可能直接地作用于那些私人与社会的收益或成本不相一致的扭曲的根源，这样才是更为有效的。具体而言，当扭曲为内生时，直接针对扭曲性质采用税收或补贴政策；而对于自发性政策引致扭曲，消除扭曲在于取消政策；当由于某些经济变量的值必须予以约束时，经济必须引入工具性政策扭曲，最优或较低成本的方法是选择可形成直接影响受约束变量的扭曲的那种政策干预。对于由于经济体制引起的扭曲，消除扭曲在于进行经济体制改革。

本章将根据区域发展导向型体制下扭曲形成的特点与层次，从四个角度展开讨论：一是关于消除体制性扭曲；二是关于过度优惠政策扭曲的消除；三是消除造成内外经济失衡；四是发挥政策引致性扭曲的积极作用，大力培育稀缺要素，实现对外开放的长期动态竞争优势。

7.1
继续消除体制性扭曲

改革开放以来,我国成功地以区域发展导向型体制推动了经济的快速增长。然而,必须看到,在这一体制下地方政府存在着过度干预经济的公司化倾向,并导致一系列扭曲,从而造成开放效益的下降。这种扭曲,就其根源而言是一种体制性扭曲。根据对症规则,要消除这类扭曲需要转变政绩观、完善财政分权体制、转变政府职能;其中,转变政绩观、完善财政分权体制是转变政府职能的前提条件。

7.1.1 转变政绩观:以科学发展观为指导

官员考核机制是左右地方政府与部门行为的基本因素,只要上级组织部门在对地方干部的考核中根据各地 GDP 发展速度,决定领导干部的命运,那么,必然会产生"GDP 崇拜",扭曲各地政府经济干预行为。与财政分权对地方政府行为的激励相比,错误的政绩观影响更大,在这里前者事实上变成了后者的实施手段。因此,根据消除扭曲的对症规则,要提高对外开放效益必须要代之以符合科学发展观的"新政绩观"——这意味着以另一类相对的约束指标,如污染指标、能耗指标、外资税收指标等取代以 GDP 增长率等为核心的单纯数量指标。

从政策层面看,"十一五"规划纲要规定,经济社会发展指标被划分为"预期性"和"约束性"两类。预期性指标是国家期望的发展目标,主要依靠市场主体的自主行为实现。政府要创造良好的宏观环境、制度环境和市场环境,并适时调整宏观调控方向和力度,综合运用各种政策引导社会资源配置,努力争取实现。约束性指标是中央政府在公共服务和涉及公众利益领域,对地方政府和中央政府有关部门提出的要求。政府要通过合理配置公共资源和有效运用行政力量,确保实现。其中的约束性指标涉及:人口总量控制、单位GDP能耗、单位工业增加值用水量、耕地保有量、主要污染物排放总量、森林覆盖率、城镇基本养老保险覆盖人数、新型农村合作医疗覆盖率等8个方面。其中硬指标,单位国内生产总值能源消耗比"十五"期末降低20%左右;主要污染物二氧化硫和化学需氧量排放总量减少10%;森林覆盖率提高到20%,以及耕地保有量不能突破、社会保障覆盖率要提高等,是必须进行考核的硬指标,具有法律效力[1]。这样做可以在很大程度上避免盲目地追求GDP、简单地追求增长速度。

目前这些刚性指标主要通过行政责任的渠道层层分解落实。以环境保护为例,2006年,经国务院授权,国家环保总局与全国31个省(自治区、直辖市)和华能等6大电力集团签订了主要污染物削减目标责任书。目前,全国已有29个省(自治区、直辖市)将污染物排放总量削减任务分解到地市和重点排污大户,其中,河北、河南、山东、辽宁、黑龙江等省还以严于国家下达的削减指标与各市和企业签订责任书。据《太原晚报》报道,山西省在"十一五"期间,决定以企业投资为主体,政府引导、市场推进、社会参与的方式治理工业污染问题,在工业污染防治项目上总投资约540.8亿元,政府给予10%政策性引导资金,约54.1亿元,其中省政府补助约27.1亿元,重点抓好六大行业的污染治理。为完成上述任务,山西省制定的保障措施是:实行领导干部环保问责制和奖惩制,坚持完善各级政府环境目标责任制,半年一公布,年终"一小考",三年"一中考",五年到期"一大考",考核结果要作为领导干部任免奖惩的重要

---

① 参见"十一五规划纲要"。

依据①。

由于能耗和主要污染物排放总量这两大约束性指标在很大程度上反映了中国经济增长方式和产业结构的状况,也即反映了经济运行的质量,因此,对经济发展给予能耗与污染物排放削减的"硬约束",并持续施加5年的压力,将有力地促进产业结构的优化升级,推进经济增长方式的转变。

不可否认,从对外开放的角度看,衡量地方政府政绩指标的转变对于提高引进外商直接投资的质量具有重要激励作用。但我们也必须看到,目前,各地方政府中存在着一种以增加轻度污染投资从而在总体上稀释严重污染投资而"达标"的行为,这意味着还需要进一步完善"政绩指标"并对地方政府施加更为严厉的监管。

7.1.2 完善财政分权

1994年以来的财政分权体制对于刺激地方政府积极性,促进改革开放与经济增长起到积极作用,但到目前为止,其负面效应也已经比较全面地暴露出来。一是中央与地方的事权划分不明确,即"事权"错位;二是缺乏严密的财政预算法,导致地方政府的收入与支出缺乏严格的监督管理,致使地方政府预算外资金恶性膨胀;三是现行税制结构不合理。上述三方面问题对开放效益的影响已经在本书第4章第4.1节进行了详细讨论,在此不再赘述。根据消除扭曲的对症规则,我国财政分权体制需要重点进行以下方面的改革。

第一是明确划分中央与地方"事权"。② 一般而言,"事权"

---

① 张卫忠:《山西将投资540亿治理工业污染,考核结果要算政绩》,载于《太原晚报》2006年第10期。
② 王绍光:《分权的底线》,载于《战略与管理》1995年第2期。

第7章 区域发展导向型体制下的对外开放效益提高

大体可分为三类：第一类是提供共享物品和服务。如国防、道路、桥梁、污染防治、教育等，其他如制定实施法律以维持社会秩序，界定和保护产权，监督合同的执行，维系本国货币的价值，限制垄断等也可以称之为共享物品和服务。共享物品和服务又有全国性与地方性之分。第二类是调节收入和财富的分配。第三类是保持宏观经济稳定。其具体目标是充分就业，相对稳定的物价水平，相对平衡的对外贸易，和适当的经济增长速度。

从支出的角度讲，地方政府和中央政府的事权划分应遵循如下原则[①]：(1) 提供共享物品和服务的功能应尽可能下放。这意味着能由基层政府承担的功能（如路灯、消防）应下放给基层政府，能由县级政府承担的功能（如初等教育、公共交通治安、公园等）应下放给县级政府，能由省级政府承担的功能（如中等教育、省内基础设施等）应下放给省级政府。在一般情况下，只有全国性的共享物品和服务（如国防、外交、全国性基础设施等），才应由中央政府提供。(2) 如果提供地方性共享物品和服务会产生跨地区外部效应和规模经济效应，应由尽可能低的一级政府负责将外部效应内部化，并充分实现规模经济效应。只有当地方各级政府都无法实现这个目标时，该功能才应交给中央政府。(3) 调节收入和财富分配的功能主要应由中央政府承担，但同时鼓励各地尽量克服本地内部出现的不公平现象。(4) 保持宏观经济稳定的功能应完全由中央政府承担，严禁地方政府干扰中央财政政策和金融政策的实施。

从财政收入权的角度，理查德·A·马斯格雷夫（Richard

---

① Wallace E., (1972). Oates, Fiscal Federalism, New York: Harcourt Brace Jovanovich, Inc. Richard A. Musgrave and Peggy B. Musgrave, (1984). Public Finance in Theory and Practice, Fourth edition, New York: McGraw-Hill.

政策引致性扭曲:开放效益的体制因素

A. Musgrave)提出了六条原则[①]:(1)可能影响宏观经济稳定的税收应由中央负责,下级政府征收的税应不与经济周期相关。否则地方政府的税收政策可能破坏中央稳定宏观经济的努力。(2)累进性很强的再分配税种应归中央征收。此类税种如由地方征收会造成高收入和低收入集团的非正常流动,不仅扭曲人口的地理分布,也干扰社会公正目标的实现。(3)其他累进性个人税种应由最有能力全面实施此类税种的那级政府征收。(4)税基在各地分布严重不均的税种应由中央征收。例如,很多自然资源的分布很集中,如果自然资源税由地方政府征收,就会造成各地之间严重的不平等。(5)税基具有高度流动性的税种应由中央征收。如此类税种不由中央统一征收,就可能造成税基跨地区流动,以致扭曲经济活动。(6)只要可能,各级政府都应向公共服务的受益人收取使用费,并以此作为财政收入的一个补充来源。但这种方法主要适用于基层政府。

王绍光(1995)给出的分权底线认为,如果应该由中央政府行使的权利相当一部分落到了地方政府手中,就是跌出了分权的底线。反之,如果应该由地方政府行使的权利相当一部分却集中在中央政府手中,就是超出了集权的上限。无论分权或集权都应适度,超出集权的上限或跌出分权的底线都是同样不可取的。

第二,完善预算法,压缩预算外资金规模,建立严格的预算管理制度,从体制上杜绝地方政府为追求预算外资金而不计成本的对外开放举措。

一般而言,中央与地方的财政分权首先是合理划分"事权",在"事权"界定清楚的基础上,决定地方政府的预算规模。目前有一种流行的观点认为,地方政府的"财权"与"事

[①] Richard A. Musgrave, "Who Should Tax, Where, and What?" In C. E. McLure, ed. Tax Assignment in Federal Countries, Canberra: Center for Research on Federal Financial Relations and International Seminar on Public Economics, 1983.

第7章 区域发展导向型体制下的对外开放效益提高

权"不匹配,要求中央政府增加对地方政府的补助①。然而相关研究表明,在目前的中国经济水平下,地方政府财政支出已经占到本地 GDP 的 21%~22%,人均财政支出的省均值已经在过去的 10 年中上升了 3.7 倍,全部预算内支出的 3/4 是由地方政府化掉的。2004 年地方政府预算外收入为 10473.80 亿元,接近于 2004 年地方预算内收入 11893.37 亿元的水平。在全国行政开支中,有 56% 是通过"预算外"方式花出去的;在地方政府的行政开支中,有 58.9% 是通过"预算外"方式化掉的。从财政资源的最终支配权来看,上述数据意味着中国地方政府在目前中国财政资源格局中并不处于"弱势"。从总体上说并不存在地方政府"事权与财权不对称"、中央应向地方政府转移一些资源的问题②。但结构不平衡仍然是存在的。据世界银行的研究报告中的最新数据显示,中国最富裕省份的人均自有税收是最贫困地区的 16 倍③。因此如果不能利用政府间的财政转移体系来缓解这种差异,分权化也可能加剧不同地区在服务提供时的分布不均等。

这意味着我国财政收支结构存在着两种不平衡:一种是存在于东部沿海地区的"事权"本身与"财权"本身的不匹配,并且由于地方政府预算外收入的随意性而扭曲了地方政府的行为,导致开放效益流失;另一种是存在于中西部贫困地区的财权与事权的不匹配。

因此,改革的关键,首先不是继续扩大地方政府的"财权"

---

① 如世界银行在 2003 年 4 月的《东亚城市的转型》报告中提出,在中国 69% 的公共开支发生在地方政府。地方政府在承担义务的同时并没有获得足够的权力。从财政分权的内容上看,中央与地方的权力明显不对称,对地方财力的剥夺过于严重,造成地方政府入不敷出,无力负担基本的公共开支。参见刘建辉:《财政分权推动了中国经济发展?》,载于《经济》2005 年第 8 期。

② 平新乔:《中国地方预算体制的绩效评估及指标设计》,北京大学中国经济研究中心讨论稿系列,No. C2006018,2006 年 10 月 10 日。

③ 刘涓涓:《东亚地区分权化报告:地方政府作用大》,载于《21 世纪经济报道》2005 年 6 月 26 日。

规模，而是要将不合理的预算外收入纳入预算内管理，对地方政府的收入、支出行为进行严格科学的管理，以达到提高地方政府行政效率的目的；二是完善中央对中西部落后地区的财政转移支付。

第三，改革现行税制结构，由生产型增值税转变为消费型增值税。增值税改革已经在东北地区展开试点，在总结经验的基础上应尽快向全国推广。与此同时，内外资企业所得税并轨、资源税改革等也正在展开，这里的关键是要实现各税种之间的科学合理搭配，以达到税制结构的最优化。

总之，只有进一步完善我国的财政分权体制，才能真正遏制地方政府批租土地的冲动，消除各地利用外资中的政策扭曲，提高对外开放效益。

7.1.3 区域发展导向型体制下的政府职能转变

区域发展导向型体制下的政府职能缺位、错位、越位是导致一系列政策引致性扭曲的根源，因此，转变政府职能是消除体制性扭曲的根本要求。

在这里，转变政府职能就是要把政府的经济管理职能转到主要为市场主体服务和创造良好的发展环境上来，这是政府的首要职能。显然，市场需要有鼓励公平竞争和自由创造的正式制度的支持，但熊彼特式制度创新告诉我们，新制度的建立，必须要借助于旧制度的帮助。目前，各地方政府仍然是区域经济发展的不可或缺的重要推动力量，尽管存在着地方政府过度干预经济的负面效应，然而，目前要使政府完全退出、不干预经济——即政府不再代替企业招商引资和作投资决策，是不现实的。因此，短期内地方政府仍然肩负着发展地方经济的重任，政府职能仍然以投资发展型为基本特色。但建立公平竞争的法制化市场经济是长期

第7章 区域发展导向型体制下的对外开放效益提高

经济发展的一个基本要求,因此,政府职能向公共服务型政府转变仍然是其中长期目标。

如果说,政府主要职能转向为社会提供公共服务、改善公共管理、解决公共问题、制定公共政策,这是最优选择,那么短期内,区域发展导向型体制下的政府职能转变只能采取次优选择:即首先在继续发挥地方政府发展地方经济职责的同时,通过行政分权与部门垂直监管加强对地方政府监管,消除地方政府既作为投资者又作为监管者所造成的经济扭曲与利益流失;其次是优化政府决策机制,提高政府决策能力;最后是加强对外商投资企业兼并活动的监管,建设公平竞争环境。

1. 政府职能转变:行政分权与部门垂直监管

由于目前中国大部分政府职能部门实行地方政府和上级部门的"双重领导",也就是上级主管部门负责工作业务的"事权",而地方当局拥有管理同级部门"人、财、物"大权。这样一种中央与地方的分权格局意味着,随着地方经济主动权的增加,地方政府能够通过放宽中央政策底线来谋求地方利益——可以说,这是地区竞争中各地方政府不断突破国家对外商直接投资优惠政策底线,导致国民利益流失的一个重要体制性因素。

根据对症规则,只有改革职能部门"双重领导"体制——即加强对地方直属部门的垂直管理,由中央或省级政府收回下级政府对"人、财、物"的控制权,通过保持人事、财务的独立使下级部门摆脱地方政府的干预,从而加强部门执法监管的权威和统一,才能有效遏制地方政府的滥权行为。

目前,我国已经在环保部门、土地部门、工商部门以及统计部门等几个领域施行垂直管理。其中,环境保护与土地开发领域存在的地方政府滥权行为最为严重,所造成的对外开放效益流失也最为严重。

政策引致性扭曲：开放效益的体制因素

环保领域的垂直监管。2006年国家环保总局组建了华东、华南、西北、西南、东北5个环境保护督察中心和上海、广东、四川、北方、东北、西北6个与核辐射安全监督站共11个地方派出执法监督机构，直接由国家环保部门垂直管理。通过派出垂直管理的执法监督机构，减少地方对环保执法的干扰。进一步的改革建议是将环保局升格为国务院组成部门、在国务院成立由总理直接领导的环境问题小组，使环保总局内部实现自我协调①。经合发展组织（OECD）在2006年11月初发布的《OECD中国环境绩效评估报告》中也建议，中国应"设立一个统一规划的环境部"，理顺国家环保总局与地方环保部门的关系，实现有限的垂直管理，将执法权、监测权垂直统一起来。迄今为止，国家环保总局启动的最为严厉的环保措施是"区域限批"。所谓"区域限批"就是如果一个地区或集团的某一个项目违规，可能导致该地区或集团所有项目都要"连坐"，被暂缓审批。2007年1月10日，国家环保总局公布了首批被"区域限批"企业与地区：包括大唐国际、华能、华电等四大国有电力集团，以及河北省唐山市、山西省吕梁市、贵州省六盘水市、山东省莱芜市四个高耗能、高污染产业行政区域。环保总局将对四大电力集团和四个地区的所有建设项目实行停批、限批，并建议监察部门追究有关人员的行政责任②。"区域限批"将直接冲击违规地方政府和企业集团上马建设项目的权限，有力地遏制了地方政府单纯追求GDP的政绩冲动。

土地部门的垂直监管。2004年，国家对省以下土地实行垂

---

① 来自中国环境与发展国际合作委员会《第三届第五次会议给中国政府的建议》，参见张沉：《环境与发展国际合作委：环保总局应升格环保部》，载于《经济观察报》2006年12月16日。
② 于泽远：《中国发改委主任马凯：去年GDP增长10.5% 增长偏快代价过大》，早报网，2007年1月14日。

第 7 章 区域发展导向型体制下的对外开放效益提高

直管理,主要是将省以下的土地审批权限、国土部门的人事权限统一集中到省级国土部门。但是,由于土地是近年来地方政府最大的预算外资金收入来源,地方政府集土地规划、审批、出让金收取等权力于一身,因而垂直监管并未对地方政府的非法批租土地行为起到有效遏制。如国家决定自 2002 年下半年起,经营性土地全部实行"招拍挂",但 2003 年实行"招拍挂"的比例仅有 35%,而同年全国查处的土地违法案件却较上年增加了约 50%。为此,2006 年 7 月 25 日,又推出了国家土地督察制度,并将国有土地使用权出让总价款全额纳入地方预算,实行收支两条线①。土地监察制度是一种派驻的大区制度,将在一定程度上避免地方政府与地方土地部门的利益关系连接;同时,实行国家监察办公室与大区监察局之间的垂直管理,因而可以有效地监督地方政府的土地管理行为,能够在一定程度上抑制地方政府在土地审批中的利益驱动和冲动。所谓国有土地使用权出让总价款实行收支两条线,就是各地将土地出让金纳入财政统一管理,收入纳入国库,支出由同级财政按预算外资金收支计划和单位财务收支计划统筹安排,从财政专户中拨付。这样所有的土地出让金在账面上有所反映,便于财政部门监督管理,在一定程度上挤压了地方政府违规操作的空间。

通过中央对下级职能部门的垂直管理而达到加强监管的目的,有其内在的局限性②。

第一,垂直管理使监督部门减少,本身也容易滋生腐败行为。垂直管理后,地方政府平级单位往往对垂直部门的经常性权力监督失效,全靠上级部门和上级监管机关的监督。而上级的监管致命的弱点就是非经常性。第二,存在架空地方管理,弱化地

---

① 姜媛:《京城专家学者快评土地新政》,载于《深圳商报》2006 年 7 月 29 日。
② 陈泽伟:《冷观政府垂直管理》,载于《瞭望》2006 年第 46 期。

政策引致性扭曲：开放效益的体制因素

方政府职能的问题。县市政府组织体系的健全、部门配置完整，是其履行一方公共管理责任的制度前提。如果过多的职能部门被"垂直"、划归上级管辖，必然带来地方政府组织功能的残缺，影响其行政效能的发挥。同时，一些对地方发展非常重要的行政部门纷纷"垂直"，容易造成中央职能部门与地方的对口部门联成一线。各垂直部门注重对主管部门负责，有可能忽略当地发展实际，加剧"政出多头、部门打架"等现象，降低行政效率，损害政府权威。第三，容易形成不公平效应。相对地方部门而言，垂直部门经费比较充足。在许多地方，垂直部门干部的工薪收入要比地方部门干部高出不少。这种不合理的收入差距，易在同一地区的公务员队伍中形成危险的攀比效应和不公平感，助长权力寻租和"三乱"现象。

垂直管理的内在缺陷意味着，对地方政府行为的监管至少还需要以下三方面的配套政策：即政府问责制、信息公开化与舆论监督。显然，信息公开化与舆论监督是一个问题的两个方面，很少有地方政府或企业面对舆论压力而无动于衷的，正如巴格瓦蒂所言，舆论监督具有"吸血鬼效应"：将罪恶暴露在阳光下，它就会萎缩、死亡[1]。

最后是关于限制地方立法权。除行政管理体制的"垂直管理"化趋势外，中央政府还在限制地方立法权。例如《行政处罚法》把处罚的设置权收到中央，地方只可以补充，不可以立新的罚则；2000年出台的《立法法》，使地方立法权变得更小[2]。《立法法》有利于防止地方政府在恶性竞争中一再突破中央政策底线的行为。

---

[1] 贾格迪什·巴格瓦蒂：《现代自由贸易》，中译本，中信出版社2003年版，第58页。
[2] 陈泽伟：《冷观政府垂直管理》，载于《瞭望》2006年第46期。

2. 政府职能转变：决策的科学化与民主化

"健全政府决策机制"是提高政府行政能力的关键，是提高开放效益的重要前提，也是保证垂直管理下实施有效监督的补充机制。

"十一五规划"中将"健全政府决策机制"列为转变政府职能的重要内容。(1)"完善重大事项集体决策、专家咨询、社会公示和听证"①——这可以视为是集思广益，只有这样才能揭穿谬论、为制定有创造性的解决方案提供条件②。(2)"推行政务公开并逐步实现制度化，完善政府新闻发布制度，提高政府工作透明度，保障公民对政府工作的知情权、参与权、表达权和监督权"——这有助于发挥社会舆论的监督作用。(3)实行决策失误责任追究制度，推行政府问责制，完善行政赔偿制度。约翰·斯图亚特·穆勒早在1848年发表的《政治经济学原理及其在社会哲学上的运用》一书中，就曾指出，由于政府官员与行政行为的结果没有利害关系，因而导致不负责任的态度。他说，"尽管政府消息灵通，资金雄厚，能在市场上雇用到最有才干的人，但所有这些却不足以抵消它的一个巨大弱点，即它不那么关心经营的结果。"③ 因此，决策失误责任追究制度有助于减少政府失职与渎职。(4)"实行综合执法，加强对行政执法的监督，建立执法责任追究制"——对执法者进行监督并追究其责任，是防止司法腐败的必要举措。

上述四项举措是相互联系互为前提的，将极大提高政府决策能力，有效预防"政策失灵"。在公开、透明、负责的决策机制

---

① 《中华人民共和国国民经济和社会发展第十一个五年规划纲要》（全文），新华网，2006年3月16日。下面引文出处相同。
② Joseph E. Stiglitz, "China's Roadmap", www.zaobao.com 2006-4-12。
③ 约翰穆勒：《政治经济学原理》，中译本，商务印书馆1991版，第536页。

下,招商引资活动中的设租、寻租行为将得到有效抑制,对外开放效益将会大大提高。

此外,值得指出的是垂直管理强化了当前部门利益主导部委决策,部门利益取代政府总体利益甚至是国家利益的现象[1],因此,"健全政府决策机制"还意味着要加强跨部门政策协调。

我们可以借鉴来自美国的经验。克林顿政府在经济决策方面获得成功的一个重要原因就是其出色的协调方法——这主要归功于他任内成立的经济政策协调机构:国家经济委员会。该机构的优点是没有任何的背景和偏见,没有自己的"部门局限性"和"部门利益"。通过建立一套有效的政策协调程序,国家经济委员会使得经济顾问委员会可以在不考虑政治因素的情况下,为政策决策提供客观、超然的经济分析。这一特点使它在不必承担决策责任的同时,既适合充当协调角色,又可以更方便地与总统接触和沟通。[2] 据此,有学者提出恢复"国家体制改革委员会"的职能:"体改委是一个研究设计部门,出政策的地方,而不是一个行使某种管理职能的机构,是一个没有切身利益、相对比较超脱的中立部门,在研究出台各项改革方案的时候,改革方案对利益机制的调整比较能够为大多数人认同。"[3]——这在功能上实际是类似于美国的"国家经济委员会"。

当前,由于缺乏一个类似于"国家经济委员会"的机构,现在的各项改革方案,都是由部门牵头来制定和推行。政策的制订者与实施者往往是同一个部门,因而很难保证政策制定和实施的客观公正性。此外,主管部门也是"理性人",在政策的制定

---

[1] 郑永年:《是谁"瓜分"了中国的中央权力》,早报网,2006年11月21日。
[2] 杰弗里·法兰克尔、彼得·奥萨格主编:《美国90年代的经济政策》,中译本,中信出版社2004年版,第789~827页。
[3] 高梁:《警惕跨国公司借改制之机吞并我装备制造业骨干企业》,www.dajun.com.cn,2005年12月19日。

和实施过程中部门利益往往搀杂其中,以至于难以设计出最佳政策。这种分割的利益机制导向,必然导致了一些改革措施会倾向部分群体,而不能够站在更加宏观层面综合考虑,类似于"两税统一"决策中职能部门之间的相互掣肘现象是必然的。当前,在改革进入攻坚阶段,必须要有一个具备总体功能的机构来统一设计协调改革,仅仅依靠部门推行改革只能加剧"政策失灵"。

3. 政府职能转变:建设公平竞争市场环境

从目前情况看,由于政府监管职能缺位而导致对外商投资活动监管不力,从而造成经济扭曲与利益流失,主要表现在以下三个领域:一是外资对国内骨干企业兼并,削弱了本国技术创新能力;二是外资已经在中国市场上形成垄断势力,并妨害有效竞争;三是外资偷漏税所造成的利益流失。根据对症规则,应采取如下对策。

(1)对外资企业兼并行为的监管。监管的基本目的是促使兼并有利于形成国内竞争者而不是形成垄断。从国际经验看,竞争法正在被越来越多的国家采用,其中的一个重要原因是约束、规范大型跨国公司在本国市场的竞争行为。许多国家在对跨国投资更加开放的同时,正日益将跨国并购作为竞争政策的一部分予以审查。例如,无论是美国、日本还是德国,为了维护本国的经济主权和独立性,都规定了一些明确禁止介入、严格限制介入、有选择的限制介入和特殊限制的行业[①]。

我国于 2006 年 8 月 8 日,由商务部、国资委、工商总局、证监会等 6 部委联合颁布了《关于外国投资者并购境内企业的规定》,对外资利用境外股权方式收购境内企业、外资企业收购

---

① 王钦:《跨国公司并购中国装备制造业企业的公共政策选择》,载于《北京师范大学学报》2007 年第 1 期。

的市场准入及审批程序、政府反垄断调查等内容作了较为明晰的规定。《规定》的核心在于解决了三大问题①：

其一，商务部被授予对外资并购交易的最终审批权，并具有了法律依据。第十二条规定："外国投资者并购境内企业并取得实际控制权，涉及重点行业、存在影响或可能影响国家经济安全因素或者导致拥有驰名商标或中华老字号的境内企业实际控制权转移的，当事人应就此向商务部进行申报。当事人未予申报，但其并购行为对国家经济安全造成或可能造成重大影响的，商务部可以会同相关部门要求当事人终止交易或采取转让相关股权、资产或其他有效措施，以消除并购行为对国家经济安全的影响。"这一条款对于"影响国家经济安全"的标准并未作界定，从而留下了解释空间。

其二，《规定》明确了外国投资者可以境内已在交易所上市的股权作为支付手段并购境内公司，并专门列出一章对外资的股权并购行为报批流程予以约束。这一条款规范了已在境外上市的公司收购国内关联企业资产交易，监管思路从过去的区分内外资转以实际控制人；同时还堵死了前几年流行的"海外曲线 IPO"（俗称"红筹上市"）之路②。《规定》明确规定，未来境内企业通过"特殊目的公司转向"方式海外上市必须获得证监会及商务部的审批，再想通过上述方式寻求海外上市已不再合法。

其三，《规定》首次提出，外资并购必须要经受"反垄断调查"，如果出现境外并购一方当事人在我国境内拥有资产 30 亿元人民币以上、在中国市场上的年营业额在 15 亿元以上，及其

---

① 时卫干：《中国对外资并购的态度在变化》，http://guancha.gmw.cn，2006 年 9 月 27 日。

② 以往，中国本土企业寻求海外上市的操作流程一般为：境内企业在海外设立离岸公司或购买壳公司→将境内资产或权益注入壳公司→以壳公司名义在海外上市，这种方式一则能有效绕开国内管制，二则能够通过收购、注资、换股使境内企业股成为法律意义上的外商投资企业，享受相应优惠待遇。

第 7 章 区域发展导向型体制下的对外开放效益提高

关联企业在中国市场占有率已经达到 20% 或者由于境外并购使其关联企业在中国的市场占有率达到 25% 等情况，商务部和国家工商行政管理总局就可以审查这个并购是否存在造成境内市场过度集中、妨害境内正当竞争、损害境内消费者利益的情形，并作出是否同意的决定。

《规定》建立了审核外资并购中国企业的程序和规则，并把个别企业的并购案置于行业发展的战略视角下进行审查，从而有力地遏制了近年来外资对我国有骨干企业的兼并风潮[1]，有利于防止跨国并购中国有资产的流失与维护国家经济安全。但是，从根本上讲，还是应当继续深入国有企业的改革；进一步规范国有企业的产权交易管理，尤其是大型国有企业的产权交易[2]；继续完善国家经济安全管理机制。同时，跨国并购是一项专业性很强的业务，跨国公司回避监管的办法很多，国内的经验和人才明显不足，因此当务之急还应加快有关方面人才培养。

（2）关于对外资市场垄断的监管。目前跨国公司在中国某些行业已经占有很大的份额，已有垄断、控制中国市场的能力。例如，根据国家工商总局的一项调查显示，美国微软和瑞典利乐分别占有中国电脑操作系统以及中国软包装产品 95% 的市场份额，美国柯达占有中国感光材料市场至少 50% 的份额，法国米其林占有中国子午线轮胎市场的 70%[3]。这意味着我们需要尽快

---

[1] 高梁：《警惕跨国公司借改制之机吞并我装备制造业骨干企业》，www.dajun.com.cn，2005 年 12 月 19 日。

[2] 以凯雷收购徐工事件为例，2002 年中国的华融、信达、东方、长城 4 大国有资产管理公司将合计持有的徐工机械 48.68% 的股权出售给徐工的同行业竞争对手、全球最大的工程机械企业卡特彼勒从而引发徐工机械的"股权危机"。故此，徐工机械以引进战略投资者为名不得不向凯雷出售徐工的控股权。这一案例暴露了 4 大国有资产管理公司处理其持有的国有不良资产方面存在的问题。有专家建议对其进行进一步改革。参见左大培：《立即禁止外资对中国国有企业的任何并购》，http://guancha.gmw.cn，2006 年 12 月 8 日。

[3] 王立伟、王梓玄：《〈反垄断法〉：目标直指跨国公司?》，载于《东方早报》2006 年 10 月 12 日。

出台《反垄断法》来规范市场竞争，保护民族产业，同时也是维护良好的市场竞争环境，有利于跨国公司在中国获得合法利益。

从国际实践经验看，大多数国家或地区都成立了反垄断法的专门执行机构，如德国的联邦卡特尔局和反垄断委员会，日本的公正交易委员会，美国的司法部反托拉斯局和联邦贸易委员会，英国的公平贸易局以及垄断与兼并委员会等。这些反垄断执法机构具有地位高、权力大、精干高效、人员专家化的共同点。它们除了享有一般行政权限外，还享有准司法权和准立法权，在反垄断案件的裁决上有相当的独立性，在维护市场公平竞争、有效规制外资并购方面发挥了重要作用[1]。

《反垄断法》在我国已经酝酿多年，并于 2008 年 8 月 1 日起正式实施。随着反垄断法配套规定的逐步完善，将有助于形成良性市场竞争，从而提高资源的配置效率，形成更为完善的市场经济体制。

7.1.4 结论

在区域发展导向型体制下，政绩观与财政分权对地方政府起着重要的激励作用，因此，转变政绩观与完善财政分权能够有效削弱地方政府公司化倾向；同时，这两者也是转变政府职能的前提条件。政府职能转变的关键是中央与地方的行政分权，及中央对地方政府的监管，这是削弱地方政府公司化倾向的又一个重要手段。强化监管的另一项内容是对外资兼并与对国内市场垄断的监管，这是维护国内市场公平竞争的重要保障。

---

[1] 王钦：《跨国公司并购中国装备制造业企业的公共政策选择》，载于《北京师范大学学报》2007 年第 1 期。

7.2

不断消除政策引致性扭曲

政策引致性扭曲是造成开放利益流失的直接原因，同时也是导致虚假比较优势与竞争优势的直接原因。根据对症规则，可以采取相应的税收或补贴措施消除扭曲。

7.2.1 资本流入的最优干预分析

在当前，中国已经是一个资本富裕的国家，稀缺的是土地、生态环境、自然资源等。如果考虑到技术、管理是内嵌于外来资本的，则目前技术模仿为主的阶段"资本"仍然是稀缺的。然而，由于政府对招商引资实行过度激励，如超国民税收优惠待遇、要素价格扭曲等，从而扭曲了生产决策者的约束条件：生产决策者不是按照市场规则行动，靠降低成本、增加销售来获得利润，而是靠补贴和垄断来牟利。其结果是低技术、劳动力密集型企业大量涌入中国，这一方面造成税收等国民利益流失，另一方面，尽管外资从总量上看已经大大增加，但其所附带的高新技术与管理水平却比较低。这实际上是外资过度流入的表现。我们引入一个"资本流入的最优干预模型"来分析说明扭曲的消除①。对于一个一产品经济，假设在一个固定的资本租金率上，资本将流入，该情形由图 7-1 说明。

在图 7-1 中，SMP 为社会边际产品，PMP 为私人的边际产品价值，QR 是外国资本的供给曲线，因此它也是外国资本的边

---

① 亚蒂什·N·巴格瓦蒂、阿温德·潘纳加里亚，T. N. 施瑞尼瓦桑著，王根蓓译：《高级国际贸易学》，上海财经大学出版社 2004 年版，第 377~378 页。

政策引致性扭曲：开放效益的体制因素

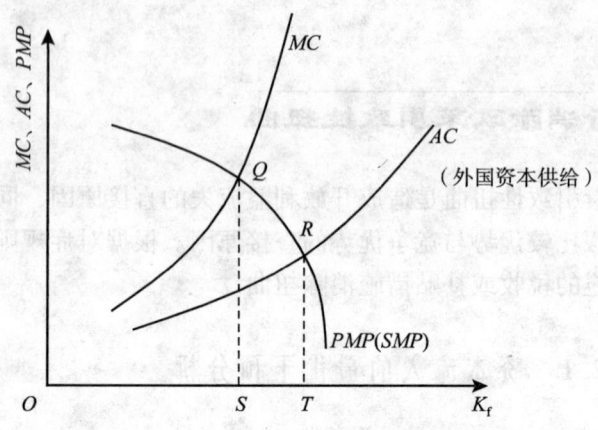

图 7-1 资本流入的最优干预模型

际成本曲线。而在自由贸易时，资本流入 OS 显然最优，没有必要进行干预。然而，在外国资本的供给曲线受到成本上升的约束时，很显然，东道国将会通过约束资本流入而获益。在图中，在外国资本的日益上升的供给价格水平上，无约束的资本流入将会超调至 OT，同时，资本流入的最优水平为 OS（它由资本的边际产品曲线与边际成本曲线在 Q 处的交点决定），因此，最优约束要求，由一种使含税平均曲线通过 Q 的税收，使资本流入减少 ST。

显然，根据以上模型，要提高对外开放效益，就要调整外资流入的规模与质量。具体而言，消除扭曲可以通过对要素征收最优要素税或取消补贴来实现[1]，从而使资本流入减少并回到最优状态——即减少低技术含量、高能耗、高污染的外资流入。

---

[1] Bhagwati, J. N., and V. K. Ramaswami., (1963). Domestic distortions, tariffs and the theory of optimum subsidy. Journal of Political Economy 71: 44-50.

7.2.2 "两税合一"

内外资企业税负差异是适应我国改革开放初期通过吸引外资解决资金不足并借以推动市场经济体制改革而采用的战略性举措,具有重要的历史进步意义。

然而,随着中国经济规模不断扩大、市场化程度不断提高,以及"双顺差"的日益扩大,我国已经步入从"招商引资"到"招商选资"的战略调整阶段。事实上,在新的历史时期决定外商直接投资区位选择的关键因素已经转变为基础设施、现有外资状况、工业化程度和市场容量等;税收优惠政策只是一般影响因素而非主要的决定因素,税收优惠在提升东道国吸引外资的竞争优势方面作用非常有限(安体富,2005)[①];而且,地区恶性竞争还导致了大量税收利益流失、抑制了内资企业的竞争力。这种转轨的阶段性转变意味着"两税合一"已经水到渠成。

2006年12月24~29日,十届全国人大常委会第二十五次会议首次审议了企业所得税法草案,企业所得税法草案首次提请审议税率统一为25%。新税法明确对重点扶持的高新技术企业仍实行15%的税率,并将优惠扩大到全国所有地区,适用于所有高新技术企业。草案明确对西部地区需要重点扶持的产业继续实行所得税优惠政策。新税法在一定时期内还将对老企业实行过渡优惠期安排,在过渡期内允许原来实行低税率的企业,在一定的期限之内逐步过渡到25%的名义税率,而且所享受的一些减免措施在一定期限之内还可以继续享受。此外,由于目前只有在经济特区和一部分经济开发区内的外资企业才能享受24%或

---

① 安体富、王海勇:《论内外两套企业所得税制的合并》,载于《税务研究》2005年第3期。

政策引致性扭曲：开放效益的体制因素

15%的优惠税率，因此对于那些实际执行33%名义税率的外资企业来说，实行25%的新税率是真正降低了税负——抛开地区恶性竞争，至少从税法上看是如此。

可见，"两税合一"并不会对外资产生急遽影响，而是首先影响外资预期继而才是结构性实际调整的逐渐展开。"两税合一"的经济效应主要表现在以下几个方面。

1. "两税合一"的外资"筛选效应"

"两税合一"将对外商投资企业产生"筛选效应"。有关研究表明[①]，基本不受影响的外商投资企业共有三类。第一类，一般大规模跨国投资看重的是一个地区的综合投资环境，包括该地区的经济发展水平、高质量劳动力的可获得性、基础设施水平、产业集聚情况等因素，税收只是一般影响因素而不是决定性因素。中国内外资企业所得税的合并对跨国公司大规模投资决策的影响较小。第二类，以中国市场作为主要服务对象的外资企业对税收政策变化的敏感度不高。因为离开中国生产，意味着运输成本的增加，以及贸易壁垒等不确定性政策，同时还使企业远离了消费者，不利于对消费者的偏好变化做出及时调整。第三类，重工业，尤其是重工业中技术含量较高、生产设施较复杂的企业，如石油加工、化学原料及制品制造业、机械设备制造业等，对生产条件有较高的要求，需要有一定技术的熟练劳动力，要求较好的市场环境、基础设施，而受税收的影响较小，因此两税合一对其在华投资影响不大。

受两税合一冲击的外商投资企业有四类。第一类，是来源于国际避税地以避税为目的外资企业，其税后收益将受到重要影

---

① 曹小春：《中国内外资企业所得税合并对外资流入的影响》，载于《财贸经济》2006年第9期。

响,从而大大影响其在华投资决策。据统计,来自于国际避税地的国家和地区的外资额占中国吸引外资总额的 50.97%。第二类,规模较小的外商投资企业将受影响。例如,来自于港澳台的中小企业,它们拥有适合劳动力密集型工业的中等水平技术,通常更容易为较低的劳动力成本和税收减免优惠等短期利益所激励,中国内外资企业所得税的合并会对其产生较大冲击。第三类,对于以出口为主的外资企业,尤其是来料加工的外资企业,它们进入中国就是为了获得廉价的资源和劳动力。当税收政策改变而带来税收负担增加时,它们很可能会在全球范围重新考虑最佳生产地点,两税合一可能使其投资决策发生变化。第四类,轻工业,尤其是以农产品为原料的轻工业,如食品制造、饮料制造、纺织业、服装及纤维制品制造业、木材加工业、家具制造业等,具有技术含量低、投资规模小、生产设施简单的特点,这些行业的企业对生产条件的要求较低,只需要简单技术劳动工人,对投资环境的要求不高,而受税收的影响较大,因此受两税合一的影响可能较大。综上所述,小规模、低技术的利润微薄企业将可能被迫迁出,从而有利于产业结构调整。

2. 财政收入效应

总体上看,"两税合一"有助于解决目前税收优惠政策过多过滥的问题,从而堵住因地区恶性竞争而导致的税收流失漏洞。

企业所得税的统一对政府总体税收收入存在较强的减税效应,但有两点考虑可以消除这种担忧。一是目前我国已连续数年税收增长快于 GDP 增长,国家财力充裕,有能力承担一定的税收减少效应;二是其他新税种的开征,如资源税、物业管理税、土地增值税等,可以抵消企业所得税的减少,为未来税收收入的进一步增长提供了前提。根据相关研究,从税收结构看,目前世界各国除了对生产和流通环节征税(国内叫流转税)之外,还对要素收入征税,主要包括企业所得税、个人所得税、财产税等。美国对要素收入的税收占全部税收收入的80%多,包括个人所得税、企业所得税、物业(房地产)税等。欧洲税收主要是以增值税为主的流转税,也有要素税收,但两者比较平衡①。目前中国对生产和流通过程中的税收比较高,而在要素方面的税收比重比较小,特别是对个人、自然资源要素收入的征税比较少。今后随着上述税种的开征,我国税收收入结构亦将发生较大变化,这种变化可能给我国以更大的降低企业所得税的操作空间。

3. 公平竞争与区域竞争效应

(1)"两税合一"有利于减轻内资企业税负,提高其竞争力;中长期看,有利于为各类企业的发展提供一个统一、公平、规范的税收政策环境。然而,我们必须看到"两税合一"公平竞争效应的局限性。"两税合一"对于规模大、竞争力强的跨国公司影响不大,即对于抑制其在国内市场上的垄断倾向没有影响,对外资企业的生产负外部性也没有影响。这意味着,要提高对外开放效益还必须要采取其他措施,如消除要素、资源价格扭曲,对环境、资源的破坏等外在成本内部化,实施反垄断法,等等。如果没有相应的配套改革措施,区域发展导向型体制下的恶性竞争仍然会以其他方式出现。

(2)"两税合一"重在改变区域性的优惠政策,更强调产业优惠,即地区优惠更多的体现在中西部地区以及东北老工业基地,对国家鼓励发展的产业加强优惠力度。因此,在新的开放阶段,"两税合一"有利于缩小地区差别;同时有利于刺激东部地区的人才竞争与产业升级。

---

① 楼继伟:《中国税收改革的长期取向:对生产要素征税》,载于《财经界》2006年第1期。

4. "两税合一"的宏观调控效应

税收是财政政策的重要宏观调控工具之一,经济景气时可提高税率,遏制经济过热;经济不景气时可以减税,促使经济恢复景气。为了便于相机抉择发挥上述功能,税率调整程序应当力求简便。但是,在目前的税法下,税率由税法规定——由于全国人大立法程序较为复杂,要想通过调整税率来调控经济景气,几乎注定是不可能的,因为完成法律修订调整税率之后,宏观经济形势很可能已经发生了变化,亦即我们由此丧失了一件有用的宏观调控工具。从目前情况看,"两税合一"似乎是加强了税率调整的刚性,因而更加不利于实施相机抉择的财政政策。故有学者建议有必要将税率条款从税法中剔除,转移到税法实施细则之类行政法规/部门规章中[①]。

必须指出的是,"两税合一"还带来征税与监管方面的新要求。统一企业所得税的改革不只是现行两套税法的简单归并,而要对企业所得税的课税要素进行全面规定,还要考虑与财务会计制度的衔接、关联企业间的转让定价、企业改组和资本利得等一系列问题,这需要税法在具体细节上的一系列变化,因而对征税与监管提出了更高的要求。

可见,"两税合一"一方面对于提高对外开放效益具有积极推动作用,但同时也相应产生负效扭曲,从而要求采取一系列配套改革措施,唯此才能真正实现消除虚假比较优势的目的。

7.2.3 要素价格扭曲的消除

要素价格扭曲($MRS_{LK}^1 \neq MRS_{LK}^2$)是导致出口导向型发展模

---

① 梅新育:《税率:单一规则还是相机抉择?》,载于英国《金融时报》中文网 2006 年 12 月 30 日。

式中过度生产、过度出口现象的重要原因。因此,要防止国民利益流失,就必须从消除要素价格扭曲开始。通过要素税收补贴,使要素价格恢复到市场均衡价,是提高对外开放效益的一项基本内容。

7.2.3.1 资源产品价格扭曲及其消除

自 2003 年以来,一些重要的资源产品如石油、铜、锌,以及金、银、锡、镍等有色金属的国际价格都全线翻倍涨价,世界经济已进入一个全新的"资源经济"阶段①。然而,长期以来,我国资源产品价格偏低,不能反映资源的稀缺程度。资源产品价格扭曲,成为吸引国际高耗能、资源密集型 FDI 进入中国的一个重要原因;同时,地区恶性竞争还人为地压低了战略性资源产品的出口价格。以上不仅造成国民利益的流失,还导致国家经济安全风险的上升。

造成资源产品价格扭曲的原因,主要是由于资源开采外部性与资源垄断。根据消除扭曲的直接针对性原理,一方面是采取税收手段将外在成本内部化;另一方面是从资源产权入手,解决资源产品生产中的垄断性问题。

1. 征收资源税

我国现行资源税基本规范仍然延续 1993 年 12 月国务院颁布的《资源税暂行条例》,覆盖范围较小,只涉及原油、天然气、黑色金属矿原矿和盐等 7 个税目,属于矿藏资源占用税性质。资源税只是一个象征性的资源管理手段,因而不能够体现资源的真正价值。

---

① 田南雁:《"资源经济"时代,资源税应当调整》,www.dajun.com.cn,2006 年 7 月 15 日。

第7章 区域发展导向型体制下的对外开放效益提高

资源税改革始于 2005 年财政部和税务总局联合提高煤炭、原油、天然气资源税税额标准。2006 年末，国家发改委发布了《关于深化价格改革促进资源节约和环境保护的意见》（简称《意见》），提出深化资源环境价格改革的"四原则"是：（1）促进资源节约和综合利用，让资源性产品价格反映资源的稀缺程度；（2）落实污染者付费的原则，所有的企业、单位和居民，凡是排放污水的，需缴纳污水处理费；凡是产生垃圾的，要缴纳垃圾处理费；排放污染的要缴纳排污费；（3）发挥市场机制的作用；（4）充分考虑各方面的承受能力，保持社会稳定，在实施的过程中则采取"统筹规划，分步实施"。此次改革的一项重要内容是首次将环境成本纳入定价机制，把环境治理成本和资源枯竭后的退出成本计入资源类产品的定价中，这一转变更加真实地反映了资源类产品的价格，同时亦符合近年来国际流行的"生态补偿"理念（毛显强，2002）[①]。

然而，值得注意的是，要想有一个普遍的适合的税率去纠正普遍的资源价格扭曲是不可能的，因为价格扭曲的程度不易确定；而对于生产正外部性与负外部性的衡量也会产生补贴还是征税的权衡。因此，我们还需要区分以下两种情况。

第一，一般税率并不适用于战略性资源，如特钢、钛、铝合金、铟、钼、钨、稀土等，国家应就这些战略资源设专一税种，专门控制出口。事实上，日本等发达国家早就认识到资源的紧要，从几十年前就开始并至今仍然继续从中国进口大量的煤、有色金属、稀土方面的储存。因此，战略资源的价值是难以用价格

---

① 所谓"生态补偿"是指通过对损害（或保护）资源环境的行为进行收费（或补偿），提高该行为的成本（或收益），从而激励损害（或保护）行为的主体减少（或增加）因其行为带来的外部不经济性（或外部经济性），达到保护资源的目的。参见毛显强等：《生态补偿的理论探讨》，载于《中国人口·资源与环境》2002年第2期。

计算的。

第二，对外部不经济产业征税，如果资源转移机制是完善的，那么生产转换可能达到最优；如果资源转换机制是不完善的，那么这一部门的生产受到抑制，总产出下降，而外部经济部门的生产增长却不能给予充分补偿。这样，消除扭曲的结果是国民收入的下降。

2. 资源产权体制改革与价格扭曲的消除

单纯通过对资源产品征税并不能彻底消除价格扭曲问题，还必须完善资源产权体制改革。一直以来，自然资源在我国属于国家垄断，企业一般是无偿从国家获得探矿与开采权的，并形成了粗放型生产方式与价格垄断，因此，要消除生产与价格扭曲，必须要从产权入手。

以煤炭资源为例。直到2006年底，我国煤炭矿业权仍然实行有偿和无偿并存的"双轨制"。2006年11月，国务院发布《关于深化煤炭资源有偿使用制度改革试点的实施方案》，从煤炭行业开始试点健全资源开发有偿使用制度和补偿机制。新的制度规定，不论是新设立的探矿权采矿权，还是以前已经无偿取得的探矿权采矿权，一律要向国家缴纳探矿权采矿权价款，这是矿山企业必须负担的矿业权取得成本。对于矿业权有偿出让价款，中央与地方按比例分成，20%归中央，80%留在地方，改变了原来按矿业权审批机关隶属关系进行收益分配的做法。通过资源开发收益主要留给地方，激发地方政府推进这项改革和加大对矿业投入的积极性。这项改革有利于把地方的资源优势转化为经济优势，进而带动资源富集地区的经济加快发展。

显然，自然资源产权改革在短期内不会取得明显改变，尽管有学者已经提出重新确立中央与地方关系，确立土地等资源的分级所有，从而避免地方政府的短期行为①。从这个意义上说，健全资源开发有偿使用制度和补偿机制只是向着消除扭曲前进的一大步而已，是次优选择。在目前资源产品领域垄断现象仍然普遍存在的情况下，另一项次优的选择是对垄断高价开征"暴利税"。

7.2.3.2 土地价格扭曲调整

土地价格扭曲的原因比较复杂，归纳起来主要有三条。一是与土地产权有关；二是与现行税制有关；三是地方政府政绩观与"公司化倾向"。后面两条属于体制性扭曲，将在本章7.3进行更为深入的讨论，在此只讨论与土地产权相关的价格扭曲问题。

与土地产权相关的土地价格扭曲实际上是一个土地垄断造成价格扭曲的问题。

第一，土地垄断与很大程度上农民的土地产权不完整有关。例如，现有法律法规对农村集体所有的土地的不公平对待，并赋予地方政府以"国家公众利益"名义的征地权，而在相关法律法规条文未能明确"国家公众利益"等条文具体含义的背景下，地方政府为了招商引资实现政绩，而推行低地价招商政策，从而扭曲土地价格，损害农民利益，并造成国家利益流失。

根据消除扭曲的对症规则，应对之策是明确"国家公众利益"的具体含义，从而防止经营性项目用地启动国家的征地权。凡属于经营项目用地的征用价格，农民集体和承包农户有权平等地谈判协商，并彻底改革"征地、补偿、批租"制度。

第二，对于国有土地，应当逐步扩大国有土地有偿使用范围。商业、旅游、娱乐和商品住宅等各类经营性用地，一律以招

---

① 张馨月：《西部地区博弈资源税》，载于《第一财经日报》2007年3月13日。

政策引致性扭曲：开放效益的体制因素

标、拍卖、挂牌方式出让。稳步推进工业用地的招标、拍卖、挂牌出让和经营性基础设施用地有偿使用。同时，要加强土地市场动态监测分析，及时发布市场信息，防止暗箱操作①。如广州市以前每亩土地征用价格不超过 20 万元，近几年实行招拍挂，价格上升到一二百万，是过去地价的数倍②。

目前来看，我国对新增建设用地土地有偿使用费自 2007 年 1 月 1 日起进行了上调。其中，城镇土地使用税税额标准，将每平方米年税额在 1988 年暂行条例规定的基础上提高 2 倍，每平方米年税额大城市为 1.5 元至 30 元，中等城市为 1.2 元至 24 元，小城市为 0.9 元至 18 元，县城、建制镇、工矿区为 0.6 元至 12 元。为公平税负，《决定》规定，将征收范围扩大到外商投资企业和外国企业，即外商投资企业和外国企业也应按照规定缴纳城镇土地使用税③。但是，提高新增建设用地土地有偿使用费和耕地占用税，其政策效果不应高估，以最高的一等地区——上海长宁区、虹口区等为例，提高这些税费的标准后，每亩地需缴纳 10 万元左右，但和这些地区土地招拍挂出让收入相比，税费所占比例过小。按 2005 年的数据估算，标准提高一倍后，中央和地方实际收缴的新增建设用地土地有偿使用费将达到 429 亿元，中央为 140 亿元，但仍低于 763 亿元的全国新增建设用地出让纯收益④。也就是说，征税力度还不足以有效切断新增建设用地扩张的经济动因，扩张仍然是"经济"的。从征税的角度看，

---

① 孔善广：《农村土地管理的"悖论"》，www.dajun.com.cn，2006 年 7 月 15 日。

② 周雪松：《国土部等掀土地市场整肃风暴，房价将进一步上涨》，载于《中国经济时报》2006 年 10 月 25 日。

③ 郭少峰、左林：《外企要缴城镇土地使用税》，载于《新京报》2007 年 1 月 2 日。

④ 孙荣飞：《中国新增建设用地土地有偿使用费标准将提高 1 倍》，中国新闻网，2006 年 11 月 20 日。

新增建设用地使用税仍然有提高的空间，这意味着土地垄断价格仍在相当大程度上偏离了市场均衡价格，即土地价格扭曲仍然很严重。因此，有专家认为，针对新增建设用地征税率过低的问题，根本之策在于大力提高征地补偿费，——也就是说回到解决土地产权问题上来。

另一种次优选择，是针对土地开征物业税。物业税的征收对象实际上是土地和房产。一般房产的价格随折旧不断下降，但土地的地价却在不断上涨，所以表现为房地产价格不断上涨。因此，物业税的本质是针对土地征税。房产税与物业税的区别关键在于征收方法和税基不同。物业税是以市场价格为基础，定期评估房产的价值，主要是土地价值，并以它作为税基来征收。物业税在各个国家都是比较大的税种，且绝大多数是地方税。

开征物业税，有助于降低工商企业所缴纳的流转税比重，而提高要素税收所占比重。这种变化不但为政府在城市、环境这些方面的支出找到了一个收入来源，而且有助于引导和改善地方政府的行为，使其不必过分地关注工商业，更加注重公共服务和基础设施改善，追求可持续发展。目前，开征物业税的准备工作正在展开。

总之，随着土地使用价值的提高，招商引资的门槛也相应提高，从而对项目要求自然就更高，这实际上有利于对外资项目择优选择提高开放效益。

7.2.3.3 工资扭曲调整

一般而言，工资或劳动力价值是由劳动力的再生产成本决定的，必须包括教育培训费用，养育家属与后代的费用，同时还包括由社会的进步所要求的相应福利增长的需要。然而，改革开放以来，我国普遍存在工人工资增长率与其劳动生产率增长率不相称的状况，在一些地方和企业中，20多年来劳动者工资几乎没有变化。这意味着在中国参与全球化经济过程中,劳动要素所得有限,劳动力价格扭曲十分严重。

1. 消除劳动力价格扭曲的几点思路

第一,是长期以来的政策偏向加剧了"二元经济结构"与地区发展不平衡及其劳动力价格扭曲现象。根据对症规则,消除超低工资的有效对策是通过建设社会主义新农村,促进中西部地区经济发展,以减少劳动力由农村向城市、由中西部向东部沿海地区的过度流动,从供给角度减少劳动力的过度供给,从而提高工资待遇。

第二,地方政府政绩观与户籍制度等体制性扭曲是导致工资扭曲的另一个重要原因。地方政府对工人特别是农民工利益的忽视,源自于对外贸高增长的追求,对外资数量的追求,从而地方政府对外资企业社会责任的监管弱化了[1];而农民工尽管已经成为当地经济建设的一支重要力量,但由于户籍制度的约束,长期以来当地地方政府并不将农民工视为本地区市民,从而忽视其工资利益。消除扭曲的对策是转变旧的政绩观,强调外资的社会责任,并加强对外资的监管;取消户籍制度,使农民工得到城市市民待遇,为提高完善对农民工的社会保障与工资待遇提供法律依据。

第三,从市场垄断的角度看,目前的劳动力市场实际上是处于买方垄断状态,并将在长期内存在。因此,在外资企业(也包括外向型内资企业)与工人的工资谈判中,工人处于弱势地位,即买方垄断是造成工人工资扭曲的一个重要原因。因此消除扭曲的对策在于,建立并完善在外资企业中的工会建设,从而提

---

[1] 张幼文:《开放经济发展目标的动态演进——答华民教授的商榷意见》,载于《国际经济评论》2006年第1~2期。

高工人的谈判能力,从内部加强对外资社会责任的监督力度。

第四,提高工资中的"囚徒困境"与最低工资法。提高工资水平中的"囚徒困境"是与中国出口公司之间的恶性竞争均衡联系在一起的。因为,如果只有某一家公司以提高工资的方式来吸引工人,那么它的产品可能就难以获利太高。因此,所有这些公司宁愿招不满工人,也不会愿意带头提高工资。消除扭曲的对策是,政府采取统一政策口径,通过制定最低工资法强制各地提高工资。

2. 消除工资扭曲的积极意义

(1) 提高工资的收益。首先,提高工资有助于减少出口利益流失。因为在很多市场,中国的厂商彼此压价,将中国生产力提高所带来的好处全部转移到西方消费者手中。提高工资水平相当于把生产力提高的好处从西方消费者手中转回中国劳动者手中。

(2) 提高工资水平可以从两方面减轻人民币升值压力,有助于恢复外部均衡。一方面,它增加了中国的生产成本,也就是说,它提高了真实汇率。出口生产中的劳动内容很难估算。国内附加值可能占50%,其他50%的成本来自进口设备和零部件。在来自国内的这50%的成本投入中,除煤、石油、矿产资源等自然资源外,其他投入最终都可归结为中国的劳动力投入。工资若上涨百分之十,出口生产的成本就可能上涨3%~4%。有些行业所受影响更大。在某些轻工制造业,劳动力成本可能占到总成本的一半,比如服装业。成本上升可能会影响中国在某些市场的市场份额。但是,由于中国已经拥有巨额市场份额,低成本策略的边际效益正在递减。提高劳动者收入所带来的正面效益,应该会大于此举所带来的轻工制造业产品市场份额的流失效应。另一方面,提高工资可能带来更多消费,从而减少中国的贸易顺差。中国过度依赖投资和出口的主要原因，正是由于中国的消费水平太低。中国出口数额非常之大，而在国内则面临储蓄剩余。提高人民币币值解决不了贸易不平衡问题，而只会把中国推向通货紧缩。据此，有专家认为，中国如果在今后五年内以双位数的增长率调升最低工资水平，——只消此举，就可以化解人民币所有的升值压力①。

3. 目前对于提供工人工资存在着两点担心

一是提高工资会否导致就业的下降。通常而言，提高劳动力成本对扩大劳动需求来说是不利的。但实际情况是，提高工资有助于解决沿海地区的"劳工荒"问题。据估计中国农村地区可能还有2亿剩余劳动力。如果沿海地区提高工资水平，就可以将这些劳动力从内地吸引过来，从而解决轻工制造业的劳工短缺问题。此外，由于消费是服务密集型的，服务业相比出口行业更具有劳动密集型特征，因此，提高工资所带来的额外劳动需求，可能会大于出口竞争力减少所带来的劳动需求下降。

二是提高工资会否导致资本外流。从资本流动的角度看，提高工资水平只可能对那些技术含量低，单纯依靠优惠政策、廉价劳动力从事生产的外资企业产生重要影响。如果它们因此而转移到海外或内陆地区，那么这种调整是符合我国目前阶段的产业调整政策方向的。

以珠三角为例，广东省从2006年7月份开始，将省内各地市的最低工资水平上调17%～42%。其中深圳经济特区把最低工资标准最多上调了23%，即从每月人民币690元（合86美元）上调至800～850元。事实上，珠江三角洲多数外资制造商

---

① 谢国忠：《提高工资水平对中国是个非常好的政策》，www.dajun.com.cn，2006年7月15日。

第7章 区域发展导向型体制下的对外开放效益提高

向员工支付的工资都高于这个最低标准，它们基本上未受到该地区劳动力短缺的影响。这些外资企业的出口额约占珠江三角洲地区出口总额的60%[①]。由于珠三角地区拥有得天独厚的地缘优势：例如靠近供应商、唾手可得香港"无与伦比的"管理人才资源、便利的交通运输条件等，意味着这里已经存在着可观的外在规模经济，——这有利于抵消劳动力价格上升成本，因此，珠三角仍然是外资制造业的首选之地。各公司应对成本上升的挑战对策是，竞相提高自己在价值链上的位置。

以位于珠海的全球最大微波炉制造商格兰仕集团（Galanz）公司为例。目前该公司面临的成本已经全面上升：由于各家工厂相继抬高劳动力价格，格兰仕3万多名工人的工资成本已大幅飙升；以石油为原料的塑料制品、铜和钢铁都较以往更为昂贵；此外，由于不再享有增值税退税优惠，导致该公司为零部件支付的增值税提高了大约18个百分点。格兰仕65%的产品销往海外。格兰仕并未紧缩规模或者迁往成本更低的地方，其应对措施是集中精力提高其微波炉工厂的效率。该公司学习丰田（Toyota）的制造流程，采用以团队为基础的生产和管理分工。格兰仕先前是一家摊子全面铺开、实行集中控制的公司，如今已拆分为16家子公司，每家子公司都由一位自主经营、各负其责的总经理来管理。采购业务仍是统一管理，以便在与供应商的谈判中获得最大优势。该公司还大力实行多样化经营，在附近的中山市建立了一个占地200万平方米的空调生产厂，规模为全球之最。该公司不仅在此生产自有品牌，还为外国品牌贴牌生产。该公司格兰仕去年生产了250万台空调，预计2006年产量将增加约60%。

格兰仕集团（Galanz）公司的案例说明，提高工人工资并不

---

① 汤姆·米切尔（Tom Mitchell）：《珠三角告别低成本时代》，载于英国《金融时报》2006年5月9日。

必然导致外资离开中国，相反，提高工资水平反而会对外资提高技术与质量形成一种倒逼机制。但需要注意的是，政府应该控制工资等生产成本上涨的幅度与节奏，给予外资一个消化吸收成本上升的时间，这是必须的。

总之，应根据造成要素价格扭曲的不同的体制与政策原因，采取不同的应对之策消除扭曲，以实现最优开放效益。

7.2.4 对外扭曲的消除：关税调整与出口退税

中国粗放型出口增长模式在很大程度上受出口退税政策的激励。因此，国内出口产品价格扭曲的消除，还可以在出口环节通过调整出口退税与出口关税来帮助实现。

自 2005 年开始，我国尝试通过增加出口税、降低出口退税的方式来限制高耗能、高污染和资源性产品的出口。国务院发展研究中心的一项调查显示，从 2005 年第四季度和 2006 年前 4 个月看，煤炭、电解铝、皮革等产品的出口量下降 10% 以上。有些国际市场份额比较大的商品如黄磷，在出口量下降之后，卖价还有所提高[①]。这证明通过增加出口税和降低出口退税的措施是有效的。

经国务院批准，我国从 2007 年 1 月 1 日起调整进出口关税税则，其中针对高能耗产品的出口关税征收范围进一步扩大，将对不锈钢锭及其初级产品、钨初级加工品、未锻轧的锰、钼、锑、铬金属等生产能耗高而对环境影响大的产品新开征出口关税。2006 年我国已经对相关资源类商品关税进行了两次调整：4月，国家将部分铜材的出口关税，板材、带材等的出口关税上调

---

① 程云杰：《经济观察：中国将微调外贸外资政策以提升国际竞争力》，新华网，2006 年 7 月 11 日。

为 10%；11 月则调整了部分进出口商品暂定关税税率，铜、镍、电解铝等 11 项有色金属产品为 15%，氧化铝进口关税则由 5.5%下调至 3%①。

然而，出口退税与关税是我国实施产业政策的重要手段，政策引致性扭曲的目的在于提高进出口商品服务于整体经济效率的目的。因此，调整一定是结构性的，例如，使出口退税结构更加合理化，一方面对高耗能、高污染、资源类产品实行零出口退税率，另一方面要对技术含量高、附加值高的产品出口保持较高的出口退税率；同时，要扩大国内紧缺资源性产品、先进技术及设备的进口，并给予税收优惠。但需注意的是应采取"小步慢跑"的方式来稳步调整政策，避免政策上的大起大落。

7.2.5 结 论

根据消除扭曲的"直接针对性"原理，运用税收与补贴手段消除对外资的过度税收优惠及要素价格扭曲，是提高对外开放效益的基本途径；同时，由于造成要素扭曲的原因还包括过度偏向的开放政策与旧体制，因此应对之策还应扩展到深化要素体制改革与开放政策的局部调整上。

7.3 消除内外失衡

从扭曲理论的视角看，内外经济失衡一般是由于政策引致性扭曲、体制性扭曲或外部扭曲所致，因此，根据对症规则，总能

---

① 《出口关税调整，资源类产品价格大调整箭在弦上》，http://www.cnnsr.com.cn，2006 年 12 月 31 日。

找到最优或次优的对策。

7.3.1 内部均衡与政策引致性扭曲

如同前文讨论内部失衡一样,这里所关注的内部均衡主要集中于地区协调发展与消除地方保护主义建立全国统一市场两个方面。

1. 政策引致性扭曲:地区协调发展

长期以来,中西部地区由于缺乏资金、技术等经济竞争的硬件,同时涉及投资环境的基础设施、交通通讯、教育水平等公共物品供给不足,以及制度软环境的落后等,导致其自我经济发展能力以及吸引外资的能力低下。而改革开放以来,东部沿海地区则依赖优越的区位优势以及政策优惠获得大量外商直接投资,促进了经济腾飞,从而导致东、中、西地区差距不断扩大。然而,我们也必须看到,随着东部地区经济发展,虽然一方面扩大了地区差距,但另一方面也为中西部经济腾飞创造了条件。

首先,东部地区生产成本的上升为资源(资本、劳动、技术)向中西部地区流动创造了条件,中西部地区的成本优势更加明显。

对第2章中"价格扭曲下的不足转换与不足出口"模型稍加扩展可以发现,通过增加对中西部地区公共产品的供给就可以有效缩小东西部地区发展不平衡。

设产品1为西部劳动密集型产品,产品2为东部劳动密集型产品。如图7-2所示,在 $DRT<P_d<P_w$ 的情况下,在东部生产成本显著提高以前生产点在 Q_0。随着东部地区经济发展,东部地区劳动力工资在逐年上升,能源、基础设施出现消费拥挤,而与此同时,中西部地区劳动力相对便宜,能源、资源充足,生产成本相对较低,东西部地区差异必然引起资源(资本、技术、管理等要素)自东部向西部的战略性转移。也即,当东部生产

第7章 区域发展导向型体制下的对外开放效益提高

成本显著上升后,由于 $P_d < P_w$,生产必然转向商品1。但因为中西部地区交通、基础设施薄弱,市场经济制度环境相对落后,从而阻碍了东部地区资源向西部的转移①。在图中表现为价格信号不足,生产转换在 $P_d = P_w$ 的 Q_1 点上便停下来。这时消费在 C_1,效用为 U'_F,虽然高于 U_A,但低于资源充分自由流动时的 U_F。中西部地区交通、基础设施建设以及市场环境建设的滞后,使劳动密集型产品的生产分工只能在 $P_w = P_d > DRT$ 下进行,生产没有转换到 Q_2,只有在点 Q_2 上 $P_w = DRT$ 生产才是最优的。在 Q_1 点上,有生产得益从 Q_0 到 Q_1,也有消费得益从 Q_1 到 C_1。

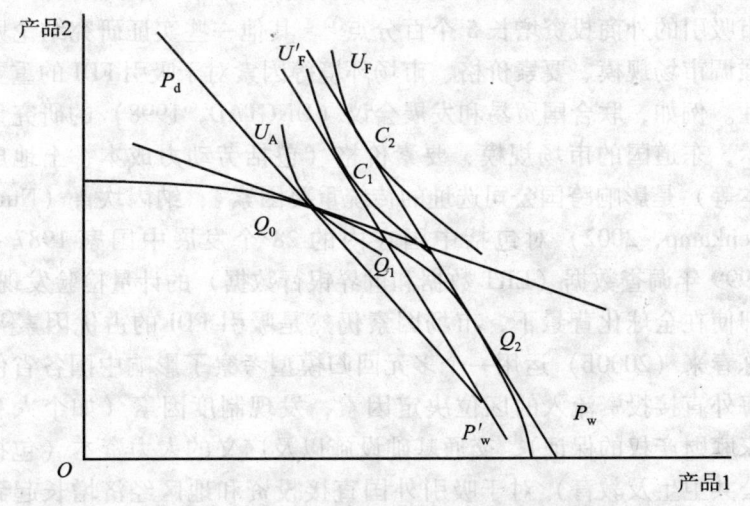

图7-2 消除要素价格扭曲与生产结构调整

---

① 需要注意的是,东部生产企业因出口刺激而形成产业规模效应,企业能够获得行业外在效益,因而作为企业的个别成本上升会受到一定程度的抵消。此外,东部地区的出口产业还能够从其他产业的收缩中吸引生产要素,从而降低了生产成本。这些情况都表明,东部地区成本竞争劣势的显著出现是一个缓慢的过程,但这个拐点总会出现。而且,此时东部地区生产企业可以先把研发、设计等高级生产活动放在东部而只将生产车间转移至西部。

政策引致性扭曲：开放效益的体制因素

根据消除扭曲的直接针对性原理，最优政策应是运用公共财政对中西部地区的交通、基础设施建设进行补贴，增加对教育的投入以提高劳动力素质；同时，中西部地区的地方政府应当将深化市场化改革、建立良好的市场经济环境作为竞争的重要目标。当上述措施得到有效执行之后，扭曲可以基本消除，并且不会导致消费扭曲。这种政策会使生产点移到 Q_2，消费点移到 C_2。

上述结论也为一些实证研究所证实。例如，根据世界银行（World Bank）在 2006 年底发布的一份报告中预测，运输成本降低 50%，可能会使新疆乌鲁木齐或甘肃兰州等"极内陆的"城市吸引的外商投资增长 5 个百分点[①]。其他一些实证研究结论则强调市场规模、要素价格、市场环境等因素对于吸引 FDI 的重要性。例如，联合国贸易和发展会议（UNCTAD，1998）的研究显示，东道国的市场规模、要素价格（包括劳动力成本、土地成本等）是影响跨国公司选址的传统重要因素[②]；纳因坎普（Nunnenkamp，2002）对包括中国在内的 28 个发展中国家 1987～1999 年调查数据（ERT 数据和世界银行数据）的计量检验发现，即使在全球化背景下，市场因素仍然是吸引 FDI 的占优因素[③]。陈春来（2000b）运用一个多元回归模型考察了影响中国各省份海外直接投资流入的区位决定因素，发现制度因素（如个人和家庭财产权的保证）、交通基础设施以及广义的人力资本（包括公共卫生及教育）对于吸引外国直接投资和地区经济增长起到

---

① 安德鲁（Andrew Yeh）：《中国：开发西部交通须先行》，载于英国《金融时报》2007 年 3 月 23 日。

② UNCTAD (United Nations Conference on Trade and Development), (1998). Bilateral Investment treaties in the Mid – 1990s, New York-Geneva: United Nations.

③ Nunnenkamp, P., (2002). "Determinants of FDI in Developing Countries: Has Globalization Changed the Rules of the Game?", Working Papers No. 1122, Kiel Institute for World Economics.

第 7 章 区域发展导向型体制下的对外开放效益提高

重要作用①。

上述经验研究对于缩小地区差距的政策建议是显而易见的：即地区竞争的焦点应当放在社会软环境指标如基础设施、交通通讯、教育水平、制度规范化（行政效率）等方面，过度税收减免则是一种双输的政策，同时也会导致国家整体税收利益的流失，唯一得利的只是外国资本。

然而，在缩小地区差距的过程中，我们还需要注意有几个约束条件。

（1）区域差别政策与公共产品供给的财政约束。为推动东、中、西部地区产业转移的战略互动，应当在宏观政策层面上进行适当调整，从而为东部地区劳动密集型产业向西部地区转移铺平道路。因此，应以产业政策为核心，在产业、土地、劳动力、能源资源、税收等五个方面实行区域差别政策，创造有利于产业转移和产业升级的准备。必须指出的是，区域差别政策的核心是运用国家财政补贴或税收优惠政策实施推动产业转移。然而，补贴政策意味着政府财政支出的增加，如果财政上无力实行这种补贴，那么消除扭曲的政策也就不可行。这意味着公共产品供给受到政府财政能力的约束。

从实情况来看，我国的经常账户顺差已经超过 1 万亿美元，

---

① Chen chunlai, (2000). Provincial Distribution of Foreign Direct Investment in China, Research Paper to the MOFTEC/OECD co-operation programme on FDI. 这一模型是带有池式数据的多回归模型。该数据系列包括了 29 个省从 1987 年到 1998 年为期 12 年的数据，因变量是各省的海外直接投资流入，自变量包括各省的市场规模（各省的 GDP），各省的人均 GDP，各省的效率工资也就是受劳动生产率影响的实际工资，由各省人口受教育的比例所估算的各省劳动力素质，各省的海外直接投资累积总额，各省的交通集中度指数，各省的电讯水平、地区虚拟变量是对沿海省份而言的，政策虚拟变量是对 20 世纪 90 年代以来越来越放松的海外直接投资体制。根据该模型，中国的海外直接投资流入的存量值是各省的市场规模、人均收入、效率工资、文盲率、现有的海外直接投资水平、交通和电讯等基础设施发展水平、地理位置和经济改革及开放政策的贯彻的反映。参见胡鞍钢，胡光宇主编：《世界经济中的中国：国内政策的挑战》，清华大学出版社 2004 年版，第 299~300 页。

外部的经常账户盈余相当于储蓄大于投资的部分,在过去几年中储蓄的增长快于投资,积累庞大。因此,可以考虑发行政府公债增加公共支出。2004年公债占GDP的比重仅为33%,基本赤字占GDP的比重不到2%。中国经济的增长速度大约为9%,远远高于按照实际值计算的债务的平均成本(大约为2.5%)。按照动态的债务原理,中国可以在中期继续保持较大规模的财政赤字,且不必担心未来的债务负担。也就是说,我们有能力实施缩小地区差距所需要的公共财政支出。[①]

(2)必须要重视环境资源条件在中西部对外开放中的约束作用。"十一五"规划纲要将国土空间划分为"优化开发、重点开发、限制开发和禁止开发四类主体功能区",并根据资源环境承载能力、现有开发密度和发展潜力,统筹考虑未来我国人口分布、经济布局、国土利用和城镇化格局,提出了相应的开发战略[②]。

由于中西部地区的首要不利条件是资源环境承载能力较弱,"限制开发区域"和"禁止开发区域"较多,因此,在引资活动中要严格限制大量占用土地、大量消耗资源和大量排放污染的外资企业进入;鼓励有利于生态修复和环境保护的投资,加强与国际组织的合作,积极获取联合国、世界银行等的环境保护援助,以及与发达国家联合开展生态保护研究等。相应地,绩效评价和政绩考核应"强化生态环境保护等的评价,弱化经济增长、工业化和城镇化水平的评价",[③]唯真正做到才能避免西部开发演变为生态灾难。

(3)中西部区域内在制度约束。制度环境涉及市场化指数,

[①] 何帆、张斌:《寻找内外平衡的发展战略》,上海财经大学出版社2006年版,第30页。

[②③] 《中华人民共和国国民经济和社会发展第十一个五年规划纲要》(全文),新华网,2006年3月16日。

第 7 章 区域发展导向型体制下的对外开放效益提高

包括非国有经济发展程度、要素市场发育程度和市场环境质量高低等。塞尔卫·戴默格等人（Sylvie Demuryger etal etc., 2002）发现，投资和贸易条件、制度环境是相互促进的，如果后两者没有建设好，那么资本就不会流入，甚至流出，增长也就受到遏制。① 因此，促进中西部地区发展，从长期看，最重要的恐怕是形成与扩大开放相适应的市场制度环境。

然而，从制度变迁的角度看，成功的区域经济发展模式无不是适应于本地区的内在制度（包括惯例、伦理规则、习俗、私人规则等）特性，如温州模式、顺德模式等（新望，2005）。制度经济学认为，移植法律规则被认为可以节约资源并得到额外的好处：将这些节约下来的资源去建立必须的法律基础设施和进行人员训练投资。② 但是，莫莱奥（Murrell，1996）提出反证说："在大多数国家中，特别是在前苏联共和国中，就许多新法律的起草者想象而论，需要花费一代人或几代人的时间来加强法律体系的资本主义化"③。K. F. 齐默尔曼认为，内在制度的变迁不仅非常缓慢，而且内在制度比外在制度更重要，因此他建议转型国家只建立最重要的法律制度，并为了稳定预期而避免频繁地改变法律。在这种环境下，内在制度更可能适应于外在制度。④ 这里提醒我们，在缩小地区差距问题时，必须充分考虑落后地区的内在制度特征，要避免"一刀切"与强制推行政策。中央政府制定粗线条的改革方略，让地方政府有充分发挥区域特色的制度建构空

---

① 塞尔卫·戴默格，杰夫·萨克斯，胡永泰，鲍曙明，张欣：《地理位置与优惠政策对中国地区经济发展的相关贡献》，载于《经济研究》2002 年第 9 期。

② ECE (United Nations Econonic Commission for Europe), Economic Survey of Europe, various issues, New York.

③ Murrell, P., (1996). How Far Has the Transition Progressed? The Journal of Economic Perspectives, 10/2, 25 – 44.

④ [德] K. F. 齐默尔曼主编，申其辉，孙静，周晓等译：《经济学前沿问题》，中国发展出版社 2004 年版，第 151 页。

间，从而探索出一套适于本地的发展模式。国内经济专家的研究也发现，新的规则必须获得社会认可，移植的外在制度必须是与现有的内在制度相匹配的；近几年的区域经济发展过程中，无论是苏南地区还是珠江三角洲地区都因内在制度与外资制度之间的冲突而在不同程度上出现了经济活力下降的问题（新望，2005）。

K. F. 齐默尔曼同时还警告说，"企图激进地改变社会主要的内在制度的尝试会以失败而告终。如果通过引进外在制度来处罚被禁止的内在制度的使用，则总的执行成本都将会增加。当外在制度与内在制度相兼容时，其可执行能力提高。因此，外在制度的改革应明确考虑重要的内部制度。外在制度应大体上与内在制度兼容。"他建议，"如果首先挖掘内在制度的生产潜力和未知潜能，如给予被强制实施制度变迁的地区以观摩先进地区并学习反思的机会，那么对参与者实现这些潜能将起催化作用。"[①]

综上所述，我们可得到如下启示：

面对当前新一轮中西部开发过程中的市场制度环境建设，地方政府有两项必须做的工作：一是引进与国际接轨的开放经济市场规则；二是加强对内在制度的研究，使得外在制度与内在制度更加协调匹配。要克服内在制度与外在制度之间的冲突，可行的办法是重视向东部发达地区的观摩、学习，干部引入等，形成有利于开放的法治意识、环保意识、服务意识，但又要避免照抄照搬东部发展模式。应当尊重区域内在制度的特点，将外在制度吸收转化为具有区域特色的地区发展模式，走出自己的创新之路。

2. 政策引致性扭曲：国内市场一体化——消除地方保护主义

如前所述，地方保护主义一方面加重了国内地区经济发展失

---

① ［德］K. F. 齐默尔曼主编，申其辉、孙静、周晓等译：《经济学前沿问题》，中国发展出版社2004年版，第161页。

第 7 章 区域发展导向型体制下的对外开放效益提高

衡,导致开放效益流失,另一方面,就其形成的原因而言是复杂的,因而需要根据对症规则采取多重政策予以消除。

第一,从改革路径的角度看,扬(Young,2000)的研究表明,由于中国改革是渐进式的,先开放的部门就有动机去获取未开放部门的租金;地方政府之间因争夺租金而展开的争夺使国内市场零碎化。这意味着,此种类型的保护主义将随着改革深化及其租金的消失而失去动力,这类保护主义只是改革开放初期的产物[1]。

第二,我国的区域发展导向型体制是建立在"行政区划"基础之上的,这才使得财政分权、政绩观等具有了推动地方保护主义的力量。例如,财政分权使得地方具有独立的经济利益,地方保护可以使得地方最大化自己的财政收入资源;而政绩观推动地方政府追求经济增长与就业——为树立形象而采取保护投资、保护市场等手段。因此,根据对症规则,对于消除地方保护主义而言,转变政绩观、完善财政分权体制以及转变政府职能等措施,都是次优选择。最优选择是打破经济发展中的"行政区划"。

有专家建议,要打破"行政区划"基础上的地方保护主义,首先是要加速推动跨区域的"市场主体型经济圈"的形成。经济区的存在是客观的,遵循其客观规律将现实空间划分为若干个具有内在联系的经济区域,形成若干个市场型经济圈,是可行的。从"地方政府经济圈"到"市场主体型经济圈"的变化,是我国地区经济发展格局的必然选择。其次,实现宏观调控模式创新。"市场主体型经济圈"在地域上一般都跨多个行政区,为弥补"市场自身失误",必须对市场经济圈进行区域调控。例

---

[1] Young, Alwyn., (2000): "The Razor's Edge: Distortions and Incremental Reform in the People's Rupublic of China", Quarterly Journal of Economics, 115: 4, pp. 1091 – 1135.

政策引致性扭曲：开放效益的体制因素

如，按照经济区一体化发展要求，组织编制区域规划，加强对其空间开发的指导与协调；制定统一的产业和投资政策，指导区域成员的投资行为，对区域内产业结构和空间布局进行调整；设立专门的机构，对各行政区进行协调，公正裁判合理解决经济纠纷，保证规划得以执行等。[①]

从跨区域公共产品供给的角度看，从"中央—行政区"格局转变到"中央—市场经济圈"格局意味着，能够有效解决以往地区竞争中跨区域公共产品供给不足，以及对跨区域经济负外部性缺乏统一协调治理机制的困境——这是其有效破除地方保护主义的重要原因。

第三，建立全国统一的招商引资法规，培育市场经济环境，扶持市场力量，打击垄断等，是消除地方保护主义不可或缺的重要手段。

第四，以发展的眼光看，保护主义是经济相对落后的产物，当经济发展到一定阶段时，市场本身就会产生统一的内在要求。但其前提是各地基本形成各自的比较优势，这时开放统一比保护取得更高效益。保护式的区域发展导向会转变为开放式的区域发展导向。反过来，这一发展趋势也启示我们，各地区应从一开始就注重采取比较优势特别是动态比较优势的发展战略，一旦建立起各地区的比较优势，那么地方保护主义也就失去了存在的必要性。正如琼·罗宾逊夫人曾经讲过的例子：如果别人往他们自己的港口扔石子的话，你完全没有必要也往自己的港口扔石子。[②]这一阶段，地方保护主义将得不偿失。

[①] 黄庭满：《透视"地方政府经济圈"现象》，www.cbiq.com，2004年12月24日。

[②] 贾格迪什·巴格瓦蒂：《现代自由贸易》，中译本，中信出版社2003年版，第75~76页。

7.3.2 外部均衡与政策引致性扭曲

正如本书第 6 章讨论指出的,今天全球经济的失衡集中表现在国际收支与汇率水平上,但它的基础却是全球化加速和扩大了的国际要素集聚。中国的"双顺差"首先是顺应新的全球化要素分工、是中国国际要素集聚能力提高的表现,其次我们还应当看到国内体制性扭曲与政策引致性扭曲的一面与"双顺差"的因果关系。这意味着从消除扭曲的对症规则出发,传统的国际收支理论已经难以适应全球化经济发展的需要。

1. 斯旺(Swan)模型及其局限性

有学者根据斯旺(Swan)模型,试图通过人民币升值以及与扩张性财政政策的相互组合,来解决中国目前的外部经济失衡问题[1],如图 7-3 所示。

纵轴表示实际汇率,以每 1 元人民币折合美元表示。横轴表示国内支出,即国内消费和投资之和。图中内部平衡线表示能够实现国内经济平衡(即充分就业)的汇率和国内支出水平的不同组合。当离开内部平衡线向右移动时,比如国内支出增加但汇率保持不变,也就是说国内需求增加而国外需求保持不变。于是一国经济将出现过热。假如采取措施使得该国经济向上移动达到内部平衡线,内部平衡就又可以得到恢复。比如,通过汇率升值,来自外部的需求减少,同时部分内部需求将转为对进口商品的需求。再考虑离开内部平衡线向下移动的情况。比如,人民币贬值。对中国产品的外部需求将增加,而中国对进口产品的需求

---

[1] 何帆、张斌主编:《寻找内外失衡的发展战略》,上海财经大学出版社 2006 年版,第 23~34 页。

将减少。这也会导致经济过热。为了恢复平衡，需要减少国内的支出水平，即通过向左移动回到内部平衡线。因此，内部平衡线是向右上方倾斜的。

图7-3中的外部平衡线表示能够实现贸易平衡的汇率和国内支出水平的不同组合。首先考虑离开外部平衡线向左移动的情况，比如由于外生因素导致国内支出减少。这会带来贸易顺差，因为更多的商品可以被用于出口，而且对进口的需求减少。货币升值将减少出口需求，增加进口需求，于是该国经济向上走并回到外部平衡线，最终恢复了贸易平衡。因此，如图所示，外部平衡线是向右下倾斜的。

那么，在当前中国经济大致位于 A 点的情况下，经济基本处于劳动力供给和劳动力需求相等的状态，但是贸易有盈余。中国经济需要实行扩大国内支出和人民币升值适度组合的政策，以便将经济从 A 点移动至 D 点。D 点就是能够同时实现内外部平衡的点。在当前，要同时实现内外部平衡的政策组合包括：（1）增加私人消费。这主要是通过改革社会保障体系以及其他措施来减少居民预防性储蓄的水平，同时增加居民收入在国民收入中的比重。（2）公共支出项目。通过发债融资，旨在解决地区和社会问题。（3）人民币有管理的升值。（4）减少资本账户的顺差。因此，当前的挑战是，如何审慎地采用适宜的政策组合，一方面能够减少贸易盈余，另一方面又能够保持充分就业，这些政策又必须和基本的政策目标即维持经济增长和减少贫穷相协调（何帆、张斌，2006）。

显然，在传统模型中，汇率是一个基本的政策工具，但是在新的国际分工背景下出现的"双顺差"是不可能依靠人民币汇率调节获得解决的。这是因为，传统模型的前提条件是国际分工是一种产品分工，因而内部经济与外部经济是截然划分的；而今天的经济全球一体化使得各国在再生产的各个环节上以要素分工

第 7 章 区域发展导向型体制下的对外开放效益提高

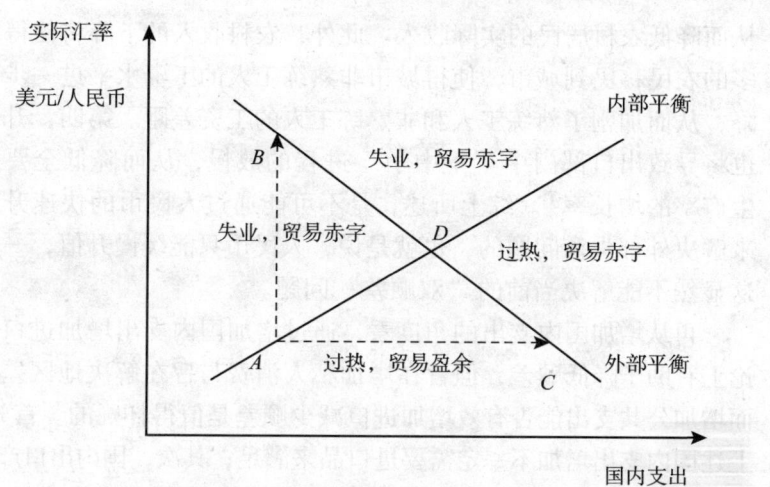

图 7-3 开放经济条件下的内外均衡

为基础而展开合作,因而,以传统的思路应对内外失衡不可能找到正确的方向。

第一,从经常账户顺差来看,中国的贸易顺差主要是来自于加工贸易,——这是过去 10 年中亚洲加工贸易向中国转移的结果,这导致对美顺差全都转移到了中国,而其他形式的进出口贸易一律都是逆差。人民币升值将有助于从事加工贸易的企业降低原材料进口成本,也即人民币汇率升值对加工贸易顺差影响不大;但对于代表中国企业竞争力的一般贸易,人民币升值将带来更大压力,也就是说升值将在一定程度上损害一般贸易的竞争力。第二,从资本账户来看,人民币升值预期已经刺激国际投机性热钱的持续流入,从而隐藏着极大的金融风险。第三,升值可能会恶化地区间的不平等,以及熟练劳动力和非熟练劳动力之间的不平等。原因在于,中国是全球农业市场中的价格接受者。给定美元价格不变,升值将会降低中国农产品的国内人民币价格,

政策引致性扭曲：开放效益的体制因素

从而降低农村居民的实际收入。此外，农村收入的下降将使得更多的农民移民到城市，使得城市非熟练工人的工资水平进一步下降，从而加剧了熟练工人和非熟练工人的工资差距。第四，升值也将导致出口部门中"干中学"进程的放慢，从而降低全要素生产率的增长率①。综上所述，是不可能通过人民币的快速升值来解决外部失衡问题的，也就是说，人民币只能缓慢升值，——这显然不能解决当前的"双顺差"问题。

再从增加国内支出的角度看，通过增加国内支出增加进口理论上有助于降低顺差，但旨在增加私人消费与旨在解决地区差距而增加公共支出能否有效增加进口减少顺差是值得怀疑的。首先，上述国内支出增加不一定需要进口品来满足；其次，国内出口产品主要集中于劳动密集型加工产品，国内市场早已饱和，也就是说，出口部门与国内部门存在着某种程度上的脱节，因此，即便通过消费增加进口也是奢侈消费品的进口，并不能解决贸易顺差问题。

因此，无论是人民币升值还是增加国内支出，都不可能有效解决外部失衡问题。事实上，中国"双顺差"的主要载体是外资经济②，因此，根据对症规则，需要调整国内出口导向型的外资、外贸激励政策，——上文已经从转变政绩观、转变政府职能、消除要素价格扭曲等方面做了详细讨论。

2. 消除金融体制扭曲和外部扭曲

一是消除金融体制扭曲。近年来，我国资本账户的顺差主要

---

① 奥利弗和弗朗西斯科（Oliver Blanchard, Francesco Giavazzi）：《重新平衡的中国经济增长：一种三管齐下的解决方案》，载于何帆，张斌主编：《寻找内外失衡的发展战略》，上海财经大学出版社2006年版，第86页。

② 1998年外资企业的对外贸易顺差还只占中国整个对外贸易顺差的10%，2004年则贡献了44%的份额，2005年更是达到了56%。可见目前中国的跨境对外贸易主要是由外资企业推动的。参见姚枝仲、刘仕国：《中国国民对外贸易差额》，载于《国际经济评论》2006年第9～10期。

来源于外国直接投资，正如前文所述，这与国内金融体制存在对中小企业的歧视有很大关系（黄亚生，2006）。因此，对症规则首先要求取消对中小企业歧视，放宽融资。其次金融体制改革还应包括对外资融资限制的放宽。在国内存在着储蓄大于投资失衡的背景下，一个一举两得的策略是允许外国投资者在本地融资，这样既可以减少资本账户顺差，又可以继续引进外资（包含先进技术和管理经验）。由国内资金为外国投资者融资可以有两种可行的途径：一是允许外国投资者通过向银行借款或发行公司债的方式在本地借人民币；二是鼓励成熟和成功的外国投资企业在本地的股票市场上出售股份，这既是对中国民众的一种回报，也能够鼓励外国投资者带来更多的先进技术和更有效率的管理经验（何帆、张斌，2006）。第三要加强在人民币升值背景下对国际游资的监控维护资本市场稳定。

总之，金融体制扭曲不消除，就难以化解"双顺差"。

二是消除外部扭曲，完善国际协调机制。近年来，一个常见的现象是，在我国遭遇的国际反倾销案件中"非市场经济地位"因素往往被扭曲使用，即中国实际具有比较优势的企业被反倾销了。而2006年4月，美国针对中国的"出口补贴"23年来首次开征反补贴税，——事实上，美国希望通过双边战略对话，一揽子解决所谓中国的不公平贸易行为：例如，美国的电讯公司被禁止向中国销售基本服务、美国的金融和证券公司面临诸多限制、保险公司无法在中国当地注册、美国的制药业面临大规模的工业盗版行为、电影娱乐业被排除在中国市场之外，并因为盗版而遭受损失，等等。这意味着，上述国际贸易摩擦实际上是来源于国际垄断因素以及发达国家的体制套利活动，即外部扭曲；根据对症规则，应对这类"贸易摩擦"，一是需要完善国内反倾销机制；二是按照WTO规则要求，继续深化经济体制改革，提高国际经济竞争力；三是完善国际协调机制。如果说以上是最优对策——短期内难以实现，那么，从"体制套利"的角度来看，由于"体制套利"活动是有边界的，因此，还存在着一种"次优"的选择。

"体制套利"活动的边界。有人认为中国与发达国家之间的贸易摩擦在当今已经上升到"制度层面"，这种归纳并没有错，但将之视为发达国家对中国的"体制套利"活动似乎更为准确深刻。因为贸易摩擦即使是"制度层面"的摩擦，也不存在"边界"问题，也就是说，贸易摩擦可以导致贸易关系的全面倒退甚至中断；相反，"体制套利"活动则是有边界的，即双方按照游戏规则博弈，博弈的最坏后果也不能以破坏规则为代价，双方按照游戏规则套取利益，一方利益的博取活动以另一方不退出游戏为边界。为了更深入理解这一问题，我们以美国对中国的"体制套利"为例。

乔舒亚·库珀·雷默在《北京共识》一文中提出[1]，"有效的对华政策必须以创造一个有利于采取行动的环境为指导原则，而不是简单地处理某些具体问题。鉴于目前中国社会和政治的本质，直接做某些事情可能是困难的，而采取非直接的方式将会更有效。你可以通过操纵环境达到你心中想要的结果。"举例来说，若想让中国政府积极配合艾滋病预防的国际援助工作，最好的方式是帮助中国建立一个世界级的医疗保健计划，这种努力的一部分就是制定一个 HIV 计划——你最开始的目标。而一旦把它包装到国家医疗保健的环境中去，在中国就容易推销多了。据此，雷默认为新的对华政策需要三个支柱：专注于中国的弱点，记住有时需要操纵而不是说服中国，以及构筑整体的环境。与中国的接触不应当以某些旨在具体问题上左右中国的政策攻击中

---

[1] 黄平、崔之元主编：《中国与全球化：华盛顿共识还是北京共识》，社会科学文献出版社2005年版，第45~51页。

第7章 区域发展导向型体制下的对外开放效益提高

国。相反,希望在对华政策上取得成功的国家应该制定一个与北京相互影响的广泛计划,这个计划应该同时涵盖中国的长处和弱点。依此原则就可以找到一个处理美中关系的新方法,例如,创造一个在中国的不足之处与其进行合作的环境,从而为在其他方面采取行动获得影响力和信任。

雷默的"环境决策"论总结刻画了当代美国对华战略的最卓越思路,——将中国接纳为 WTO 正式成员是近年来这一思路的一个最重要体现。具体而言,美国利用中国"以经济建设为中心",迫切获取外部资源来加速自身经济发展的心情,把中国"接引"到一个美国主导的国际体制架构中来,并在此过程中,利用其影响力促使中国在融入这个体系时做出过度承诺,支付更高成本。一旦获得了 WTO 这个"驾驭"中国的国际体制环境,接下来便是利用游戏规则对中国实施"体制套利"活动。不难判断,随着中国"入世"后过渡期的到来,美国加紧了对中国的体制"套现"行动。

2006 年 2 月 14 日,美国贸易代表办公室(USTR)发布了美中贸易关系评估报告:《美中贸易关系:进入更大责任和执法新阶段》,全面阐述了中国加入世贸组织四年后美国的对华新贸易政策。报告提出,美中贸易随着中国"入世"过渡期的结束进入第三阶段,美国将采取以下行动处理对华贸易关系:加强 USTR 执法能力,组建"中国执法特遣部队",确保中国遵守义务;增强获得中国贸易体制和政策综合信息的能力;扩大与中方就最重要问题,特别是知识产权保护问题进行谈判并取得效果的能力;增加与日本、欧盟等贸易伙伴在对华贸易问题上的协调;加强美国与其他亚洲贸易体的贸易关系;通过美中商贸联委会等高层机制,强调推动中国的改革;增加与中方高层会谈的效率;扩大美中对华的议题,包括中国参与全球体系,市场准入、法律透明度等问题;加强美国政府内部和政府与国会在对华贸易政策上的协调等。①

研究报告内容,可以看出,美国首先将中国定义为一个全球贸易体系中的重要成员,理应是一个"负责任的利益相关者"。继而,为保证中国是一个"负责任的成熟伙伴",必须建立一个专门的对华贸易机构,对中国是否遵守 WTO 协议实施监督,为此"增强获得中国贸易体制和政策综合信息的能力"以及"加强美国政府内部和政府与国会在对华贸易政策上的协调"是必须的。同时,还必须加强与日、欧等贸易伙伴的对华政策协调,形成一种联合态势,从而迫使中国就范。美国所关注的重点在于中国知识产权保护与推动中国进一步改革,而达成目标的手段被确定为通过与中方举行"谈判"、"沟通"来获得满意效果。最后,作为对中国施加持续控制力的一个动态过程,将不断扩展谈判议题,包括"中国参与全球体系","市场准入"、"法律透明度"等问题,都将成为与中国谈判的议题。

可以肯定地说,这份报告实乃"环境决策"战略思想的产物。美国的目的并不是在贸易问题上与中国展开激烈对抗而导致两败俱伤,相反,而是要以摩擦为杠杆,促使中国遵守 WTO 协议承诺,获取更大利益。这一点也可以从美国贸易代表波特曼对中美贸易摩擦的发言中获得求证。他说,美国的主要目标不是针对贸易逆差,而是指责中国贸易政策。因此,当美国国会酝酿对华商品征收百分之二十七点五惩罚性关税的议案时,波特曼曾告诫国会议员,应当从两国经贸关系的大局,从美国从中获得的利益的角度来考虑问题,采取平和的方式,要小心行事。至于有议员提出取消中国"永久正常贸易关系"(PNTR)地位的议案,波特曼不表赞同。他认为,这种关系是作为世贸组织成员相互给

---

① 余东晖:《美将调整对华贸易政策》,中新社华盛顿 2006 年 2 月 14 日电。

予的，美国的目标是让中国在遵守世贸组织规则、履行义务上做得更多，而不是更少。① 波特曼的上述言论是对"体制套利"活动的"边界"所作出的最好的注解。时至今日，美国一方面对中国挥舞征收反补贴税的大棒，另一方面却紧盯着中国的金融、电信、医药、娱乐等市场，体制套利不言自明。

3. 对策

发达国家对中国的"体制套利"活动还将在很长的时期内存在下去，在当前，可以考虑从以下几个方面着手做一些工作来消解国际"体制套利"活动的负面冲击效应。

首先，应当针对重要的经贸伙伴国建立对等的如"中美经贸关系委员会"、"中欧经贸关系委员会"、"中日经贸委员会"这样的机构，专门研究美、欧、日对外贸易政策，定期发布其遵守 WTO 协议的情况，跟踪其对华经贸政策的动向，为反制发达国家的"体制套利"活动提供必要信息与策略支持。

第二，运用"环境决策"战略反制美、欧等发达国家的"体制套利"活动。具体而言，一是要加强与美、欧、日在华利益集团的沟通与协调，通过其院外活动牵制不利的对华贸易提案。二是以 WTO 为舞台，争取有利于包括中国在内的发展中国家的协议获得通过。三是积极发展与各国的双边、多边经贸合作，通过参与多边贸易、投资规则的制定，推动建立国际经济新秩序。

第三，鉴于"体制套利"活动是建立在共同利益基础之上的博弈，"套利"一方求取最大利益是以不破坏游戏规则为原则，因此，双方是可以通过谈判达成互利共赢妥协的。

综上所述，内外经济失衡是地区恶性竞争在宏观经济上的总

---

① 余东晖：《美将调整对华贸易政策》，中新社华盛顿 2006 年 2 月 14 日电。

体反映，是由于地方政府"个体理性"而"整体非理性"的基本表现，因此，消除整体经济的失衡需要着眼于消除地方政府层面的政策引致性扭曲并依靠中央政府的干预。

7.4
区域发展导向型体制下的竞争优势培育

如果说前面是探讨如何消除影响本国要素收益水平的体制机制上的不利因素，那么，本节的重点是探讨本国如何通过获得相对更稀缺的要素而取得竞争优势从而提高对外开放效益。

根据扭曲理论，某些扭曲是政策引致性的，因而应当消除这些导致扭曲的政策。但是这里并没有进一步分析，为什么这些政策会被选择。事实上，要政策干预还是不要政策干预，关键是看何者更有利于经济的增长发展和本国社会福利的提高。因此，有必要区分随机扭曲与择定扭曲两种不同的扭曲[①]：

所谓择定扭曲，是指当一种经济政策的采用导致某一产业或产品生产的扭曲，而政策的目的也只在于为该产业的发展或抑制而不得不引进扭曲时，这种扭曲是择定的，即为某一目的而选择确定的。择定扭曲具有定向的性质，即扭曲的程度与方向为政策所操纵。随机扭曲是指，当扭曲不具有定向性质，即扭曲的程度与方向不能为政策所操纵，相反是由经济中的非政策因素决定，或者政策造成的扭曲具有全面性而非定向性时，那么扭曲的发生就具有随机性、任意性。这种扭曲与产业政策目标没有必然的联系，只取决于导致扭曲的原因。显然，由经济体制决定的扭曲是随机扭曲，生产与消费的外部性和垄断导致的扭曲也是随机

---

① 张幼文：《双重体系的扭曲与外贸效益》，上海三联书店1995年版，第239~242页。

扭曲。

　　择定扭曲既然是出于一定的政策目的，那么只要这个政策决策本身是正确的（例如对这个产业的未来发展的预期是正确的），"度"是适当的，那么其微观的现期的扭曲损失就可以为未来的发展的利益所补偿或超额补偿。相反随机扭曲不具有这种特征，扭曲损失是净损失，而且它还造成整个经济价格信号错误和结构失衡的国内效率损失。

　　根据上述政府干预政策的抉择标准，要实现对外开放中的竞争优势并提高开放效益，单单消除政策引致性扭曲以及体制性扭曲还不够，从长期看，还要通过政府的择定扭曲对竞争优势进行积极培育。

　　根据迈克尔·波特的《国家竞争优势》理论，国家是企业最基本的竞争优势，原因是它创造并延续企业的竞争条件。国家不但影响企业所做的战略，也是创造并持续生产与技术发展的核心。一个国家能持续并提高本身生产力（竞争优势）的关键在于，它是否有资格成为一种先进产业或重要产业环节的基地[1]。这要求国家在技术创新过程中扮演重要角色，技术创新需要有形资产、人力资源和研究发展的持续投资。对中国而言，当前竞争优势的培育主要应从两个方面着手：一是提高对外资技术溢出的吸收能力；二是加强自主创新。无论是吸收能力还是自主创新能力，其首先是根植于稀缺要素的数量与质量，然后是需要一个高效的创新激励机制（创新平台），即一种良好的创新制度安排。而无论是稀缺要素培育还是高效创新机制的确立，都可通过政策的择定扭曲而实现。

---

[1] ［美］麦克尔·波特（Michael E. Porter）著，李明轩、邱如美译：《国家竞争优势》，华夏出版社2002年版，第17~18页。

7.4.1 竞争优势培育：区域竞争战略的调整

1. 区域竞争战略调整的理论依据

（1）新经济增长理论的相关研究文献表明，一国的要素禀赋结构决定了对该国的"适宜技术"。阿特金森和斯蒂格利茨（Atkinson and Stiglitz, 1969）首次提出了所谓"适宜技术"（Appropriate Technology）的问题，他们将之具体表述为"Localized learning by doing"，即厂商的"边干边学"要受到特定的投入要素组合的制约[①]。迪旺和格德里克（Diwan and Rodrick, 1991）重新在一个南北贸易模型中强调了适宜技术的重要性[②]。凯瑟利和科尔曼（Caselli and Coleman, 2000）估计了世界各国的技术前沿，并认为通常的跨国增长分析中发达国家和发展中国家之间的 TFP 差异，是由于禀赋结构的差异（资本、高技术劳动力、低技能劳动力）以致采取了不同的技术结构所引起的[③]。阿西墨格鲁和瑞立玻蒂（Acemoglu and Zilibotti, 1999）认为，适应技术是一个重要的解释因素，但一国劳动力的技能的高低是一国的关键禀赋，并提出"适应技术"将会阻碍增长收敛的结论，因为发达国家所能够提供的技术大多是由熟练劳动力发明和使用的，这与发展中国家劳动力资源的现实状况不符，所以要摆脱这种状况就需要政府加大人力资本投入[④]。显

[①] Atkinson, Anthony B. and Stiglitz, Joseph E., (1969). "A New View of Technological Change." Econnomic Journal, 79: 573 –578.

[②] Diwan, I. and Rodric, D., (1991). "Patents, Appropriate Technology, and North-South Trade," Journal of International Economics 30: 27 –47.

[③] Caselli, Francesco and Wilbur John Coleman II., (2000). "The World Technology Frontier", NBER Working Paper No. 7904.

[④] Acemoglu and Zilibotti., (1999). "Produtivity Differences", NBER Working Paper No. 6879.

然,"适宜技术"的观点解释了当前中国区域发展导向型体制下在技术引进与创新方面所处的尴尬处境:即在地方政府财力有限,高素质劳动力稀缺,国有企业效率低下,民营企业弱小的状况下,国内对高技术含量外资的外溢效应吸收能力弱,技术进步带动作用不明显;因而吸引外资转向低技术劳动力密集型,从国内要素禀赋结构来看,这是"适宜技术",然而其负面效应却是:国内加工贸易结构被锁定于产业链的低端。

(2) 林毅夫等学者(1999)[①] 将技术学习成本分为两个部分:购置的成本和应用的成本。其中,技术购置成本是由国际市场决定的,而应用成本则主要受到本国禀赋的影响。其基本观点是,技术结构内生于要素投入结构,即一项技术的实施,需要通过相应的要素投入结构(包含人力资本和物质资本)来实现,而投入品的价格是由经济体系内部的禀赋结构所决定的。这意味着,经济发展的根本出路在于提升禀赋结构,而不是技术结构。因此,过度强调引进外资的技术含量而忽略自身的要素禀赋结构,将适得其反。

(3) 迈克尔·波特将竞争优势区分为低层次竞争优势与高层次竞争优势两种。低层次优势很容易被模仿取代。例如建立在廉价的劳动力成本和便宜的原料基础上的成本优势;以竞争对手也能够取得的技术、设备和方法发展规模经济,——这也是一种成本优势,这种规模经济通常会因为新的生产技术或方法出现而遭到淘汰;此外,新的产品设计问世也同样可以扼杀这种成本优势。显然,我国以要素价格扭曲实现的成本比较优势是难以持久的。高层次竞争优势则不容易被模仿,因而更持久。高层次竞争优势要求企业拥有更先进的技术与能力,像高级专业人才、内部

[①] 林毅夫、蔡昉、李周:《中国的奇迹:发展战略与经济改革》,上海三联书店1999年版,第112~124页。

技术能力、与主要客户保持密切关系等；高层次竞争优势通常是借由长期积累并持续对设备、专业技术、高风险研究发展、营销上面的投资而来。广告、营销、研发等会创造许多有形无形的资产，表现在外的是公司的信誉、客户关系与丰富的专业知识[①]。可见，企业持久竞争优势的核心是拥有像先进技术、高级专业人才、营销渠道等稀缺要素。

（4）从全球化经济利益分配的角度看，"要素合作型"国际专业化使要素的国际流动不改变其所有权属性，从而不改变要素的国民属性。因此，以要素的稀缺度决定要素价格的规律也就获得了其展开形式：以国家参与国际合作要素的相对稀缺度决定相对利益大小的分配规律。[②]

经济中稀缺要素投入扩张改善利益分配从而提高国民福利，可以用图7-4加以表示：[③]

在图7-4A中，国家1表示稀缺要素增长国家，根据Rybczynski定理，开放经济的发展阶段下稀缺要素的培育或供给的增加将导致进口竞争品产出的增加和出口品产出的减少，从而国家1的提供曲线向内（左）移动，贸易条件得到改善（$P_W^2 > P_W^1$）。同时，国家1稀缺要素供给的增加也使得其整体的国民福利水平得到改善与提高，这可以从图7-4B中看出。其中从U_0到U_1可视为要素自由流动下稀缺要素增加成功带动整体产出增加而带来的国民福利水平的提高；而从U_1到U_2则是贸易条件改善的结果。

---

① ［美］麦克尔·波特（Michael E. Porter）著，李明轩、邱如美译：《国家竞争优势》，华夏出版社2002年版，第47~48页。
② 张幼文：《全球化经济的要素分布与收入分配》，载于《世界经济与政治》2002年第10期。
③ 张幼文等著：《新开放观：对外开放理论与战略再探讨》，人民出版社2007年版，第205~206页。

第 7 章　区域发展导向型体制下的对外开放效益提高

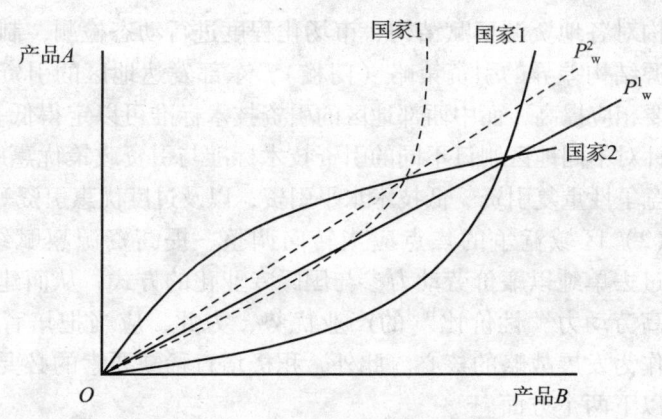

图 7-4A　稀缺要素收益增长模型

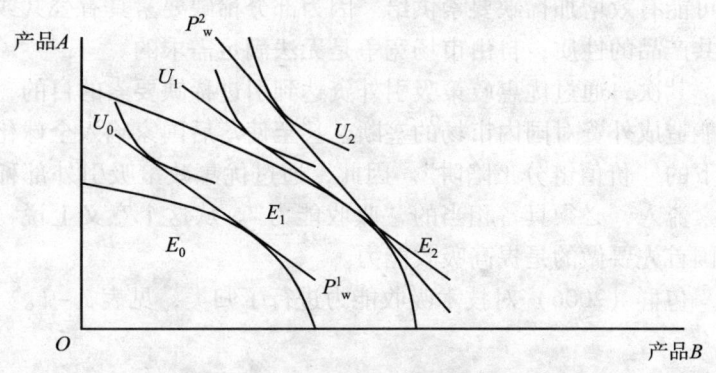

图 7-4B　稀缺要素收益增长模型

2. 以上理论对我国开放战略的调整具有两点启示:

(1) 引资政策的调整。鉴于各地区资源禀赋结构的差异(资本、高技能劳动力、低技能劳动力)、经济发展水平的不同、市场发育程度差异等①,需要采取不同的引资政策。首先设立专

---

① 根据吸收能力理论,经济发展水平、市场发育程度等会影响一国的技术吸收能力。

政策引致性扭曲：开放效益的体制因素

门机构对各地资源禀赋结构、市场化程度进行动态检测，制订基于资源结构差异的引资策略（门槛），东部发达地区的引资技术标准要相应提高，而中西部地区的引资技术标准可以定得低一些。即，针对不同地区制订不同的引资技术标准与引资政策优惠底线，避免竞争性重复引资、低技术水平引资，以及过度优惠引资等。

（2）区域竞争的焦点应当转向调整、提高资源禀赋结构，改变过去单纯以廉价劳动力参与国际专业化的方式，从而建立具有更高劳动力"性价比"的产业优势，为此，应当把培育高级要素作为发展战略的核心。此外，积极培育稀缺要素的必要性还在于以下两个方面。

首先，在封闭经济条件下以自由市场竞争驱动资源优化配置不可能有效增加稀缺要素供给。因为部分稀缺要素具有公共或准公共产品的性质，自由市场竞争是无法满足需求的。

其次，通过优惠政策吸引外资达到引进稀缺要素的目的，则可能造成外资对国内市场的垄断，甚至使落后国家陷入全球化条件下的"价值链分工陷阱"。因此，通过优惠政策吸引外部稀缺要素流入，必须具备相当的"吸收能力"。从这个意义上说，东道国首先要做的是提高吸收能力。

包群（2006）对技术吸收能力进行了归类，见表 7-1。

表 7-1　　　　　东道国提高吸收能力的制约因素

技术吸收能力的层次	度量指标
获取技术学习与模仿的机会	贸易开放度（包括各类形式的贸易壁垒）；产业关联度
学习能力	微观企业的技术能力、研发水平； 东道国人力资本存量、人力资本积累
应用新技术的社会、经济激励因素	金融市场效率；知识产权保护（法律体系）； 东道国市场竞争程度；政府政策、腐败程度；市场体制

资料来源：包群、赖明勇、阳小晓：《外商直接投资、吸收能力与经济增长》，上海三联书店 2006 年版，第 127 页。

第 7 章　区域发展导向型体制下的对外开放效益提高

显然，基于东道国视角的技术吸收能力由社会制度环境与稀缺要素构成。对于发展中国家而言，更高的人均资本存量意味着本国技术消化、学习能力的提高，从而可以提高本国适宜的技术引进层次；如果一味引进高水平的生产技术反而不利于本国的技术消化和生产效率的提高（Basu and Wei，1996）[1]。可见，只有具备一定的吸收能力才能发挥外部稀缺要素的积极效应。因此，竞争优势的培育，关键是稀缺要素的培育。

7.4.2　政策引致性扭曲：教育投资

高级人力资本是最重要的稀缺要素。对人力资本的培育主要来源于教育投资；另外企业自身的员工培训也是形成高级人力资本的一个重要来源。

关于教育投资。教育与经济增长的关系目前主要有两个基本理论框架[2]。第一种方法是由卢卡斯（Lucas，1988）提出，其基本观点是，增长主要由人力资本的积累所推动，因此所有国家之间增长率的差异可以归结于这些国家的人力资本积累速度差异[3]。第二种方法可以回溯到纳尔逊和菲尔普斯（Nelson and Phelps，1966）的学术贡献，最近由熊彼特内生增长理论使之复活。其基本观点是增长由人力资本存量所驱动，反过来，人力资本存量也影响国家创新的能力或者赶超更发达国家的能力。所有国家之间增长率产生差异的基本原因是人力资本存量的差异，进

---

[1] Basu S, Wei D., (1996). Appropriate Technonogy and Growth, NBER Working Paper, No. 5865.

[2] ［美］菲利普·阿吉翁、彼得·霍依特：《内生增长理论》，北京大学出版社 2004 年版，第 293～317 页。

[3] Lucas, R. E., (1988). "On the Mechanics of Economic Development." Journal of Monetary Economics 22 (1): 3–42.

政策引致性扭曲：开放效益的体制因素

而是这些国家形成技术进步的能力差异[①]。

由巴罗和萨拉－马丁（Barro and sala-i-Martin, 1995）[②] 与本纳比和斯派格尔（Benhabib and Spiegel, 1994）[③] 所做的实证研究检验了上述结论，并做出了比较。巴罗和萨拉－马丁基于1965～1985年大量国家的样本数据，把平均增长率与几个宏观经济变量进行回归，包括教育水平、公共教育投入占GDP的比例。其主要发现为：(1) 教育水平（用平均受教育年限来度量）与随后的增长（相关系数约为0.05）显著相关；(2) 公共教育投入对增长有显著的效应：1965～1975年，公共教育投入占GDP的比例提高1.5%，使同期平均增长率每年提高0.3%。本纳比和斯派格尔运用纳尔逊和菲尔普斯的假设检验证明：(1) 技术创新速度和已有创新的传播速度或采纳速度都对经济增长产生显著影响；(2) 人力资本存量也对这两个速度产生影响；（过去的）教育水平对于当前增长率影响变得十分显著，相关系数显著为正（约为0.12）。本纳比和斯派格尔更进一步指出，各国之间增长率的差别主要不是如卢卡斯所指出的人力资本积累速度的差异，而主要是来自于人力资本存量的差异，这种存量的差异反过来又影响各国创新和赶超更发达国家技术的能力。

纳尔逊和菲尔普斯（Nelson and Phelps, 1966）在关于教育的主要作用是增加个体能力这个思想方面认为，首先是体现在创新，如发明新活动、新产品、新技术；其次表现在采纳新技术；然后是加速技术在经济中的扩散方面。这几个预测得到了实证检

[①] Nelson, R., and Phelps, E., (1966). "Investment in Humans, Technological Diffusion, and Economic Growth." American Economic Review 61: 69–75.

[②] Barro, R. J., and Sala-i-martin, X., (1995). Economic Growth. New York: McGraw-Hill.

[③] Benhabib, J., and Spiegel, M. M., (1994). "The Role of Human Capital in Economic Development: Evidence from Aggregate Cross-Country Data." Journal of Monetary Economics 34 (2): 143–173.

验，并具有政策上的指导意义。

首先，生产力增长和创新的速度会随着教育水平的提高而提高，而且特别是随着最能够反映经济中潜在研究者/开发者的数量的中等和高等教育入学率的增加而增加。关于此点，目前所做的增长回归，特别是巴罗和萨拉－马丁（Barro and sala-i-Martin，1995），以及本纳比和斯派格尔（Benhabib and Spiegel，1994）的研究证实：中等和高等教育水平对生产力增长率影响显著。

其次，教育水平的边际生产力是技术进步速度的增函数，其本身既反映了创新的速度，也反映了个人与企业采纳新技术的速度。本纳比和斯派格尔（Benhabib and Spiegel，1994）的实证研究证实：除非教育被明显地与创新速度和技术赶超速度建立关系，否则教育对生产力增长没有显著的贡献。巴特尔和利腾伯格（Bartel and Lichtenberg，1987）的研究发现，"随着资本存量的老化，对受过教育工人的相对需求下降"。这表明教育水平与研发活动之间存在着互补性，其政策指向明显：影响创新和投资的宏观经济政策将影响对按教育水平分类的不同工人的需求，然后影响总的就业和收入的技能分布。也就是说，政府既可以直接通过教育政策，也可以间接通过积极支持研发活动，来提高教育平均水平。反之，政府融资教育将提高研发活动和开发活动的盈利能力，然后加速技术进步。

最后，教育允许当前技术不发达的国家更好地向较发达国家学习，并在创新发生时取得较高水平的生产力增长。本纳比和斯派格尔（1994）的研究发现，在当前那些总和生产力低于平均值的国家中，其过去教育水平对当前的增长率的影响极为显著，并且这种增长主要由技术赶超推动，而在技术前沿进行创新发挥的作用较少。拉丁美洲与东亚"小虎"之间的增长绩效的差距能够说明这一点，这不仅说明教育作为技术进步和增长一般投入的重要性，而且还说明了技术欠发达国家最优的教育组织方式。

政策引致性扭曲：开放效益的体制因素

如墨西哥或巴西过分强调高等教育和基础研究而牺牲初等/或中等教育，能够部分解释为什么这些国家的增长绩效比"东亚小虎"要差，原因是"东亚小虎"的教育保持了相对较小程度的精英化倾向①。

阿扎里阿迪斯和德泽恩（Azariadis and Drazen，1990）② 提出了"低发展陷阱"概念，具体而言是指，由于过去对教育投资的不充分，导致不利于进一步技能获取，从而使增长减缓，因此，国家之间初始人力资本存量的差异会使得各国永远以不同的速度增长。基于这个判断，政府在干预教育部门（为教育融资）中可以发挥重要作用，即避免"低发展陷阱"，促进较高速度的持续发展。

根据上述有关教育与经济增长相关性的理论与实证分析，我们可以得出有关当前区域发展导向型体制下教育组织方式的几点启示：（1）对教育类型进行分类，国家从总体上应加强初等教育与高等教育；中等教育（职业技术教育）主要交给地方政府，使其能够尽量贴近地方建设实际需要。（2）地区发展不平衡与地区教育存量差异有关，因此，打破地区发展不平衡的一个重要措施就是增加中央政府教育投资，特别是要加强对落后地区的教育投资。（3）不同地区，地方政府发展教育的侧重点不同，落后地区（中西部地区）应将政府教育融资的重点放在初、中等教育上，特别是职业技术教育。

对区域竞争中的地方政府而言，教育投资是一项溢出效应极强的准公共产品，即教育投资的社会边际收益远远大于私人边际收益（$SMB > MB$），因此，正如前文所述，地方政府预算外支出

---

① 这在一定程度上印证了张幼文教授关于目前我国技术创新的重点在于集成创新与二次创新的观点。

② Azariadis, C., and Drazen, A., (1990). "Threshold Externalities in Economic Development." Quarterly Journal of Economics 105 (2): 501–526.

中教育支出所占比例极低。在现行体制下，除由中央政府增加总体教育投资之外，将教育支出占预算外支出的比例作为地方政府一项政绩考核的指标，则能有效刺激地方政府教育投资意愿。

关于企业自身的人力资本培养。幼稚产业理论认为，现代制造技术的工人，可能会离开公司而带着已经掌握的技术投奔另一家竞争性公司。这种威胁会导致企业对职工的培训投入不足。而以关税保护现代化的企业是没有办法解决这一问题的，因为关税并不能使工人留在曾对他进行了培训的企业。更为适当的办法是，对培训本身提供补贴，即对那些提供培训的公司进行补贴，因为这种培训的收益很可能会被他人所享用。或者私人公司可以在培训期间只发给工人低工资，而承诺对那些将在培训后仍然留在企业中工作的工人发给高得多的工资①。

总之，由于人力资本要素具有较高的流动性，——这决定了人力资本投资的溢出效应较强，因而最适合于政府投资或对私人投资进行适当补贴。

7.4.3 政策引致性扭曲：对企业技术创新活动的补贴与税收

东道国技术水平越高，则对外资技术溢出的吸收能力就越强。因此，对企业的技术创新活动进行政策激励是十分必要的。

创新具有明显的正的和负的外部性（正的溢出效应和负的抢夺市场效应）。例如，一个扩张中的计算机产业，其创新与收益将会因扩散到很多其他产业而没有为计算机公司所全部占有。这种以新生产性知识形式存在的附加收益是由生产计算机的产业

---

① [美] 托马斯·A·普格尔、彼得·H·林德特著，李克宁译：《国际经济学》（第十一版），经济科学出版社2001年版，第136页。

与使用计算机的产业共同创造的。因此，如果净外部性是正的（$SMB > MB$），则政府应当运用补贴或税收手段鼓励研发；若净外部性是负的（$SMC > MC$，即社会边际成本大于私人边际成本），则应当采取税收手段抑制负效创新。

7.4.3.1 对正的净外部性创新活动的补贴与税收激励

一般而言，对于具有正的净外部性的创新，政府的激励手段可以有两种：一是政府可以通过给相关的企业提供资金来补贴研发，二是政府给予成功的创新授予产权，允许相关的企业因为其创新而获得垄断租金以作为奖赏①。

1. 政府对创新的补贴

政府直接补贴研发活动可以有两种方式。一种方法是进行有瞄准性的研发补贴，即把研发补贴给特定的计划、企业或部门。另一种方法是"由市场决定"，即通过向那些参与研发的部门提供非瞄准性的补贴。至于哪一种方式的效率更高，则要取决于政府对信息的掌握程度。例如，政府不能很好地知道哪个计划具有更大的正外部性，那么瞄准性的补贴将冒任意补贴的风险。但是如果一些计划没有补贴也会进行的话，不加选择的非瞄准性补贴则可能浪费。据此，政府一般是在某些具有特定技术的关键部门进行瞄准性补贴，例如，在不确定性与技术和信息外溢效应广泛存在的条件下，只依靠市场的力量，很难筹集到发展高新产业所需要的资金。这时，就应当对高新产品实施瞄准性补贴，从而弥补市场的不完善。

（1）瞄准性补贴。当考虑瞄准性补贴时，一个相关的问题

---

① [美] 菲利普·阿吉翁、彼得·霍依特：《内生增长理论》，北京大学出版社 2004 年版，第 427 页。

是补贴应当事前支付还是成功后支付。很明显，如果受益者必须对计划的成功进行合同化的、有代价的努力时，从道德风险的观点来看，事后支付一定的补贴更好。当公共基金成本高昂时，同时在道德风险问题外还存在逆向选择问题时，政府可以通过对不同的企业提供事前或事后的奖励"菜单"而获益，因为这会保证所提供的资金被更有效率地使用。然而，最优的事前补贴在此情况下可能是负的：政府可以对企业征税来补偿其在事后所要支付的大额奖励。因此，事前补贴的价值取决于研发企业是否面临信贷约束或是否厌恶风险，或取决于对计划成功是否难以证明。

（2）非瞄准性补贴。当使用非瞄准性补贴时，政府没有足够的信息来明确指定哪些企业应受到补贴，所以根本的问题是保证应当补贴的企业获得正确的补贴数量。这里有两个方面需要加以注意。

罗默（Romer, 1993）[①] 提出，行业委员会可以用来决定研发投资，因为企业家可能知道哪个研发计划是有用的。但问题是对一个行业来说有意的投资可能对整个社会是不利的；或者补贴很容易变成设置产业进入障碍的工具，或者成为促进产业共谋的载体。

克莱默（Kremer, 1996）[②] 提出的更激进的建议是，进行可能用来帮助确定创新私人价值的拍卖。政府可以使用被显示的私人价值来确定创新的社会价值，从而可以对创新者进行支付。假设政府的计算正确，那么创新者就有恰当的激励去创新。此外，一旦政府购买了专利，政府就能够将其投放到公共领域，这样就消除了垄断扭曲和通过昂贵的模仿来获得租金。然而，计算专利的私人价值与社会价值的比率是一个十分有争议的问题，因为在

[①] Rome, P. M., (1993). "Implementing a National Technology Strategy with Self-Organizing Investment Boards." NBER Reprint No. 1870.

[②] Kremer, M., (1996). "A Mechanism for Encouraging Innovation." MIT Mimeo.

理论上这个关系依赖于许多因素，如随后的创新率、需求弹性、专利保护的有效性等，所有这些可能在不同行业之间各不相同，甚至在不同企业和创新之间也是不同的。此外，通过拍卖来确定专利价值时，容易发生在竞标者与发明者之间形成共谋，或者由于公共拥有专利的竞争使卖到私人手里的专利价值将大大被低估。

2. 政府给予成功的创新授予产权

创新被授予产权意味着创新将通过获取其垄断利润来得到补偿。这里的关键是设计专利来最小化消费者转向次等模仿品的无谓损失。对于那些对消费者而言替代品与原来差别不大的产品，可以设置长期的、范围狭窄的专利保护；对于那些对于消费者而言对不同替代品具有不同效用的产品，短期的、范围广的专利应当用来减少替代。鉴于研发企业的生产效率不同，政府不应该为所有的创新设定相同的专利寿命，而应当要求更长期的专利支付更高的费用。这种激励系统有效地促使有生产力的企业参与创新。

进一步，假如创新还可以被改进时，专利持续时间的长度和宽度则不再可以相互替代。假设存在基本的技术，其附件、改进或者应用被另一企业所开发。那么专利持续的时间长度决定了在两个企业之间瓜分的总利润，而专利的宽度则通过影响讨价还价的地位，可以用来确定两个企业之间的利益划分。当改进性创新具有一个长的时间序列即"质量阶梯"存在时，每个创新者扮演第一个和第二个企业的角色，所以专利的持续时间与宽度必须同时起作用来保证足够的利润。原因是此时区分专利的法定长度与有效长度变得必要。

7.4.3.2 对负的净外部性创新活动的税收抑制

如果创新具有净的负外部性，那么，应当通过对创新征税而加以抑制。一般而言，熊彼特式技术创新往往存在着净的负外部

第7章 区域发展导向型体制下的对外开放效益提高

性。罗默（Romer，1990）在迪克西特和斯蒂格利茨（Dixit, Stiglitz，1977）模型中引入了不完全竞争概念①。在迪—斯模型中，创新的形式是一系列新产品。阿吉翁和豪伊特（Aghion, Howitt，1992）将理论扩展到熊彼特式的分析框架下，在该分析框架下，企业投入研发资源以改善现有产品的质量②。质量递进分析框架不同于产品系列分析框架，在该分析框架下，产品质量的改善使得以前各代的产品陈旧过时。这导向了熊彼特式的"创造性毁灭"的概念，由此企业创造出新设想来摧毁拥有旧想法的企业的利润（Schumpter，1942）③。

在熊彼特式技术创新活动中，如果一个新产品的发明影响到以后各代产品的发明成本，这时市场干预就可以发挥作用了。但这里的首要问题是：新的发明是增加还是减少了未来发明的成本这一点并不清楚。因为，一方面研发成本可能会随着已经被发明的东西的数量而下降；另一方面，也可以证明，人们将首先从事更容易的发明，这意味着研发的成本将随着发明的数量而增加。在研发成本下降的情况下，进行研发的企业倾向于不去将其发明的所有收益都内部化（尤其是，他们不考虑未来发明者将从下降的研发成本中所获得的好处这一事实），因此，研发方面的投资总是显得不足。在这种情况下，给研发活动提供补贴就是最好的选择。相反，如果研发成本是随着发明的数量而上升，那么当前的研究者就对未来研究者施加了一个负外部性，因此他们倾向

---

① Romer, P., (1990). "Endogenous Technological Change", Journal of Political Economy, Oct. Dixit, Avinash K. and Joseph E. Stiglitz., (1997). "Monopolistic competition and Optimum Product Diversity", American Economic Review 67, June. pp. 297 – 308.

② Aghion P., and P. Howitt, (1992). "A Model of Growth through Creative Destructon", Econometrica 60: 323 – 51.

③ Schumpeter, Joseph, "Capitalism, Socialism and Democracy" (New York: Harper, 1975) [orig. pub. 1942].

于在研发上过度的投资。这时需要的政策不是给予研发补贴而是对其征收研发税。

例如，就当前外资研发中心而言，如果其针对中国市场的技术创新增加了内资企业未来的研发成本，那么这实际上相当于"挤出"了内资研发，其后果可能造成外资市场垄断。因此，这样的外资研发活动不应该得到地方政府的政策优惠。相反，如果外资研发中心的研发活动具有正的溢出效应，即降低了内资企业的未来研发成本，那么，就应该给予政策优惠加以激励。而如果当前正在进行研发的外资企业是技术上的领先者并且其研发活动并不构成未来研发活动的外在成本，那么根本上不需要政府的干预。

7.4.4 政策引致性扭曲：技术创新平台的建设

当前，国内企业无论是技术创新动力还是技术创新的能力都显著不足。首先，就技术创新动力而言，内资企业过度依赖引进现成技术，消化吸收投入严重不足。据统计，中国大中型工业企业在1997~2003年用于消化吸收引进技术的费用平均也只相当于技术引进费用的8%。虽然这一比例在2004年上升到15%，但同发达国家相比仍有很大差距。以日本、韩国为例，这两个国家用于消化吸收引进技术的费用平均为技术引进费用的7倍。① 第二，就技术创新能力而言，企业研发活动中改良成分多，创新成分少，基本还停留在比较低的模仿层次。例如2004年中国专利申请授权总量中74%都是实用新型和外观设计，发明仅占26%。而且，发明的大部分还是由国外主体申请的，国内主体申

---

① 据专家估算，外资研发中心在华研发投入已经具有相当规模，保守计算也已经占了中国企业研发投入的六分之一，甚至到了五分之一。参见胡伟：《跨国公司研发机构有望纳入中国创新体系》，载于《中国发展观察》2006年第4期。

请的只占37%。

究其原因，是由于企业缺乏一个良好的技术创新平台。这里的技术创新平台是指专利保护、高效的创新风险融资支持等完善的技术创新网络。

在创新投资的风险较大和创新产品的外部性效应较强的背景下，企业愿意成为"免费搭车者"，而不愿意自己投资。每个企业都企盼着别人开发出新产品，而自己仿效，以减少研发投资和降低创新风险。然而，如果每个企业都选择这个策略，那么，整体创新动力就大为削弱，当企业转而依靠引进技术或成为跨国公司的一个生产环节时，就可能在长期中陷入产业链低端锁定状态。

保护知识产权对促进创新的至关重要性可以从对一个简单的新古典增长模型的分析中得出：

在新古典模型的分析框架内，完全竞争下接受价格的企业可以获得在资本和劳动上具有不变规模报酬的生产函数。即：由于技术是非竞争的，企业可以通过简单的自我复制来成倍地扩大自己的规模——用完全相同的投入（资本与劳动）来建立一个新厂，技术水平保持不变。这意味着不变规模报酬的概念仅仅应该运用在资本和劳动力上面。可表述如下：

$$F(\lambda \cdot K, \lambda \cdot L, A) = \lambda \cdot F(K, L, A)$$

其中 A 是技术水平，K 是资本数量，L 是劳动力数量。

根据欧拉定理（Euler's theorem），有

$$Y_t = K \cdot F_K + L \cdot F_L$$

完全的新古典企业支付等于边际产品的租金价格。即

$$Y_t = R_t \cdot K_t + w_t \cdot L_t$$

也就是说，一旦企业为其投入进行支付，其全部产出就将完全消耗光了。因此新古典企业是无法投入资源来改善技术的。假如技术存在着进步，那它一定是外生于该模型。

政策引致性扭曲：开放效益的体制因素

在完全竞争假设下，技术是非竞争性的，它一旦被生产出来，人们就可以反复加以使用。这说明技术的生产过程中存在着巨大的固定成本（研发成本），它导致了报酬递增的概念。生产技术的平均成本总是大于边际成本。因此，在完全的价格竞争（一种导致价格等于边际成本的竞争）下，技术的生产者由于支付了固定的研发成本而总是亏损的。其含义是，在完全竞争的环境下，没有企业愿意从事研发活动。这一简单模型也在相当程度上解释了为什么一个知识产权得不到保护的社会，其创新能力低下的原因。

高效率的金融市场是支持企业进行技术创新不可或缺的要件，这已经为硅谷模式等成功的高新技术产业园区所证实。然而，目前中国的风险资本发育迟缓，在支持企业创新活动中仍然缺位，在现实中支持企业创新的主角仍然是传统的政府与银行。

首先，在区域发展导向型体制下，地方政府对创新的支持因受政绩观的影响而发生行为扭曲。一个地方政府管辖范围内的企业簇群与一个跨地区的企业簇群相比，前者更容易使地方政府倾力支持企业创新行为。因为前者的行政边界是清楚的，在本地区内产生的知识外溢与信息共享效应是明显的，作为地方政府业绩也是有显示性的。相反，在一个跨地区簇群中，对创新的财政支持所带来的外部效应必然会波及地区外的企业，而这些得到技术外溢收益的企业增长被看成是没有研发补贴行为的地方政府业绩。特别是在区域产业结构同构现象严重的情况下，任何一方政府都不愿意做"自己栽树，别人乘凉"的事情，而愿意免费分享知识的外溢效应。其结果，跨地区企业簇群创新能力将因为缺少政府财政支持而会受到削弱[①]。

应对之策，一是由更高一级政府进行技术创新的税收与补贴

---

① 王珺：《企业簇群的创新过程研究》，载于《管理世界》2002年第10期。

第 7 章 区域发展导向型体制下的对外开放效益提高

支持①。二是调整地方政府政绩考核指标,使之能够反映政府对技术创新的支持包括对技术创新成果的运用。

就调整地方政府政绩考核指标而言,必须特别注意,熊彼特式创新意味着技术进步将产生创造性毁灭及随后的结构调整,因此,技术进步及其结构调整可能意味着 GNP 不增反降。另一个问题则是知识显然不同于其他产品,因而必须要应采用不同于其他产品的度量方法来度量。但国民账户核算的理论基础基于知识为固定且为共同可得的假设,所需要度量的只是数量和价格。同样,对于技术知识存量的人力资本、知识获取的资源成本、创新率、旧知识过时率等这类关键的理论概念,目前并无一般可以接受的经验度量指标。由于人们无法度量知识生产与使用中的投入与产品,标准的 GNP 和生产力指标将给出一个误导性的图景。具体而言,度量以知识为基础的增长至少有四个主要问题:②

第一个是所谓的"知识投入问题",即投入知识生产过程的资源数量在标准的度量方法(即用研发支出和教育部门支出)中被低估。它排除了许多企业、个人日常从事的非正式的研究开发活动,以及相当部分私人承担的教育成本。许多被认为从事生产、管理及其他研发活动者也花了相当部分时间及努力为其所雇用企业寻找新的生产及销售方法,因此其补偿也应至少部分被作为知识生产的成本。

第二个主要度量问题是所谓"知识—投资"问题,也即来自于正式及非正式研发活动的产出往往未被度量,因为它不会马

---

① 例如,为给中小企业融资创造更为有利的条件,中国财政部研究拟定财政支持创业投资的具体措施,其中包括制定鼓励创业投资的税收政策,对创业投资企业向中小高新技术企业投资所得收益予以一定的税收减免。中国第十一个五年发展规划期间,中央财政累计安排各类支持中小企业专项资金共达 85 亿元人民币(16 亿 9150 万新元)。2006 年中央财政安排支持中小企业的专项资金达 30 亿元。参见"中国中小企业创造六成 GDP".早报财经,2006 年 9 月 19 日。

② [美]菲利普·阿吉翁、彼得·霍依特:《内生增长理论》,北京大学出版社 2004 年版,第 382~386 页。

上带来具有市场价格的中间品。但实际上,如大部分工业研发,将对当前 GNP 或经济中的部门的当前增加值有贡献,这与投入新资本品生产的情况一样。

第三个问题是所谓的"质量改进"问题。一般而言,商业企业内部的知识创造导致产品及服务质量的改进,在建立价格指数方面处理新产品及质量改进方面的实际困难意味着大部分所获得的好处将不会被度量而影响 GNP。

第四个问题是所谓的"过时问题"。如果标准的 GNP 度量应包括知识生产的分立账户,那么同样 NNP 及国民收入也应该包括对应于知识存量折旧的一个减项。折旧来自于旧知识被取代或者由于新发现或发明所导致的旧知识价值下降。而且,新知识创造也导致已有物资及人力资本的折旧,在任何情况下,度量折旧均相当困难,置换投资的时机及程度均为内生变量。国民收入账户对之只能使用机械的公式来大致度量。

正是由于上述困难,目前还没有一个好的技术像对物质资本一样建立一个知识投资账户,这意味着相当一部分的年度产出被忽略了。这些年度问题意味着它们扭曲了转型期增长的度量,如我们目前所处的时期就是信息革命大幅增加了知识创造机会的一个转型期。具体而言,这意味着 GNP 及生产力在实际上升时却从指标上表现为下降。

因此,在推动地方政府创新活动过程中,各地方政府以 GDP 来衡量政绩的指标可能"恶化",从而这需要我们相应地制订新的政绩指标,特别是将"创新指数"纳入指标考核体系中,以便起到调整地方政府追求目标函数的作用。

具体来说,"创新指数"包括:① (1) 政府研发补贴与税收

---

① 参考了"检验熊彼特增长范式"的几个推论。参见 [美] 菲利普·阿吉翁、彼得·霍依特:《内生增长理论》,北京大学出版社 2004 年版,第 376~379 页。

第 7 章　区域发展导向型体制下的对外开放效益提高

优惠/GDP；(2) 地区专利数量增长率/地区经济增长率；(3) 新企业与新产品增长率（或企业退出/资本过时率）/地区经济增长率；(4) 考察期内有正就业增长的生产部门的新就业增长率。增加其就业的企业是那些刚有新创新的企业，其增加就业的速度等于新企业创造率乘以每个新创造企业的就业水平。可以相信，总有一系列增长率范围，其中创造性毁灭为主导力量，而增长上升将导致失业率上升。

可以相信，一旦将"创新指数"引入地方政府的政绩考核之中，那么将有效扭转地方政府的"搭便车"行为。

其次，银行对中小企业则存在着融资歧视。到 2005 年底，中国中小企业数量已占全国企业总数的 99% 以上，中小企业创造的最终产品和服务的价值占国内生产总值的六成左右。统计数据显示，中国中小企业解决了四分之三以上的城镇就业，其上缴的税收已接近国家税收总额的半壁江山。目前，中国六成五的专利、七成五以上的技术创新均由中小企业完成。尽管中国中小企业发展迅速，但融资难题却一直未完全破解。中国部分银行业金融机构仍存在着对大客户的偏好，其信贷管理体制仍不适应发展小企业贷款业务的需要。据国家统计局调查，2005 年我国银行短期贷款余额中，乡镇企业和个体私营企业只占 11%。这一数字凸显非公中小企业融资难的问题[1]。到目前为止，银行部门并未建立起有效的对中小企业技术创新进行融资的机制。

目前专家提出的对策建议主要有以下几个方面：[2] 首先可以考虑允许并鼓励成立区域性中小银行，专门以中小企业为服务对象，创新贷款模式和监管模式。再是创造有利的政策环境，鼓励支持一些资质不错的非公中小企业发行企业债券。第三，为了支

---

[1] 《中国中小企业创造六成 GDP》，早报财经，2006 年 9 月 19 日。
[2] 崔士鑫、厉以宁：《突破民企"玻璃门"现象》，载于《人民日报》2006 年 12 月 1 日。

政策引致性扭曲：开放效益的体制因素

持科技型企业创业应尽快出台相关政策，支持建立创业投资基金，同时还应尽快出台建立产业投资基金的政策。第四，修改有关法律法规，放宽民间借贷的政策空间，允许并鼓励发展各种灵活的民间融资方式，同时加强规范指导和监管。第五，扩大融资租赁业务，发挥租赁的融资功能。第六，由财政出资为主成立中小企业信用担保机构，加快信用担保体系建设，弥补非公企业贷款信用先天不足的缺陷，解决燃眉之急。第七，在全国范围内建立中小企业信用评估体系和社会诚信体系，减少银行征信成本，提高企业失信成本。

总之，只要有合适的环境土壤和政策支持，民营企业特别是科技型民营企业的创新动力和潜力都是巨大的，并能够成为中国技术创新的一支不可忽视的重要力量。

必须指出的是，一个高效的创新网络中有4个最基本的行为主体：大学和研究机构、企业、政府以及具有创新粘结功能的中介机构。只有这4个不同的创新行为主体相互分工与协作，与不同的创新资源发生组合与配置，才能有效推进创新活动的展开。此外，一个国家的创新精神还与其历史、文化传统等因素有很大关系，而这些方面又在很大程度上影响了这个国家的企业家精神。在熊彼特式创新活动中，企业家精神被赋予重要作用。这启示我们有必要深刻探讨并培育根植于传统文化的中国特色的企业家精神，以使我们的竞争优势具有更深厚持久的历史文化动力。

本章小结

根据消除扭曲的对症规则，区域发展导向型体制下的对外开放效益提高，需要：（1）消除体制性扭曲，包括转变旧政绩观、完善财政分权以及转变政府职能；（2）消除政策引致性扭曲，

第7章 区域发展导向型体制下的对外开放效益提高

如完善要素市场、两税合一以及调整关税与出口退税率等；(3) 以政策引致性扭曲消除地区发展不平衡与地方保护主义。最后，通过择定扭曲大力培育稀缺要素，完善创新的制度环境，建立国际竞争优势。

第8章

总　结

8.1 本书的基本结论

本书从政策引致性扭曲的角度对我国区域发展导向型体制对开放效益的影响进行了系统阐述，并得出以下基本结论：

（1）本书认为，尽管扭曲理论源于对一般市场经济的分析，但对于分析发展中国家在对外开放过程中由激励型外资与外贸政策所导致的各类扭曲同样具有适用性。所不同的是，像中国这样的转轨经济国家，除具有一般市场经济的各类扭曲之外，还存在着更广泛的从计划经济向市场经济转变过程中的体制性扭曲，并且体制性扭曲成为导致政策引致性扭曲的重要根源。因此，发展中国家不仅要在微观层次上消除经济中的各类扭曲，而且还要以西方扭曲理论所未有的角度（例如体制转轨的视角）探索中观与宏观领域的各类扭曲现象及其矫正问题。

（2）我国的区域发展导向型体制在激发地方政府发展经济的积极性促进地区经济发展方面起到了积极推动作用，例如通过政策优惠积极开展对外贸易与大力引进外资从而消除了我国改革开放初期资金短缺的瓶颈，为我国经济高速增长做出了贡献。同时，政策引致性扭曲在破除传统的计划经济体制障碍建立市场经济体制方面也发挥了巨大作用。地区竞争不仅刺激了经济增长,而且创造出多个充满活力的区域发展模式(如长三角模式、珠三角模式等),其制度创新机制在路径上与熊彼特式制度创新是一致的。

(3)必须看到,随着对外开放的深入发展与经济高速增长,我国早已经跨越资金瓶颈,对外资、外贸的过度政策优惠导致要素扭曲与生产扭曲,从而不仅带来国民利益的对外流失,而且令内资与外资处于不公平的竞争环境之下,从而产生外资对内资的"挤出效应",并且导致内资在价值链分工中出现低端锁定倾向,以及内资企业技术创新能力的下降。因此,所谓的出口比较优势是建立在价格扭曲即低成本基础之上的虚假比较优势,是不可持续的。

(4)本书认为,从表面上看,地区恶性竞争是导致政策引致性扭曲的根源,但实际上,地区恶性竞争却源于区域发展导向型体制。因此,区域发展导向型体制"塑造"了政策引致性扭曲的如下特征。首先是区域发展导向型体制下的财政分权与政绩观,激发了地方政府对税收的追求与对以 GDP 增长为核心的政绩追求——包括对其他非经济目标的追求,如就业、城市建设等,从而导致政策引致性扭曲,使地方政府呈现出"公司化"倾向;第二是政府职能的越位、缺位、错位,如替代企业招商引资、对外资监管不力、对跨区域公共产品供给存在搭便车行为等,这使得政策引致性扭曲具有了政府职能"失灵"的特征;第三是改革过程中,部分领域改革滞后,例如要素市场与金融市场的改革滞后加剧要素扭曲等,从而使政策引致性扭曲具有"非市场性"与转轨特征;第四是区域发展导向型体制下地方政府面对国际垄断势力在谈判中处于弱势地位而产生政策引致性扭曲,从使政策引致性扭曲具有了外部干预的"非自主性"特征。

(5)从开放效益的角度看,政策引致性扭曲不仅造成国民利益的外流，还造成宏观上总体经济的内外失衡，例如地区差距不断扩大、"双顺差"等，这也在一定程度上降低了对外开放效益。

（6）根据扭曲理论消除扭曲的对症规则，政策建议是明确的。首先是完善财政分权并转变政绩观，即完善区域发展导向型体制的激励机制。其次是转变政府职能，在现阶段主要是进一步完善政府的监督职能，提高其科学决策能力。再其次是通过调整对外资、外贸的优惠政策制约地方政府的恶性竞争，提高外资质量，并通过实行地区差异性优惠政策来达到协调地区经济发展之目的。最后是对竞争优势进行培育。在当今全球化时代，决定各国收益分配份额的是稀缺要素，谁拥有稀缺要素谁就能够获得竞争优势以及更为丰厚的利润。因此，对外开放作为一个引进稀缺要素提高国际竞争力的捷径，其前提条件是本国吸收能力的提高——这是无法通过开放而获取的，而必须是要通过本国的精心培育才能得到的。根据扭曲理论，通过择定扭曲能够实现培育本国稀缺要素的目标，从而最终建立本国的竞争优势。

（7）根据扭曲理论，我国对外开放的阶段性可作如下划分：第一个阶段大致是从1978年到20世纪末（或中国加入WTO），这一阶段的基本特征是以一种较少扭曲的对外开放政策取代另一种较多扭曲的旧的计划经济政策，实现市场经济的初步建立。第二阶段始于世纪之交，为扭曲政策的调整阶段，即消除因地区过度竞争而导致的政策引致性扭曲，提高对外开放效益，实现国际竞争力的整体性跃升。第三阶段，彻底消除政策引致性扭曲，实现向成熟市场经济的转变。目前，我国正处于转轨经济的第二阶段。

8.2 本书相关研究的不足与进一步研究的方向

（1）我们在本书第2章中讨论了政策引致性扭曲的制度创

第8章 总 结

新效应,然而,我们必须看到这种制度创新效应更多的是表现在对旧的计划经济体制的瓦解方面;进一步地,本书在第4章4.3中指出,应用落后的经济增长理论实施赶超战略是导致地方政府采取政策引致性扭曲的一个重要原因。换言之,政策引致性扭曲的体系转轨作用是逐步减弱的,而其经济增长作用则逐步增强。本书主体部分正是围绕政策引致性扭曲的后一种作用在区域发展导向型体制下如何导致利益流失开放效益下降而展开讨论的。

然而,对于一个转轨经济而言,体系转轨与经济增长至少是并行的。因为欠发达国家的发展与追赶问题本质上是一个经济转型问题,是一个市场经济条件下的增长问题,而不是一个资本积累与技术革新或引进条件下的增长问题。所以落后国家的追赶问题首先是生存经济体系向市场经济体系的转轨问题,只有在体系转轨的进程结束之后,才会有在市场经济体系中的追赶速度与向发达国家收敛的问题(刘东勋等,2005)[1]。克拉夫茨和哈利(Crafts and Harley,1992)通过重新检视世界经济史发现,产业革命主要表现为结构的变化,而不是增长率的变化[2]。克鲁格曼(Krugman,1994)通过对前苏联与东亚的增长经历的对比分析指出,不知道奇迹或增长的真正原因,而简单地用以前的增长率外推以后的结果是没有意义的。他对只有技术扩散而没有体系转轨或市场机制建设的增长的持续表示了怀疑,并认为政府管制带来的增长不可能持续,因此奇迹并不存在[3]。——历史表明克鲁格曼的观点是对的。

---

[1] 刘东勋、宋丙涛、耿明斋:《新区域经济学论纲》,社会科学文献出版社2005年版,第240页。
[2] Crafts, N. F. R. and C. K. Harley, (1992). "Output growth and the British Industrial Revolution: a Restatement of the Crafts Harley View", Economic History Review, pp. 703–730.
[3] Krugman, Paul, (1994). "The Myth of Asia's Miracle", Foreign Affairs, 73, Nov. Dec., pp. 62–78.

政策引致性扭曲：开放效益的体制因素

反观中国，当政策引致性扭曲导致经济的可持续发展问题时，我们不得不再次将注意力集中转向市场体系的建设与完善。根据扭曲理论的对症规则，要实现经济的可持续发展已经不仅仅是对开放政策进行调整，而更多的是要关注制度建设。这既是后WTO时代国际经济环境的要求，更是我们经济改革开放的内生性要求。尽管本文根据对症规则对如何消除导致开放效益下降的体制性障碍提出了一系列相关对策建议，但并不是从完善市场体系的角度来展开论述的；而且当追求多重政策目标时，根据丁伯根原理，目标相互之间可能存在着冲突而无法实现。这意味着需要站在更高的高度，即站在区域发展导向型体制及其政策引致性扭曲的阶段性特征的角度，对开放政策与开放目标、战略进行适应性调整，并据此确定优先追求的经济社会目标。事实上，就当前而论，政策与战略的调整应当受两条原则的约束：一是以科学发展观为指导的可持续发展；二是寻求建立长期竞争优势。

所以，进一步的研究应当转向区域发展导向型体制的完善，使之既符合WTO的规则要求，又要保持竞争性经济增长活力[①]。

(2) 本书在第2章中基于政策引致性扭曲的制度创新效应考察了俄罗斯、东欧国家经济转型的经验与教训，但明显篇幅偏少，而东亚、拉美国家基本未列入考察范围，因此，缺乏全面、深入的横向国际比较研究。进一步的研究应当扩展到经济转型国家、新兴工业化国家经验教训的横向国际比较，以期从政策引致性扭曲的角度获得更多的借鉴。

最近有关"中印经济增长模式"的比较研究文献取得了一系列值得关注的成果。例如，有学者对中印经济增长的"道德性"进行了比较，认为中国经济增长主要依靠资源的高强度投

---

① 近期美国运用WTO规则对中国铜版纸出口企业征收反补贴税，对于地方政府运用税收与补贴手段刺激经济发展带来不可忽视的冲击。

入，印度 GDP 增长的 30% 来自生产率提高，而不是出自资本或劳动投入增加。由此导致的一个重要经济后果是，中国的宏观经济增长表现奇好，却没有产生伟大的企业。印度却已涌现了二三十家世界级公司。因此，作者认为，尽管印度的增长速度在短期甚至中期内可能无法赶上中国，但是 GDP 增长速度、规模或者哪怕是人均 GDP，快的未必是好的，经济发展不是开运动会。在讨论经济问题的时候，实有必要超越浅薄的实证主义，讨论增长的道德性。这种道德性体现于增长的结构、动力及其财富分配格局中，这些决定着增长能否持久而稳定；也体现于增长的社会、文化与精神后果中，即增长不是把人工具化，变成增长的工具和财富的奴隶。①

---

① 《印度模式比中国模式更有吸引力》，（中国）和讯网，2006 年 7 月 29 日。

参考文献

一、中文部分：

1. 安体富、王海勇：《论内外两套企业所得税制的合并》，载于《税务研究》2005 年第 3 期。
2. 包群、赖明勇、阳小晓：《外商直接投资、吸收能力与经济增长》，上海三联书店 2006 年版。
3. 彼得·H·林德特著，李克宁译：《国际经济学》，经济科学出版社 2001 年版。
4. 曹小春：《中国内外资企业所得税合并对外资流入的影响》，载于《财贸经济》2006 年第 9 期。
5. 陈佳贵：《2007 年：中国经济形势分析与预测》，社会科学文献出版社 2006 年版。
6. 陈华亭：《透视内外资企业所得税并轨改革》，载于《财政与税务》2005 年第 3 期。
7. 陈平：《新古典经济学在中国转型实验中的作用有限》，载于《经济研究》2006 年第 10 期。
8. 陈泽伟：《冷观政府垂直管理》，载于《瞭望》2006 年第 46 期。
9. 崔士鑫、厉以宁：《突破民企"玻璃门"现象》，载于《人民日报》2006 年 12 月 1 日。
10. D. 拉尔：《发展经济学的贫困》，中译本，上海三联书店 1992 年版。

11. ［美］丹尼·罗德里克著，王勇译：《新全球经济与发展中国家：让开放起作用》，世界知识出版社 2004 年版。

12. ［日］渡边利夫著，倪月菊、赵英等译：《中国制造业的崛起与东亚的回应》，经济管理出版社 2003 年版。

13. 方福前：《公共选择理论——政治的经济学》，中国人民大学出版社 2000 年版。

14. ［美］菲利普·阿吉翁、彼得·霍依特：《内生增长理论》，中译本，北京大学出版社 2004 年版。

15. 冯绍雷，相蓝欣主编：《俄罗斯经济转型》，上海人民出版社 2005 年版。

16. ［波］格泽戈尔兹·W·科勒德克：《从休克到治疗——后社会主义转轨的政治经济》，中译本，上海远东出版社 2000 年版。

17. ［美］G.M. 格罗斯曼、E. 赫尔普曼著，何帆、牛勇平、唐迪译：《全球经济中的创新与增长》，中国人民大学出版社 2003 年版。

18. 郭克莎：《跨国公司的对外扩张战略与中国大型工业企业的国际化经营》，载于《管理世界》2000 年第 2 期。

19. 海闻：《国际贸易理论的新发展》，载于《经济研究》1995 年第 7 期。

20. 韩彩珍：《中国利用外资过度了吗?》，载于《中国外资》2006 年第 6 期。

21. 何帆：《遏制外汇储备激增应从源头做起》，载于《人民日报》2006 年 7 月 31 日。

22. 何帆、张斌：《寻找内外平衡的发展战略》，上海财经大学出版社 2006 年版。

23. 胡鞍钢、胡光宇主译：《世界经济中的中国：国内政策的挑战》，清华大学出版社 2004 年版。

24. 胡家勇：《一只灵巧的手：论政府转型》，社会科学文献出版社 2002 年版。

25. 华民：《国际经济学》，复旦大学出版社 1998 年版。

26. 黄海洲：《从国际市场视角看中国经济发展》，载于《比较》2006 年总第 23 期。

27. 黄佩华：《中国能转变经济发展模式吗?》，载于《比较》2005 年总第 18 期。

28. 黄平、崔之元主编：《中国与全球化：华盛顿共识还是北京共识》，社会科学文献出版社 2005 年版。

29. [美] 黄亚生著，钱勇、王润亮译：《改革时期的外国直接投资》，新星出版社 2005 年版。

30. 贾格迪什·巴格瓦蒂（Bhagwati J. N.）：《现代自由贸易》，中译本，中信出版社 2003 年版。

31. 江小涓等：《外商直接投资对中国工业增长和技术进步的贡献》，载于《中国工业经济》2001 年第 6 期。

32. 杰弗里·法兰克尔、彼得·奥萨格主编：《美国 90 年代的经济政策》，中译本，中信出版社 2004 年版。

33. 金芳：《双赢游戏：外国直接投资激励政策》，高等教育出版社 1999 年版。

34. 景维民、张慧君：《经济转轨的阶段性演化与相对市场化进程研究》，中国财政出版社 2006 年版。

35. 康斯坦丁·绍宁：《地方保护主义》，载于《比较》2003 年总第 9 期。

36. [美] 科尔曼·S. 斯托鲁莫夫，刘承礼译：《政府分权促进了政策创新吗?》载于《经济社会体制比较》2006 年第 2 期。

37. [德] K·F·齐默尔曼主编，申其辉、孙静、周晓等译：《经济学前沿问题》，中国发展出版社 2004 年版。

38. [德] 柯武刚、史漫飞著，韩朝华译：《制度经济学：

社会秩序与公共政策》,商务印书馆2000年版。

39. [美]科依勒·贝格威尔、罗伯特·W·思泰格尔著,雷达等译:《世界贸易体系经济学》,中国人民大学出版社2005年版。

40. 拉尔夫·戈莫里、威廉·鲍莫尔著,文爽,乔羽译:《全球贸易和国家利益冲突》,中信出版社2003年版。

41. 李罗力、郭万达:《聚焦中国经济热点问题大讨论》,中国经济出版社2005年版。

42. 李月芬:《中国亟待建立一个以所有权为基础的贸易差额统计体系》,载于《国际经济评论》2006年第1~2期。

43. 林毅夫、蔡昉、李周:《中国的奇迹:发展战略与经济改革》,上海人民出版社1999年版。

44. 林毅夫、刘培林:《中国的经济发展战略与地区收入差距》,载于《经济研究》2003年第3期。

45. 刘东勋、宋丙涛、耿明斋:《新区域经济学论纲》,社会科学文献出版社2005年版。

46. 楼继伟:《中国税收改革的长期取向:对生产要素征税》,载于《财经界》2006年第1期。

47. 路爱国:《中国改革发展的成败得失——国外的评价和看法》,载于《当代中国史研究》2005年第6期。

48. 卢锋编:《中国经济转型与经济政策》(上、下),北京大学出版社2004年版。

49. 吕炜:《经济转轨过程中的转折点研究》,载于《经济学动态》2003年第6期。

50. 吕炜:《转轨的实践模式与理论范式》,经济科学出版社2006年版。

51. 马颖、周剑麟:《评巴格瓦蒂对国际贸易理论的贡献》,载于《经济学动态》2004年第9期。

52. [美]迈克尔·波特,李明轩、邱如美译:《国家竞争优势》,华夏出版社2002年版。

53. 毛显强等:《生态补偿的理论探讨》,载于《中国人口·资源与环境》2002年第2期。

54. 潘英丽:《有效利用外资理论研究》,华东师范大学出版社1997年版。

55. 裴长洪:《利用外资与产业竞争力》,社会科学文献出版社1998年版。

56. 裴长洪:《论中国进入利用外资新阶段——"十一五"时期利用外资的战略思考》,载于《中国工业经济》2005年第1期。

57. 裴长洪、冯雷:《开放经济新问题研究》,社会科学文献出版社2006年版。

58. 普拉纳布·巴丹:《强大但有限的发展理论》,载于《比较》2005年总第18期。

59. 乔纳森·安德森:《"民工荒"说明了什么?》,载于《比较》2005年总第17期。

60. 钱颖一:《目标与过程》,载于《比较》2006年总第23期。

61. 任会斌、万栋:《我国稀土资源捉襟见肘,产品出口乱象纷呈》,载于《经济参考报》2006年12月14日。

62. 沙安文、沈春丽主编:《地方政府与地方财政建设》,中信出版社2005年版。

63. 沙安文、沈春丽主编:《财政联邦制与财政管理:中外专家论财政体制》,中信出版社2005年版。

64. 沙安文、沈春丽、邹恒甫主编:《中国地区差异的经济分析》,人民出版社2006年版。

65. 沈荣华:《中国地方政府学》,社会科学文献出版社2006年版。

66. 盛斌:《国际贸易政策的政治经济学:理论与经验方

法》,载于《国际政治研究》2006年第2期。

67. 世界银行:《2006年世界发展报告:公平与发展》,清华大学出版社2006年版。

68. 孙宽平:《转轨、规制与制度选择》,社会科学文献出版社2004年版。

69. 孙立平:《部门利益的社会观察》,载于《学习时报》2005年9月19日。

70. 塞尔卫·戴默格等人(Sylvie Demurger etal etc.):《地理位置与优惠政策对中国地区经济发展的相关贡献》,载于《经济研究》2002年第9期。

71. 唐海燕:《中国对外贸易创新论》,上海人民出版社2006年版。

72. [美]托马斯·A·普格尔、彼得·H·林德特著,李克宁译:《国际经济学》,经济科学出版社2001年版。

73. 万广华、陆铭、陈钊:《全球化与地区差距》,载于《比较》2005年总第17期。

74. 王传丽:《补贴与反补贴措施协定条文释义》,湖南科学技术出版社2006年版。

75. 王珏:《中国对外贸易》,企业管理出版社2006年版。

76. 王珺:《企业簇群的创新过程研究》,载于《管理世界》2002年第10期。

77. 王钦:《跨国公司并购中国装备制造业企业的公共政策选择》,载于《北京师范大学学报》2007年第1期。

78. 王如忠:《贫困化增长:贸易条件变动中的疑问》,上海社会科学院出版社1999年版。

79. 王绍光:《分权的底线》,载于《战略与管理》1995年第2期。

80. 王绍光:《美国进步时代的启示》,中国财政经济出版社

2002年版。

81. 王绍光：《中国政府治理水平的国际比较》，载于《比较》2003年总第9期。

82. 王庭东：《美国的"赤字"及其对世界经济的影响》，载于《现代国际关系》2005年第5期。

83. 王庭东：《论中国"非市场经济地位"问题的实质》，载于《世界经济研究》2005年第6期。

84. 王庭东、韩斌：《银行业战略引资风险刍议》，载于《经济问题》2006年第3期。

85. 王庭东：《区域导向型发展模式下的地方政府行为扭曲与对外开放效益》，载于《中央财经大学学报》2007年第1期。

86. 王庭东：《要素价格扭曲、利益流失与比较优势的不稳定》，载于《改革》2007年第7期。

87. 王庭东：《区域竞争中的政策引致性扭曲与要素培育》，载于《改革》2008年第8期。

88. 王新奎：《要素价格市场化迫在眉睫》，载于《上海国资》2005年第8期。

89. 王学庆：《资源与要素价格改革的基本思路》，载于《中国物价》2006年第6期。

90. 王永齐：《外商直接投资对国内资本形成的挤出效应分析》，载于《世界经济文汇》2005年第6期。

91. 王志鹏、李子奈：《外商直接投资对国内投资挤出效应的重新检验》，载于《统计研究》2004年第7期。

92. 魏后凯、刘长全：《中国利用外资的负面效应及战略调整思路》，载于《河南社会科学》2006年第9期。

93. 吴敬琏：《中国增长模式抉择》，上海远东出版社2006年版。

94. Xiavier Sala-i-Martin.：《15年来的新经济增长理论：我

们学到了什么?》，载于《比较》总第 19 期。

95. 肖德、邰敬钊：《巴格瓦蒂对国际经济理论的贡献——2003 年度美国经济学联合会杰出资深会员评介》，载于《经济学动态》2003 年第 9 期。

96. 谢康、程旸：《WTO 后过渡期上海利用外资战略与政策调整》，载于《上海立信会计学院学报》2005 年第 2 期。

97. 新望：《苏南模式的终结》，三联书店 2005 年版。

98. 徐明棋：《发展观视角下的新金融安全观》，载于《新金融》2005 年第 3 期。

99. 徐现祥、李郇：《中国省区经济差距的内生制度根源》，载于《经济学季刊》2005 年第 10 期。

100. 亚蒂什·N·巴格瓦蒂（Bhagwati J. N.）、阿温德·潘纳加里亚、T. N. 施瑞尼瓦桑著，王根蓓译：《高级国际贸易学》，上海财经大学出版社 2004 年版。

101. ［匈］雅诺什·科尔奈：《后社会主义转轨的思索》，吉林人民出版社 2003 年版。

102. 杨大楷、应望江等：《2006 中国投资发展报告》，上海财经大学出版社 2006 年版。

103. 杨柳勇、沈国良：《外商直接投资对国内投资的挤出效应分析》，载于《统计研究》2002 年第 3 期。

104. 杨小凯：《杨小凯谈经济》，中国社会科学出版社 2004 年版。

105. 姚枝仲、刘仕国：《中国国民对外贸易差额》，载于《国际经济评论》2006 年第 9~10 期。

106. 于洋、吕炜、肖兴志等著：《中国经济改革与发展：政策与绩效》，东北财经大学出版社 2005 年版。

107. 袁志刚、宋京：《国际经济学》，高等教育出版社 2000 年版。

108. 约翰·穆勒：《政治经济学原理》，中译本，商务印书馆1991年版。

109. 詹姆斯·R. 马库森著，强永昌等译：《跨国公司与国际贸易理论》，上海财经大学出版社2005年版。

110. 张春霖：《公共服务提供的制度基础：一个分析框架》，载于《比较》2005年总第17期。

111. 张利军、郭敏：《日本学者评日本国内关于中国当前经济发展的几种代表性观点》，载《国外理论动态》2005年第4期。

112. 张幼文：《价格扭曲与外贸效益》，载于《学术季刊》1992年第1期。

113. 张幼文：《向开放型市场体系转轨过程中的寻租》，载于《学术季刊》1994年第2期。

114. 张幼文：《区域发展导向——中国的市场经济模式》，载于《学术月刊》1994年第8期。

115. 张幼文：《双重体系的扭曲与外贸效益》，上海三联书店出版社1995年版。

116. 张幼文：《全球化经济的要素分布与收入分配》，载于《世界经济与政治》2002年第10期。

117. 张幼文：《当代国家竞争优势：要素培育与全球规划》，上海远东出版社2003年版。

118. 张幼文：《中国对外开放的新战略构想》，载于《社会观察》2005年第2期。

119. 张幼文：《正确评估国力，提高开放效益和对外谈判主动性》，载于《外交学院学报（外交评论）》2005年第5期。

120. 张幼文：《对外开放效益评估的主题与思路——以科学发展观对"新开放观"的探索》，载于《世界经济研究》2005年第8期。

121. 张幼文：《经济全球化与国家经济实力——以"新开放

观"看开放效益的评估方法》,载于《国际经济评论》2005年第9~10期。

122. 张幼文:《以科学发展观指导提高对外开放效益》,载于《毛泽东邓小平理论研究》2005年第11期。

123. 张幼文:《开放经济发展目标的动态演进——答华民教授的商榷意见》,载于《国际经济评论》,2006年第1~2期。

124. 张幼文、梁军:《中国发展对世界经济体系的影响》,载于《世界经济研究》2006年第10期。

125. 张幼文等:《新开放观——对外开放理论与战略再探讨》,人民出版社2007年版。

126. 赵旻:《论我国经济转轨发展的四个阶段》,载于《经济学动态》2003年第3版。

127. 赵树凯:《破除"地方政府公司主义"》,载于《中国改革》2006年第8期。

128. 赵维田:《中国入世议定书条款解读》,湖南科学技术出版社2006年版。

129. 中国国家统计局:《中国统计年鉴》,中国统计出版社,1996~2006年。

130. 中国对外经济贸易年鉴编辑委员会:《中国对外经济贸易年鉴》,中国对外经济贸易出版社,1984~2003年。

131. 中国商务年鉴编辑委员会:《中国商务年鉴》,中国商务出版社,2004~2006年。

132. 中国税务年鉴编辑委员会:《中国税务年鉴》,中国税务出版社,1994~2006年。

133. 中国投资年鉴编辑委员会:《中国投资年鉴》,新华出版社,2001~2003年。

134. 钟心:《关注中国:对话经济学大师》,武汉大学出版社2006年版。

135. 周惠中:《微观经济学》,上海人民出版社2003年版。

136. 周业安、赵坚毅:《市场化、经济结构变迁和政府经济结构政策转型——中国经验》,载于《管理世界》2004年第5期。

137. 祝宝良:《中国宏观经济运行定量分析》,中国经济出版社2005年版。

138. [美]邹至庄:《中国经济转型》,中国人民大学出版社2005年版。

二、英文部分:

1. Abramovitz M., (1986). Catching Up, Forging Ahead and Falling Behind. Journal of Economic History, 46 (2): 385 – 406.

2. Acemoglu and Zilibotti., (1999). "Produtivity Differences", NBER Working Paper No. 6879.

3. Aghion P., and P. Howitt, (1992). "A Model of Growth through Creative Destructon", Econometrica 60: 323 – 51.

4. Aghion P, Howitt P., (1998). Endogenous Growth Theory. Cambridge, MA, MIT Press.

5. Aitken B, Harrison A., (1999). Do Domestic Firms Benefit from Direct Foreign Investment, Evidence from Venezuela? American Economic Review, Vol. 89 (3): 605 – 18;

6. Alfaro et al., (2000). FDI and Economic Growth: The Role of Local Markets. WUSTL Working Paper, No, 0212007.

7. Atkinson, Anthony B. and Stiglitz, Joseph E., (1969). "A New View of Technological Change." Economic Journal, 79: 573 – 578.

8. Azariadis, C., and Drazen, A., (1990). "Threshold Externalities in Economic Development." Quarterly Journal of Economics 105 (2): 501 – 526.

9. Balasubramanyam et. al., (1996). Foreign Direct Investment and Growth in EP and IS Countries. The Economic Journal, Vol. 106 (1): 92 – 105.

10. Barro, R. J., and Sala-i-martin, X., (1995). Economic Growth. New York: McGraw-Hill.

11. Basu S, Wei D., (1996). Appropriate Technonogy and Growth, NBER Working Paper, No. 5865.

12. Baumol W., (1986). Productivity Growth, Convergence and Welfare: What the Long-Run Data Show. American Economic Review, 76: 1072 – 1085.

13. Behrman, Jack. N. and Robert Gross., (1990). International Business and Government. University of South Carolina Press.

14. Benhabib, J., and Spiegel, M. M., (1994). "The Role of Human Capital in Economic Development: Evidence from Aggregate Cross-Country Data." Journal of Monetary Economics 34 (2): 143 – 173.

15. Bhagwati J. N., (1958). "Immiserizing Growth: A Geometrical Note", Review of Economic Studies 25.

16. Bhagwati J. N., (1971). "The general Theory of distortions and Welfare", in Trade Balance of Payments and Growth, ed. by Bhagwati, Amsterdam, North-Holland.

17. Bhagwati, J., (1982). "Directly-unproductive profit-seeking (DUP) activities. Journal of Political Economy Vol (90): 988 – 1002."

18. Bhagwati J., (1985). Protectionism: Old Wine in New Bottles. Journal of Policy Modeling, Vol (7): 23 – 34;

19. Bhagwati J., (1987). International Trade: Selected Readings. The MIT Press Cambridge, Massachusetts London, England.

20. Bhagwati, J. N. , and R. A. Breacher. , (1980). National Welfare in an Open Economy in the Presence of Foreign-owned Factors of Production. Journal of International Economics 10: 103 – 15.

21. Bhagwati, J. N. and T. N. Srinivasan, (1969). "Optimal intervention to achieve non-economic objectives", Review of Economic Studies, 36, Jan, 1969.

22. Bhagwati J. N. , and V. K. Ramaswami, (1963). "Domestic distortions, Tariff and the Theory of Optimum Subsidy", Journal of Political Economy, 71, Feb. 1963.

23. Bhagwati, J. N. , V. K. Ramaswami and T. N. Srinivasan, (1969). "Domestic distortions, tariff and the theory of optimum subsidy", Some further results, Journal of Political Economy, 77, Nov./Dec. , 1969.

24. Branstetter L. , (2000). Is Foreign Direct Investment a Channel of Knowledge Spillover? Evidence from Japan's FDI in the United States. NBER Working Paper, No. 8015.

25. Brecher, R. A. , and C. F. Draz Alejandro. , (1977). Tariffs, foreign capital and immeriserizing growth. Joural of International Economics 7: 317 – 22。

26. Brown, Michael E. , Owen R. Cote, Jr. , Sean M. Lynn-Jones and Steven E. Miller, eds. , (2000). The Rise of China: An International Security Reader. Cambridge, MA: The MIT Press;

27. Burton Weisbrod. , (1964). External Benefits of Public Education, Princeton: Princeton University, Industrial Relations Section.

28. Caselli, Francesco and Wilbur John Coleman II. , (2000). "The World Technology Frontier", NBER Working Paper No. 7904.

29. Caves R. , (1974). Multinational Firms, Competition and Productivity in Host-Country Markets. Economica, Vol (41): 176 –

193;

30. Chacholiades, M, (1978). International Trade Theory and Policy, New York, Mcgraw-Hill Book Co.

31. Chang, Gordon G. , (2001). The Coming Collapse of China, New York: Random House.

32. Chen chunlai, (2000). Provincial Distribution of Foreign Direct Investment in China, Research Paper to the MOFTEC/OECD co-operation programme on FDI.

33. Chen E. , (1983). Multinational Companies, Technology and Employment. New York: St. Martin's Press;

34. Chenery H, Strout W. , (1996). Foreign Assistance and Economic Development. American Economic Review, 66: 679 - 733.

35. Chen, P. , (1993). "China's Challenge to Economic Orthodoxy: Asian Reform as an Evolutionary, Self-Organizing Process", China Economic Review, Vol (4): 137 - 142.

36. Cohen W, Levinthal D. , (1991). Innovation and Learing: The two face of R&D. Economic Journal, Vol (99): 569 - 596.

37. Crafts, N. F. R. and C. K. Harley, (1992). "Output growth and the British Industrial Revolution: a Restatement of the Crafts Harley View", Economic History Review, pp. 703 - 730.

38. Criscuolo P, Narula R. A Novel Approach to National Technological Accumulation and Absorptive Capacity: Aggregating Cohen and Levinthal. Proceedings of the Conference "The Future of Innovation Study", 2001.

39. Diwan, I. and Rodric, D. , (1991). "Patents, Appropriate Technology, and North-South Trade," Journal of International Economics 30: 27 - 47.

40. Dixit, Avinash K. and Joseph E. Stiglitz. , (1997). "Mo-

nopolistic competition and Optimum Product Diversity", American Economic Review 67, June. pp. 297 – 308.

41. Dunning, J. , (1993). Multinational Enterprises and the Global Economy, Addison-Wesley, Wokingham, England.

42. ECE (United Nations Economic Commission for Europe), Economic Survey of Europe, various issues, New York.

43. Findlay R. , (1978). Relative Backwardness, Direct Foreign Investment and the Transfer of Technology: a Simple Dynamic Model. Quarterly Journal Economics, Vol (92): 1 – 16.

44. Gerschenberg I. , (1987). The Training and Spread of Managerial Know-How, A Comparative Analysis of Multinational and Other Firms in Kenya. World Development, Vol (15): 931 – 939;

45. Gilboy, George J. , (2004). "The Myth Behind China's Miracle", Foreign Affairs, July/August.

46. Globerman S. , (1979). Foreign Direct Investment and Spillover Efficiency Benefits in Canadian Manufacturing Industries. Canadian Journal of Economics, Vol (12): 42 – 56;

47. Gross, Robert and Jack N. Behrmon, (1992). "Theory in International Business", In: Transnational corporation, Vol. 1, No. 1: 93 – 121.

48. Grossman G, Helpman E. , (1991). Innovation and Growth in the Global Economy. Cambridge, MA, MIT Press.

49. Guisinger, S. and Associates. , (1985). Investment Incentives and Performance Requirements: Patterns of International Trade, Production, and Investment, Praeger, New York.

50. Haberler, G. , (1950). "Some Problem in the Pure Theory of International Trade", Economic Journal 30 (June 1950).

51. Hagen, E. , 1958. "An Economic Justification of Protec-

tionism", Quarterly Journal of Economics, 72 (Nov. 1958).

52. Helpman, E. , (1990). Monopolistic Competition in Trade Theory. Special Papers in International Finance, 16. Department of Economics, Princeton Univercity.

53. Imbriani C, Reganati F. , (1997). International Efficiency Spillover into the Italian Manufacturing Sector-English Summary. Economia Internazionale, Vol (50): 583 – 595.

54. John Maynard Keynes, (1964). The General Theory. New York: Harcourt Brace and World, p. 383.

55. Johnson, (1965). "Optimal Trade Intervention in the Presence of Domestic Distortions", in R. E. Kenen eds. Trade Growth and the Balance of Payments, Amsterdam, North-Holland Publishing Company, 1965.

56. Johnson, H. G. (1967), "The Possibility of Income Losses from Increased Efficiency or Factor Accumulation in the Presence of Tariffs", Economic Journal 77 (March): 151 – 154.

57. Jones, R. W. , (1986). International Trade: Surveys of Theory and Policy, North-Holland.

58. Joseph E. Stiglitz, "China's Roadmap", www. zaobao. com2006 – 04 – 12.

59. Katz J. , (1987). Domestic Technology Generation in LDCs: A Review of Research Findings. In J. Katz eds, Techlology Generation in Latin American Manufacturing Industries, Basingstoke: Macmillan.

60. Keller W. , (1996). Absorptive Capacity: On the Ceation and Acquisition of Technology in Development. Journal of Development Economics, Vol (49): 199 – 227.

61. Keller W. , (2001). International Technology Diffu-

sion. NBER Working Paper No. 8573.

62. Kokko A., (1994). Technology, Market Characteristics, and Spillovers. Journal of Development Economics, Vol (43): 279 – 293.

63. Kokko A, Zejan J., (1996). Local Technological Capability and Productivity Spillovers from FDI in the Uruguayan Manufacturing Sector. Journal of Development Studies, Vol 32 (4): 602 – 611;

64. Kokko A., (1996). Productivity Spilloveers from Competition between Local Firms and Foreign Affiliates. Journal of International Development, Vol (8): 517 – 530.

65. Kolodko, G. W., (2000). From Shock to Therapy: The Political Economy of Postsocialist Transformation. Oxford University Press, Oxford, 2000.

66. Kremer, M., (1996). "A Mechanism for Encouraging Innovation." MIT Mimeo.

67. Krugman, Paul, (1994). "The Myth of Asia's Miracle", Foreign Affairs, 73, Nov. Dec., pp. 62 – 78.

68. Kwan, Chi Hung., (2002). "The Rise of China and Asian's Flying-Geese Pattern of Economic Development": A Empirical Analysis Based on US Import Statistics. NRI (Nomura Research Institute) Papers, No. 52, Aug.

69. Lucas R., (1988). On the Mechanics of Economic Development. Journal of Monetary Economics, 22 (1): 3 – 42.

70. Meade, J. E. (1955). "Trade and Welfare", Oxford Univercity Press, London.

71. Milgrom, P., Y. Qian and J. Roberts., (1991). "Complementarities, Momentum, and the Evolution of Modern Manufacturing," American Economic Review. Vol (81) (Papers and Proceedings): 84 – 88.

72. Murrell, P., (1996). How Far Has the Transition Progressed? The Journal of Economic Perspectives, 10/2, 25 -44.

73. Nadiri I., (1991). U. S. Direct Investment and the Production Structure of the Manufacturing Sector in France, Germany, Japan and the U. K. Mimeo Graph, New York University;

74. Nelson, R., and Phelps, E., (1966). "Investment in Humans, Technological Diffusion, and Economic Growth." American Economic Review 61: 69 -75.

75. Nunnenkamp, P., (2002). "Determinants of FDI in Developing Countries: Has Globalization Changed the Rules of the Game?", Working Papers No. 1122, Kiel Institute for World Economics.

76. Perez C, Soete L., (1998). Catching-up in Technology: Entry Barriers and Windows of Opportunities. in Dosi et al. Technical Change and Economic Theory. Columbia University Press: New York.

77. Richard A. Musgrave, "Who Should Tax, Where, and What?" In C. E. McLure, ed. Tax Assignment in Federal Countries, Canberra: Center for Research on Federal Financial Relations and International Seminar on Public Economics, 1983.

78. Rivera-Batiz, Romer P., (1991). Economic Integration and Endogenous Growth. Quarterly Journal of Economics, Vol (106): 531 -555.

79. Romer P., (1986). Increasing Returns and Long-Run Growth. Journal of Political Economy, 94, 5: 1002 -1037.

80. Romer P., (1990). Endogenous Technological Change. Journal of Political Economy, Vol (98): 71 -102.

81. Rome, P. M., (1993). "Implementing a National Technology Strategy with Self-Organizing Investment Boards." NBER Reprint No. 1870.

82. Sakai, Tanaka. , (2004). "The Rise of China and the Question of Taiwan", Tanakanews, August 2, at http://tanakanews.com.

83. Schumpeter, Joseph, "Capitalism, Socialism and Democracy" (New York: Harper, 1975) [orig. pub. 1942].

84. Segerstrom P, Anant T, Dinopoulos E. , (1990). A Schumpeterian Model of the Product Life Cycle. American Economic Review, Vol (80): 1077 – 1092.

85. Sjoholm F. , (1999). Productivity Growth in Indonesia: The Role of Regional Characteristics and Direct Foreign Investment. Economic Development and Cultural Change, Vol (47): 559 – 584.

86. Smarzynska J. , (1999). Composition of Foreign Direct Investment and Protection of Intellectual Property Rights in Transition Economics. CEPR Working Paper, No. 2228.

87. Solow R. , (1956). A Contribution to the Theory of Economic Growth. Quarterly Journal of Economics, 70 (1): 65 – 94.

88. UNCTAD (United Nations Conference on Trade and Development), (1998). Bilateral Investment treaties in the Mid – 1990s, New York-Geneva: United Nations.

89. UNCTAD. The World Investment Report, 1991 – 2006.

90. Verspagen, B. , (1992). Uneven Growth Between Interdependent Economics: An Evolutionary View on Technology Gaps, Trade and Growth, Maastricht, Universitaire Pers Maastricht.

91. Wallace E. , (1972). Oates, Fiscal Federalism, New York: Harcourt Brace Jovanovich, Inc. Richard A. Musgrave and Peggy B. Musgrave, (1984). Public Finance in Theory and Practice, Fourth edition, New York: McGraw-Hill.

92. Williamson. J. , (1987). The Open Economy and the World

Economy. Basic Books, Inc., Publishers New York, 1987.

93. Williamson, J., (1990). "What Washington Means by Policy Reform?" In John Williamson ed. Latin America Adjustment: How Much Has Happened? Institute for International Economics, Washington D. C.

94. Xian G. et al., (1999). The Interface Between Foreign Direct Investment and the Environment: The Case of China, Occassional Paper No. 3 Report for UNCTAD/DICM Project, www.cbs.dk/departments/ikl/cbem.

95. Young, Alwyn., (2000): "The Razor's Edge: Distortions and Incremental Reform in the People's Rupublic of China", Quarterly Journal of Economics, 115: 4, pp. 1091 – 1135.

后 记

我与上海社会科学院的缘分始于拜读她所推出的系列高水平经济全球化学术著作。正是怀着对作者的崇敬与好奇,2004年我幸运地考入上海社会科学院世界经济研究所攻读博士学位,并有幸师从著名学者张幼文教授。2005年夏天,我着手参与张老师的国家社科基金课题"新开放观"的研究,在课题完成之际已经积累了大量有关中国改革开放路径、政策以及开放效益等方面的研究素材,为后面的博士论文写作打下了基础。在张老师的指导下,我的论文题目就确定为"政策引致性扭曲:开放效益的体制因素"。可以说,没有张老师的引领、时时指导与鞭策就不会有今天的这一研究成果!也正是在张老师的指导下,如何研究纷繁复杂的经济现象,扭曲理论为我开启了一扇窗户。

2007年在博士研究生毕业之后,我回到了自己的工作单位山东经济学院,由于教学等工作繁忙,由博士论文所开创的研究工作一度迟滞。与此同时,由2007年夏天美国次贷危机爆发所引发的世界范围内的经济衰退仍在继续蔓延,国际经济环境急遽恶化使国内经济面临高通货膨胀、人民币快速升值、大量热钱涌入、出口显著下降,以及中小企业倒闭数量明显增加等严峻形势,2008年中国经济增长趋缓已是不争的事实。如何实现经济可持续稳定增长成为摆在我们面前的一项艰巨任务。根据本书的研究,中国改革开放进程中的一条主线就是不断消除既有的体制性扭曲与政策引致性扭曲,这是中国改革开放取得成功的重要经验之一。面对当前世界范围内的经济衰退,只有继续深化改革,

后记

消除体制、政策方面仍然存在的扭曲，才可能在提升竞争优势的基础上抵御目前所遭遇的经济衰退。当然，本书运用扭曲理论探索我国改革开放经验模式作为一次尝试仍然存在欠缺与不足，希望能起到抛砖引玉的作用。

在本书即将付梓之际，我首先要向我的恩师张幼文教授表示衷心的谢忱！并向给予我指导的上海社会科学院其他各位导师、前辈表示诚挚的感谢：他们是王少普研究员、伍贻康教授、徐明棋研究员、谢康研究员、金芳研究员、连平教授、黄仁伟研究员、周建明研究员、潘光研究员、刘杰研究员、崔大沪研究员和屠启宇副研究员，他们的渊博学识，高尚情操，都给我留下了深深的印象。他们在课堂上的精彩讲授，在学术会议上的精妙观点，都予我醍醐灌顶、如沐春风之感！他们的一言一行都成为我今生回忆的内容，成为我人生一笔宝贵的财富。

同时感谢答辩委员会的王新奎教授、徐明棋研究员、朱钟棣教授、庄起善教授、尹祥硕教授，他们的精彩点评为我的后续研究提供了参考方向。

在此一并感谢硕士研究生指导老师山东大学秦凤鸣教授、姜旭朝教授，以及其他各位曾经给予我指导和无私帮助的老师！还要感谢我的工作单位山东经济学院的领导与同事，没有他们的关心与支持就没有我的学业和博士论文的顺利完成。

我要特别感谢我的妻子关为民和女儿王文玺对我的学业所给予的鼎力支持，并将本书献给她们！祝她们永远幸福、安康！

最后，我还要感谢我的同事张红凤教授和经济科学出版社的各位编辑，他们为本书的出版提供了令人感动的帮助。

王庭东
2008 年仲夏于济南